KB268894

MB
노믹스

숨겨진
진실

MB노믹스 숨겨진 진실

차병석 외 지음

한국경제신문

이명박 정부의 경제철학과 정책인 'MB노믹스'에 대한 공과功過를
한마디로 결론 내리기는 어렵습니다. 2008년 글로벌 금융위기와
2010년 글로벌 재정위기를 그나마 잘 넘기고, 400억 달러 규모의
아랍에미리트 원전 사업을 수주하거나 G20 정상회의를 유치한 것
등은 성과였습니다.

그러나 임기 초 고환율정책으로 물가급등을 초래해 양극화의 골
을 깊게 하고, 보수와 진보를 왔다갔다하는 일관성 없는 노선으로
정책 실효성을 떨어뜨리며, 금융계와 공기업에 측근 위주의 부적
절한 인사를 한 것 등은 잘못으로 지적됩니다.

그래서인지 이명박 정부는 보수와 진보 양쪽으로부터 비판을 받
습니다. 보수 쪽에선 "우회전 깜빡이를 켜고 좌회전했다"고 비난하
고, 진보 진영에선 "공정사회·동반성장·공생발전 등 화두만 던

졌지 실천은 하지 않았다"고 꼬집습니다. 지난 5년의 이명박 정부에 대한 평가는 이렇게 엇갈립니다.

이 책은 MB노믹스의 평가서가 아닙니다. 이명박 정부 5년의 경제정책 비사秘史를 다룬 것입니다. 어떤 평가를 하기에 앞서 주요 경제 사건과 정책의 이면에 숨겨진 이야기를 찾아내 MB노믹스를 정확한 팩트fact로 규명해보자는 취지로 시작했습니다. 사실史實이 정확해야 엄정하고 올바른 평가도 가능하다고 믿었기 때문입니다.

원래는 〈한국경제신문〉에 "비사 MB노믹스-이명박 정부 경제실록"이란 이름으로 2012년 9~10월 두 달간 매주 화·목요일에 총 18회 실었던 연재물을 다듬고 보완해 새로 엮은 것입니다. 신문에 지면 제약으로 못 실었던 주제와 비사들을 추가했고, 주제별 상세한 일지와 사진도 붙였습니다.

이 책의 가장 큰 특징은 철저히 핵심 관련자들의 인터뷰를 통한 사실 취재를 바탕으로 쓰였다는 점입니다. 인터뷰 대상은 류우익 전 대통령실장, 강만수 전 기획재정부 장관, 백용호 전 청와대 정책실장, 곽승준 전 국정기획수석, 박형준 전 정무수석, 박병원 전 경제수석, 임태희 전 대통령실장, 이성태 전 한국은행 총재, 정운찬 전 국무총리, 박재완 기획재정부 장관, 최중경 전 지식경제부장관, 김석동 금융위원장, 임종룡 국무총리실장, 진동수 전 금융위원장, 전광우 전 금융위원장 등 이명박 정부의 청와대와 경제부처에서 주요 경제정책을 수립하고 집행한 장관급과 핵심 당국자, 관계자 등 40여 명을 망라했습니다. 이들을 수차례 만나 수시간씩 인터뷰한 녹취만 총 150여 시간 분량에 달합니다.

임기가 아직 끝나지 않은 정부의 정책결정 과정, 그것도 뒷얘기를 인터뷰에서 듣기는 쉽지 않았습니다. 현직은 물론 전직 관계자들도 상당수가 인터뷰 자체를 꺼렸고, 인터뷰에 응하더라도 정확한 증언을 부담스러워 했습니다. 특히 대통령과 관련된 부분에 대해선 더욱 민감해했습니다. 그러나 '지금이 아니면 앞으로 MB노믹스의 정확한 실체를 기록으로 남길 기회가 없을 것'이란 논리로 설득해 인터뷰를 성사시키고, 증언도 청취할 수 있었습니다.

똑같은 사안에 대해서도 입장에 따라 다른 증언이 나오는 경우도 적지 않았습니다. 그럴 땐 더 많은 취재원들로부터 더 많은 이야기를 들어 '퍼즐'을 맞추는 수밖에 없었습니다. 여러 취재원들의 증언 중 공통분모를 가려내고, 작은 팩트 하나라도 사실 여부를 확인하는 데 최선을 다했습니다. 작은 실수로 부정확한 역사를 기록할 수도 있고, 취재원 등의 명예를 크게 훼손할 수도 있기 때문입니다.

이 책은 크게 4부로 구성했습니다. 1부는 이명박 대통령 후보 캠프의 경제공약 수립부터 대통령직 인수위원회를 거쳐 임기 초까지의 정책결정 과정을 다뤘습니다. 2부는 2008년 9월 '리먼브라더스 파산' 사태 이후 글로벌 금융위기와 이를 극복한 과정의 비화를 소개했습니다. 3부는 수출 주도의 경제성장 중시로 출발했던 MB노믹스가 2008년 봄 미국산 쇠고기 수입 반대 '촛불시위'와 '리먼 쇼크' 등으로 몇 차례 굴절을 겪는 과정을 보여줍니다. 마지막으로 4

부에선 이명박 정부 정책의 성공과 실패 사례를 몇 가지 뽑아 그 뒷
얘기들을 정리했습니다.

이 책은 취재와 인터뷰에 응해주신 수십 명의 이명박 정부 핵심
관계자들과 관료·기업인들이 없었다면 나오지 못했을 것입니다.
특히 임기가 끝나지 않은 상황에서도 정확한 사실 기록을 위해 인
터뷰와 증언에 나서주신 많은 분들의 용기와 정직함에 경의를 표
합니다.

'비사 MB노믹스'의 신문 연재를 결단하고, 취재팀원들을 전적
으로 신뢰하며 마지막까지 지면을 할애해주신 고광철 〈한국경제신
문〉 편집국장, 기사 한 줄 한 줄을 꼼꼼히 읽고 원고의 완성도를 높
여주신 이학영 부국장, 미숙한 뒷얘기들의 조각을 훌륭한 책으로
엮어주신 한경BP 여러분께 모두 감사드립니다.

2012년 12월

차병석 · 이심기 · 서욱진 · 류시훈

3부 친서민·중도로 틀다

4부 빛과 그림자

1부

'대한민국 747'을 띄우다

MB
노믹스

숨겨진
진실

오류 통계에서 비롯된 '747 공약'

"대한민국호號가 10년째 항로를 잃었고, 더 벗어나면 희망의 길로 되돌아올 수 없는 위기에 처합니다. 이제 대한민국호의 바른 항로를 찾아내고 쾌속 항진하기 위한 길을 찾아 나서려 합니다."

2007년 3월 13일 경기도 고양시 킨텍스에서 한나라당 유력 대선주자인 이명박 전 서울시장은 사실상 대선 출마를 공식 선언했다. 이날 행사는 《이명박의 흔들리지 않는 약속》, 《어머니》, 《온몸으로 부딪쳐라》 등 에세이집 3권의 출판기념회였다. 하지만 열기는 대선 출정식처럼 뜨거웠다.

김영삼 전 대통령이 이 전 시장과 함께 나란히 행사장에 입장한 것을 비롯해 2만 5000여 명이 참석했다. 한나라당 강재섭 대표, 김형오 원내대표 등 당 지도부는 물론 이상득·이재오·고흥길·박진·유기준·이윤성·김희정·정두언·주호영 의원 등 현역 의원만 63명이 모습을 보였다. 탤런트 유인촌의 사회로 진행된 이날 행사에서 김진홍 뉴라이트연합 회장은 내빈 축사를 맡았다.

이 출정식에서 이 전 시장은 경제공약 비전으로 '대한민국 747'을 제시했다. 5년 대통령 임기 중 '7% 경제성장'을 달성해 10년 내 '1인당 국민소득 4만 달러'의 '7대 경제대국' 시대를 열겠다는 것이다. 이 전 시장은 '대한민국 747'을 설명하며 "오늘의 위기는 경제를 경제논리로 풀지 않고 정치의 수단으로 삼다가 초래됐다. 시장경제에 입각해 지금의 악순환 고리를 끊고 투자할 수 있는 나라, 발전을 통해 통합할 수 있는 나라로 만드는 선순환 구조를 만들겠다"고 강조했다.

노무현 정부의 반시장정책에 지긋지긋한 피로감을 느끼던 국민들에게 이명박의 '대한민국 747'은 비상하는 보잉 747 점보기를 연상시키며 신선하게 다가왔다. '경제 대통령감'이란 이명박 대선 후보의 이미지와도 딱 맞아떨어졌다. 이때부터 '대한민국 747'은 이 후보의 대표 공약으로 자리매김했다.

그러나 '대한민국 747'은 대표적인 실패 공약으로 귀결됐다. 이명박 정부 5년간(2008~2012년) 실질 경제성장률은 7%의 절반에도 못 미치는 2.98%(2012년 성장률은 한국은행 예상치 2.4% 반영)에 그쳤다. 노무현 정부의 5년 평균 4.3%보다도 1%p 이상 낮다.

GDP 세계 랭킹도 여전히 10위권 밖이다. 1인당 국민소득은 2011년 기준 2만 3749달러다. 적지 않은 사람들이 MB노믹스는 실패했다며 그 증거로 '747 공약'을 든다. 대통령 취임과 함께 야심차게 비상할 것 같았던 '대한민국 747'은 왜 실패했을까. 사실 747 공약은 잉태 단계부터 실패가 예고된 것이었는지 모른다.

747은 이륙하는 보잉기 연상

2006년 4월, 이명박 서울시장의 핵심 브레인으로 이 시장의 대선 출마를 돕던 강만수 서울시정개발연구원장은 A 경제신문을 넘기다가 한 기사에 시선을 멈췄다. '한국의 경제규모가 세계 10위가 됐다'는 기사였다. 강만수의 회고. "어느 날(4월 27일)인가 신문을 보다가 한 기사가 눈에 번쩍 띄었다. 재정경제부가 분석한 2005년 기준 국가별 경제규모(GDP: 국내총생산)에서 한국이 사상 처음으로 10위가 됐다는 보도를 봤다. 한국 앞엔 이탈리아(7위), 캐나다(8위), 스페인(9위)이 있었다. 2002년 월드컵에서 우리가 스페인과 이탈리아를 꺾고 4강에 올랐던 일이 생각나더라. '축구도 이겼는데, 경제라고 못할 게 있나. 우리가 이탈리아를 제치고 세계 7위 경제강국이 되는 걸 이명박 후보의 대선 공약 비전으로 삼으면 어떨까' 하는 생각을 했다."

강만수의 '7대 강국론'은 이명박 캠프 참모들의 손을 거쳐 '747'

로 변신한다. 2005년 기준 명목 GDP가 7930억 달러인 한국이 2.2 배인 이탈리아(1조 7661억 달러)를 따라잡으려면 단순 계산해 10년간 7%씩 성장해야 한다. 이렇게 성장하면 새 정부 집권(2008년) 10년 뒤(2005년 기준으론 13년 뒤)인 2018년 한국의 GDP는 이탈리아를 앞질러 1조 9000억 달러에 도달한다. 이를 인구 4800만 명(2005년 기준)으로 나눈 1인당 국민소득은 약 4만 달러가 된다. 747 공약은 대략 이런 계산으로 탄생했다.

이 작업에는 채희율 경기대 교수와 김태준 동덕여대 교수 등이 참여했다. 이명박 캠프의 외곽 단체로 백용호 이화여대 교수가 이끌던 바른정책연구원 소속의 학자들이었다. 채희율의 증언. "안국포럼(이명박 후보 캠프)에 있던 강만수 원장으로부터 747 공약의 근거와 달성 전략을 짜달라는 요청을 받아 숫자 작업했다. '글로벌 인사이트'라는 국제 전망기관의 나라별 중·장기 성장률 전망을 데이터로 삼았는데, 처음엔 숫자가 딱 떨어지지 않았다. 그래서 이탈리아·스페인 등의 물가상승률을 일부 조정해 숫자를 747로 맞췄다." 그러니까 먼저 실현가능성과 방법론을 따진 뒤 목표를 정한 것이 아니라 일단 세계 7대 경제강국이란 목표부터 세우고 그에 맞춰 경제성장률과 방법론을 꿰어 맞춘 셈이다.

더 큰 문제는 이 공약의 근거가 됐던 2006년 4월 27일자 신문 보도의 통계가 오류였다는 사실이다. 2005년 GDP 기준으로 한국은 세계 10위가 아니라 12위였다. 국제통화기금IMF 통계를 보면 GDP 규모로 7위 이탈리아, 8위 스페인, 9위 캐나다, 10위 인도, 11위 브라질에 이어 한국은 12위에 랭크돼 있었다. 당시 고속 성장하던 브릭스BRICs 국가인 인도와 브라질이 한국 앞에 있었다. 강만수 원장이 '7대 강국론'을 착안했던 신문기사에서 인도와 브라질이 한국보다 순위가 뒤진 것으로 나온 건 명백한 통계 오류였다. 747 공약은 이렇게 잘못된 통계에서 시작됐다는 점에서 태생적으로 치명적 결함을 안고 있었다.

MB가 홍보팀 손 들어줘

747 공약은 근거 통계의 오류와 관계없이 이명박 캠프 내에서도 상당한 논란이 됐다. MB캠프에 참여했던 관계자의 증언. "강만수 원장을 비롯한 관료 그룹에서 만들어온 747 공약에 대해 경제학자 그룹에선 반대가 심했다. 한마디로 실현 가능성이 없는 공약空約이 될 게 빤하다는 이유에서였다." 2008년 대통령선거 시에 이명박 캠프의 정책은 강 원장이 이끄는 관료 그룹, 류우익 서울대 교수가 좌장을 맡았던 국제정책연구원GSI, 백용호 교수가 조직한 바른정책연구원, 연세대 경제학과 교수 출신인 윤건영 한나라당 의원이 조직한 학자 그룹 등에서 만들었다.

747 공약을 강력히 반대했던 윤건영의 증언. "747 공약에 대해 상당한 회의가 있었던 게 사실이다. 경제학 교수 출신 입장에서 4~5%의 잠재성장률을 가진 한국이 연간 7%씩 성장한다는 건 비

현실적이라고 봤다. 특히 예측치이면 몰라도 우리 경제처럼 민간 비중이 압도적으로 크고, 민간 자율이 중요한 나라에서 정부가 경제성장률 목표치를 제시한다는 건 시대착오적이다. 야심 찬 선거 구호로는 의미가 있을지 모르지만, 공약으로선 타당하지 않다고 생각했다. 또 설령 우리가 10년간 7%씩 성장한다 해도 우리 앞에 있는 스페인, 이탈리아 등은 거의 성장하지 않고 제자리에 있어야 따라잡을 수 있다. 그런데 그건 턱없는 소리였다."

GSI를 이끈 류 교수도 747 공약에 반대했다. 류우익의 회고. "747 공약을 입안한 사람들은 세계경제가 안정적 성장을 지속할 것으로 본 것 같다. 그런 여건에서 우리가 경제 운영을 잘하고, 신성장동력을 찾아내면 경제성장률을 7%까지 높일 수 있다고 믿었다. 그러나 나는 그렇게 생각하지 않았다. 당시 세계는 '문명사적 변혁기'를 맞아 불확실성이 커질 것으로 봤다. 때문에 실현 불가능한 747이란 용어 자체를 쓰지 말자고 주장했다."

그러나 747 공약을 둘러싼 캠프 내 논란을 잠재운 것은 홍보라인이었다. GSI 정책팀장을 맡았던 고려대 경제학과 교수 곽승준(이명박 정부 첫 국정기획수석)의 증언. "강만수 원장을 중심으로 한 관료 출신들이 747 공약을 밀었고, 류우익 교수, 윤건영 의원 등 학자 그룹은 반대했다. 나도 747이 공약으론 적절치 않다고 생각했다. 하지만 대안이 없어서 강하게 반대를 못했다. 그런데 홍보라인에서 747이란 용어 자체가 이미지가 좋고, 강력한 메시지가 될 수 있다며 비전 및 공약으로 삼자고 주장했다. 747이 이륙하는 보잉 747

기처럼 비상하는 한국 경제를 연상시킨다는 것이었다. 결국 이명박 후보도 홍보라인의 의견에 고개를 끄덕이면서 '747 대한민국'은 공약으로 확정됐다."

747을 선거 공약으로 주장한 홍보라인은 삼성그룹 구조조정본부 기획팀장(부사장) 출신으로 알티캐스트라는 디지털방송 솔루션 업체를 운영하던 지승림이었다.

747 수정과 실패 논란

747 공약의 첫 시험대였던 MB정부 출범 첫해(2008)의 경제운영계획을 짜야 하는 기획재정부는 고민에 빠졌다. 2008년 경제성장률 목표치로 7%를 제시할 것이냐, 말 것이냐가 고민의 핵심이었다. 익명을 요구한 재정부 관계자의 증언. "노무현 정부 말기인 2008년 1월 9일 발표한 '2008년 경제운영계획'에선 경제성장률을 4.8%로 제시했다. 근데 두 달 만에 이걸 7%로 바꿔야 할 상황이었다. 정권이 바뀌었다고 하루아침에 성장률을 2%p 이상 끌어올릴 명분과 논리가 궁색했다. 더구나 한국은행과 국제기관들은 일제히 한국의 성장률을 5%대에서 4%대로 낮추고 있었다. 정권이 바뀐 뒤에도 계속 경제정책국장을 맡았던 임종룡 국장(현재 국무총리실장)이 몹시 난감해했다."

그래서 나온 묘안이 성장률 숫자에 '내외內外'를 붙이는 것이었다. 재정부 장관이었던 강만수의 증언. "미국의 서브프라임 모기지

(비우량 주택담보대출) 사태로 국제금융시장이 불안하고, 국제유가가 치솟는 여건에서 7% 성장률을 달성하기 어렵다는 건 잘 알고 있었다. 그렇다고 임기 첫해부터 747 공약을 부인할 순 없었다. 고민 끝에 2008년 성장률 목표치는 '6% 내외'로 하기로 했다. 내외라는 의미엔 6%대가 될 수도 있고, 5%대가 될 수도 있다는 뜻이 담겨 있다." 재정부는 이런 식으로 성장률 목표치를 조금씩 낮춰가는 '작전'을 벌였다.

재정부는 2008년 3월 10일 과천청사에서 이명박 대통령에게 '7% 성장능력을 갖춘 경제 실천계획Action Plan'이라는 업무 보고를 하며 성장률 목표치를 '6% 내외'로 제시했다. 그리고 4개월 뒤 이 목표치를 다시 '4%대 후반'으로 낮췄다. 하반기 들어 리먼쇼크까지 터지면서 2008년 경제성장률은 결국 2.3%에 그쳤다. MB노믹스 출발 첫해부터 '747 대한민국'은 이륙에 실패한 셈이다.

747 공약은 실패 여부와 관계없이 이명박 정부 내내 논란이 됐다. 이 공약이 MB노믹스의 성장 일변도 정책을 상징하는 말이 돼버렸기 때문이다. 2011년 10.26 서울시장 보궐선거에 참패하면서 민심 이반을 확인한 여당 한나라당의 혁신 그룹 의원들은 이 대통령의 대국민 사과와 747 공약의 폐기를 요구했다. 구상찬·김성식·김세연·신성범·정태근 의원 등 한나라당 내 '민본21' 소속 의원 5명은 이 대통령이 747 공약의 폐기를 선언하고 성장지표 중심의 정책기조를 성장·고용·복지가 선순환하는 국정기조로 전환해야 한다고 촉구했다.

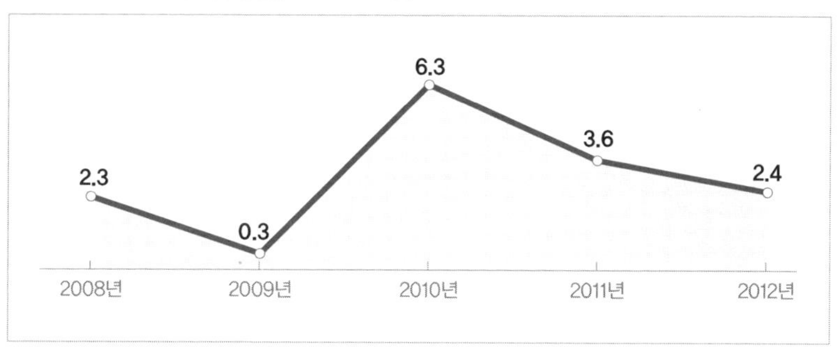

　김황식 국무총리는 국회에서 "747 공약을 폐기해야 하느냐?"라는 질문에 "폐기해야 할 공약은 아니다. 747은 당장 하겠다는 것이 아니라 그렇게 달성할 수 있도록 국정운영을 하겠다는 취지다"라고 말했다. 또 "여러 경제 상황이 바뀌고 국민이 당장은 어렵다고 인정하는 부분이기 때문에 폐기 운운하는 것보다는 현재 여건에서 어떻게 합리적으로 할 것인가 생각해야 한다"라고 설명했다.

　그렇다면 747 공약의 실패론에 대해 이 공약의 첫 아이디어를 낸 강만수 장관은 어떤 입장일까. "747은 꼭 달성하겠다는 목표라기보다는 하나의 선거 슬로건이었다. 그걸 달성 못했다고 MB노믹스가 실패했다고 주장하는 건 받아들일 수 없다."

　그는 2011년 2월 한국경제학회 공동학술대회 축사에서 이렇게 말하기도 했다. "2008년 글로벌 금융위기의 본질은 한마디로 '카지노 자본주의'였다. 우리나라도 금융위기의 직격탄을 피할 수 없었다. 위기 극복을 위해 (현 정부의) 비전이었던 747 공약을 생각할

겨를이 없었다." 747 공약이 전대미문의 금융위기에 희생될 수밖에 없었다는 해명이다.

이런 해명에도 불구하고 MB노믹스를 상징하는 747 공약의 실패가 MB노믹스 자체의 실패 논란을 부르는 빌미가 됐다는 점에 대해선 MB정부의 경제 참모들도 부인하지 않는다.

KEYWORD

안국포럼

2007년 12월 대선 시기에 이명박 후보의 베이스캠프. 이 대통령은 2006년 6월 30일 서울시장직에서 퇴임하면서 청와대가 바라보이는 서울 종로구 견지동 서흥빌딩 11층에 개인 사무실을 열었다. 여기에 '안국포럼Anguk Forum'이란 간판을 달았다. 이곳은 한나라당 대선 후보 경선과 본선 과정에서 이 후보의 대선 전략 등 큰 그림을 그리는 싱크탱크였다. 안국포럼 구성원은 대부분 서울시청에서 근무했던 이춘식 정무부시장, 정두언 의원, 박영준 정무보좌역과 강만수 서울시정개발연구원장 등 이른바 'S(서울시) 라인' 인사들이었다.

대선전이 본격화하면서 안국포럼은 정책공약 수립의 사령탑 역할도 했다. 캠프 외곽에 있던 백용호 교수·류우익 교수·윤건영 의원 그룹 등이 내놓은 정책 아이디어를 조율하고 공약으로 결정했다. 그 조정역을 강만수 원장이 주로 맡았다. 안국포럼에 몸담았던 사람들은 이 대통령의 최측근으로 집권 후 청와대 요직을 맡거나 국회의원이 됐다.

불협화음의 '첫 경제팀'

김중수냐, 김정수냐, 김경수냐

2008년 2월 초, 서울 삼청동 금융연수원에 차려진 대통령직인수위원회 주변에서는 MB정부의 초대 경제수석 후보로 세 명의 이름이 오르내렸다. 모두 성이 '김金'이고, 이름 마지막 글자가 '수'라는 공통점을 지녔다. 한국개발연구원KDI 원장을 지낸 김중수 한림대 총장, 김정수 중앙일보 경제연구소장, 김경수 한국은행 금융경제연구원장이었다.

2월 4일 일부 신문은 김학렬 전 경제부총리의 아들로 미국 존스

홉킨스대 경제학 박사인 김정수 소장이 경제수석에 내정됐다고 보도했다. 그러나 다른 신문은 김정수가 아니라 김중수 총장을 검토 중이라고 썼다. 인수위 출입기자들은 경제수석 내정자의 이름 '가운데 자字'를 취재하느라 진땀을 뺐다. 국정기획수석(곽승준), 외교안보수석(김병국), 민정수석(이종찬), 교육문화수석(이주호) 등은 일찌감치 정해진 데 반해 경제수석은 막판까지 오리무중이었다.

설 연휴(2월 6~10일) 마지막 날인 10일 오전 발표된 청와대 참모진 인사에서 경제수석을 차지한 사람은 김중수 총장이었다. 철저한 시장주의자로 개방과 경쟁, 시장 자율을 중시하는 MB노믹스 철학을 실천할 적임자라는 설명이 붙었다. 그러나 적지 않은 사람이 의외라는 반응을 보였다. 노무현 정부 시절 국책연구기관인 KDI 원장을 지낸 데다 이명박 캠프나 인수위 등에 참여하지 않은 인물이었기 때문이다.

어쨌든 김 총장의 청와대 경제수석 발탁으로 MB정부의 첫 경제정책팀 핵심 진용은 강만수 기획재정부 장관, 곽승준 국정기획수석 '삼각 편대'로 짰다. 정통 재무관료 출신 재정부 장관에 40대 교수 출신 국정기획수석, KDI 이코노미스트 출신 경제수석의 조합은 출신과 정권의 지분 등에서 조화가 쉽지 않은 구조였다.

마치 김대중 정부의 첫 경제팀 진용을 연상케 했다. 당시 재정경제부 장관은 재무부 출신 이규성, 경제수석은 진보학자 출신 김태동, 정책기획수석은 경제기획원 출신 강봉균이었다. 이들 세 사람은 서로 주도권 다툼을 벌이며 손발을 전혀 맞추지 못했다는 평가를 받았다. MB정부 초기에도 환율·금리와 산업은행 민영화 같은 주요 정책에서 불협화음이 터져나온 것은 경제팀 멤버들의 '불편한 동거'에서 비롯됐다는 지적이 많다. MB정부에서 장관을 지낸 한 인사는 "강만수 장관, 곽승준 수석, 김중수 수석 등은 팀으로 묶이기보다는 대통령을 중심에 둔 방사형 구조로 포진했다"며 "그러다 보니 MB정부 첫 경제팀은 최악의 팀워크를 보였다"고 회고했다.

MB, '모피아' 불신

그렇다면 MB정부 경제정책의 방향타 역할을 하는 첫 경제수석에 김중수 총장이 낙점된 배경은 무엇일까. 거기에는 이 대통령의 '모피아'(재무관료를 마피아에 빗대 부르는 말)에 대한 뿌리 깊은 불신이 숨어 있었다. 강만수의 증언. "당시 인사는 인수위에서 정두언 의원과 박영준 당선인 비서실 총괄팀장이 실무적으로 정리하고, 당선인이 직접 고심해 결정했다. 난 김중수 경제수석도 발표되는 날에야 알았다. 사실 나는 경제수석에 김석동 전 재정경제부 차관을 추천했다. 외화자금과장으로 1997년 외환위기를 경험한 데다 사태 해결 능력이 뛰어나 적임이라고 생각했다. 그러나 대통령 당선인은 묵묵부답이었다. 아무 말씀이 없다는 건 부정적이란 뜻이다. 더 이상 말을 꺼낼 수 없었다."

이 대통령의 재무관료에 대한 불신은 역사가 긴 것으로 알려져 있다. 현대건설 최고경영자 시절 높은 은행 문턱을 드나들면서 겪은 '을의 설움'에서 관치금융에 대한 반감이 싹튼 것으로 전해졌다. 서울시장 시절에도 국제금융포럼을 열면서 재경부 금융정책국과 몇 차례 부딪쳐 모피아에 대한 불신이 깊어졌다는 게 정설이다. 이 대통령은 재무관료들이 금융정책을 주무르고, 금융기관장까지 독점하면서 기업 위에 군림하는 관치금융의 폐단을 가져왔다는 시각을 갖고 있었다.

당시 인사에 관여했던 인수위 핵심 관계자의 회고. "당선인은 초대 재정부 장관으로 서울시정개발연구원장 시절부터 정책 자문을 해온 강만수 전 재경원 차관을 일찌감치 염두에 두고 있었다. 하지만 다른 경제정책 포스트에는 재무관료 출신을 절대 쓰지 않겠다는 원칙을 갖고 있었다."

금융위원장, 백용호에서 전광우로

'모피아 배제' 원칙이 적용된 자리 중 하나가 금융위원장이었다. 정부조직 개편으로 재경부 금융정책국이 이관되면서 사실상 '금융부' 역할을 하게 된 금융위원회 수장은 상식적으로 재무관료 출신이 맡을 것이라는 예측이 많았다. 그러나 이 대통령의 생각은 달랐다. 이 자리야말로 민간 출신을 보내겠다는 뜻이 분명했다.

인수위 관계자의 증언. "금융정책과 금융감독을 지휘하는 금융위의 첫 위원장은 무조건 민간 출신으로 한다는 생각이었다. 그래서 유력하게 검토한 사람이 백용호 이화여대 교수였다. 대선 때 경제학 교수들을 모아 바른정책연구원이란 싱크탱크를 만들고, MB노믹스 수립에 기여한 데다 금융을 전공한 백 교수 자신도 금융위원장을 강하게 희망했다. 하지만 막판에 백 교수에서 전광우 포스코 이사회 의장으로 바뀌었다. 어쨌든 민간인 발탁이란 원칙엔 변함이 없었던 것이다."

초대 금융위원장이 백 교수에서 전 의장으로 바뀐 데는 사연이 있다. 인수위 관계자의 회고. "당선인도 처음엔 백 교수를 마음에 두고 있었다. 그런데 2월 초 사공일 전 재무장관을 면담하면서 전 의장이 급부상했다. 사공 전 장관은 당선인에게 '미국 서브프라임 모기지 부실 사태가 만만치 않다. 글로벌 금융위기가 올 수도 있으니 금융위원장은 글로벌 감각이 있는 사람이 좋겠다' 며 세계은행WB 근무 경력이 있는 전 의장을 추천했다. 이 말에 당선인도 공감하면서 인선 결과가 뒤집힌 것이다. 사공 전 장관과 전 의장은 IMF와 세계은행 등 국제금융기구에 근무했던 한국인들의 모임인 '브레턴우즈클럽' 멤버로 서로 가까웠다."

서로 경쟁시키는 MB 인사 방식

이 대통령이 '모피아 불신'을 바탕으로 짠 첫 경제팀은 강만수 기

획재정부 장관, 전광우 금융위원장, 김중수 경제수석, 곽승준 국정
기획수석 등이었다. 이들은 다른 출신만큼이나 각자 뚜렷한 개성
을 드러내며 주요 정책 결정 때마다 부딪쳤다.

이들이 화학적으로 섞일 수 없는 이유를 단적으로 보여준 상징
적 장면이 있다. MB정부의 첫 청와대 서별관회의(비공식 경제장관회
의) 장면이다. 이 회의는 2008년 3월 어느 날 아침 6시 30분에 열렸
다. 8시부터 열리는 국무회의에 앞서 경제장관들만 따로 자리를 마
련한 것이었다. 워낙 일찍 회의를 시작하다 보니 장관들의 아침식
사를 준비해야 했다. 이 회의의 준비와 주관은 기획재정부 경제정
책국이 담당한다. 경제정책국 관계자는 청와대 주변에 문을 연 식
당이 없자 장관들의 아침식사로 근처 편의점에서 김밥을 사서 회
의 테이블에 올렸다.

그 차가운 김밥을 강만수 장관은 우걱우걱 맛있게 먹으며 회의
를 진행한 반면 김중수 수석과 전광우 위원장은 입에도 안 댔다.
외국에서 오래 생활한 두 사람은 이른 아침부터 김밥을 먹는 게 입
에 맞지 않았던 것이다. 이들에겐 차라리 토스트와 커피를 제공했
어야 했다고 경제정책국 관계자는 회고했다.

이들은 식성만큼이나 경제철학과 노선도 달라 자주 불협화음을
빚곤 했다. 가장 심하게 대립한 사람은 강 장관과 곽 수석이었다.
청와대 관계자의 회고다. "강 장관과 곽 수석은 대선 캠프시절부터
이 대통령을 측근에서 보좌한 실세들이었다. 그러나 강 장관은 나
이가 열다섯 살이나 어리고 경륜도 한수 아래인 곽 수석을 무시하

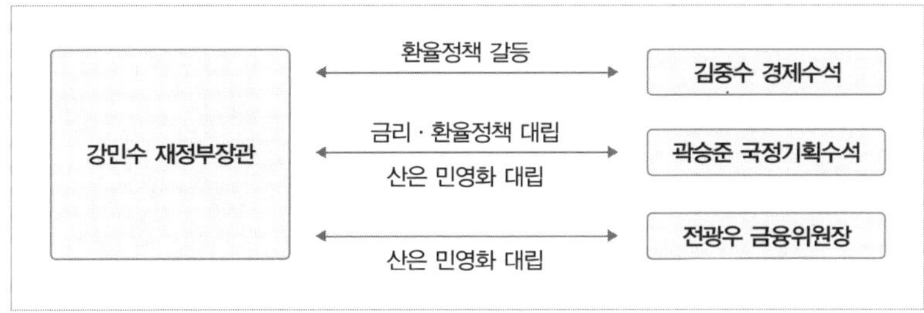

다시피 했고, 곽 수석은 강 장관의 정책 노선이 '훈구파 같다' 며 비판적이었다."

그러다 보니 두 사람은 서별관회의 등에서 환율정책과 종합부동산세 폐지 등 주요 현안에 대해 의견을 달리했다. 강 장관이 경상수지 적자 확대를 막기 위해 고환율이 불가피하다는 입장이었던 반면, 곽 수석은 고유가 상황에서 고환율은 적절치 않다고 주장했다. 종부세도 강 장관은 폐지해야 한다고 주장했지만 곽 수석은 폐지를 서둘러선 안 된다는 입장을 고수했다.

이런 상황에서 경제정책의 이견을 조정해야 할 김 수석은 제 역할을 못했다. 청와대 관계자의 회고. "김 수석은 정권에 '지분'이 없다 보니 실세들 간 싸움에 끼어들지 못했다. 그러던 6월 초 한 신문이 경제팀의 불협화음을 지적하면서 김 수석이 강 장관과 함께 고환율을 지지한다고 보도하자 '나는 (강 장관과 달리) 고환율주의자가 아니다' 라는 보도자료를 청와대 기자실에 돌리기도 했다. 이 사건으로 강 장관과 김 수석도 관계가 완전히 틀어졌다."

김 수석은 곽 수석과 호흡이 맞는 것도 아니었다. 곽승준의 회고. "나는 대통령 후보 경선과 본선, 인수위를 거쳐 청와대에 들어갔다. 하지만 김 수석은 정권 출범 때 처음 합류했다. 우린 출발선이 달랐다. 나는 20km 앞에서 뛰고 있는데, 그분은 이제 신발끈을 매고 있으니 팀플레이를 할 수 있었겠나."

강 장관과 전 위원장의 관계도 원만치 않았다. 두 사람은 처음부터 산업은행 민영화를 둘러싸고 의견 대립을 보였다. 전 위원장은 산은 민영화를 강력 추진해야 한다는 입장이었지만 강 장관은 반대했다. 산은 민영화에는 곽 수석이 전 위원장 편을 들면서 강 장관과 전 위원장의 사이가 더 벌어졌다.

강만수 장관 밑에서 재정부 차관을 지낸 최중경의 증언. "이명박 정부에서 기획재정부의 존재감이 작아진 건 금융정책이 금융위원회로 빠져 나갔기 때문이다. 그런 점에서 금융위가 재정부와 손발을 맞춰 움직여줘야 하는데, 전광우 위원장이 그런 역할을 전혀 하지 않았다. 강 장관이 내각의 경제팀장으로서 힘을 제대로 발휘하지 못한 이유 중 하나도 거기에 있었다."

한마디로 경제정책을 주무르는 핵심 인사들이 노선과 주도권 다툼을 벌이면서 주요 현안 해결에서 팀플레이가 이뤄지지 않은 셈이다. 이런 경제팀 진용은 이 대통령의 독특한 인사철학 탓이란 분석도 있다. MB정부 초기 장관급 인사의 설명. "이 대통령은 한 사람에게 경제정책의 힘이 쏠리는 걸 원치 않았다. 재경부 장관이 맡던 경제부총리 제도를 폐지한 것도 그런 이유다. 각자에게 적절한

권한을 주고, 경쟁시켜 최대의 성과를 내도록 한다는 게 인사관리
원칙이었다. 두세 명에게 똑같은 과제를 주고 서로 경쟁시키는 기
업경영 방식을 정부 인사에도 활용한 것이다. 그러나 기업과 정부
는 달랐다. 그걸 간과한 게 패착이라면 패착이었다."

모피아

모피아Mofia는 재무관료들을 이탈리아의 범죄조직인 마피아에 빗
댄 말이다. 과거 재무부 MOFMinistry of Finance와 마피아Mafia의 합
성어다. 재무관료들이 마피아처럼 세력을 구축해 경제권력을 장악
하고, 금융기관 등에 낙하산으로 내려가는 현상에서 유래했다. 옛
경제부처의 쌍두마차 중 하나였던 경제기획원EPB과 달리 재무부
출신들은 선후배 간 끈끈한 유대를 바탕으로 경제계 곳곳에서 세력
화했다는 지적을 받았다.

이에 대한 반감 때문에 역대 정권마다 초기 인사에서 모피아를
배제했다. 대신 대학교수나 민간인들을 많이 발탁했다. 그러나 실
물경제와 금융에 밝고 현안을 해결하는 능력 때문에 정권 중반 이
후엔 재무관료를 기용하는 경향이 짙었다. 이명박 정부도 예외가
아니었다. 1기 경제팀에선 강만수 기획재정부 장관만 재무관료였
다. 하지만 2기 경제팀에선 재정부 장관(윤증현), 금융위원장(진동
수), 경제수석(윤진식) 등을 모두 재무부 출신이 차지했다.

고환율정책 논란

2008년 6월 말, 이명박 대통령은 박병원 경제수석을 청와대 본관 집무실로 불렀다. "환율정책의 책임을 묻는다면 누구한테 물어야 합니까?" 느닷없는 대통령의 질문에 박 수석은 당황스러웠다. 5% 대 물가 상승의 원인 중 하나로 지목된 고환율정책의 책임을 물어 강만수 장관을 경질해야 한다는 요구가 빗발치던 때였다. 이 대통령은 6월 18일 특별 기자간담회에서 "경제가 어려운데 그때마다 사람(장관)을 바꿀 수 없다"며 강 장관을 방어했었다.

박 수석은 갑작스러운 질문에 답하기가 난감했다. 인사에 관해서는 참모진들의 의견을 잘 묻지 않는 이 대통령이었다. 박병원의 회고. "깜짝 놀랐다. 내가 청와대 경제수석으로 재임하던 2008년 6월부터 2009년 1월까지 대통령이 인사와 관련해 의견을 물은 경우는 이후 이석채 씨를 국민경제자문회의 부의장 시키면 어떻겠느냐고 물은 것 외에는 없었다."

그러나 대통령이 '고환율 책임자'를 굳이 묻는 의중을 박 수석은 읽고 있었다. '대통령이 이런 질문을 던진 건 강 장관은 지키되, 누군가에겐 책임을 묻고 싶다는 뜻 아닌가. 그렇다면 대안은 최중경 재정부 1차관밖에 없는데….' 굳게 입을 다문 채 잠시 숙고하던 박 수석이 입을 열었다. "원칙적으로 환율정책 책임은 재정부 장관에게 있습니다. 그러나 경제위기 상황에서 경제팀 수장을 바꾸는 건 적절치 않습니다. 대신 고환율론자인 최 차관에게 책임을 지우는 것도 방법입니다." 이후 열흘쯤 뒤인 7월 7일 청와대는 소폭 개각을 단행하면서 "환율과 물가관리에 문제점이 있다는 여론을 반영했다"며 최 차관을 교체했다.

정부 출범 5개월도 안 돼 재정부 차관의 경질을 부른 고환율정책은 MB정부 초기 뜨거운 논란의 대상이었다. 강 장관을 사령탑으로 한 재정부는 위기 상황에서 경상수지 방어를 위해 고환율이 불가피하다는 입장이었다. 그러나 일각에선 '높은 환율은 수출 대기업에만 좋을 뿐, 서민들은 고물가에 시달리게 하는 정책'이란 비판도 많았다.

왜 고환율정책이었나

그렇다면 이후 강 장관의 경질까지 이어진 고환율정책은 어떻게 태동된 것일까. MB정부 1기 경제팀의 핵심 요직인 재정부 1차관에 최중경이 임명됐다는 것만으로도 고환율정책은 예고된 것이나 다름없었다는 평가가 많다. 최 차관을 기용한 강만수 장관 역시 환율에 있어서는 최 차관과 생각이 다르지 않았다. 고환율정책은 모피아가 주도했다고 볼 수 있는 것이다.

강 장관이 고환율정책을 고수한 데는 1997년 외환위기의 트라우마가 작용했다는 게 중론이다. 강 장관 밑에서 재정부 경제정책국장을 지낸 임종룡의 설명. "강 장관은 대내균형(물가)보다 대외균형(경상수지)이 훨씬 중요하다고 생각했다. 물가가 오르면 국민들이 고생하긴 하지만, 경상수지 적자가 커져 외환위기가 오면 나라가 망할 수 있다고 강조했다. 1997년 말 재정경제원 차관으로서 외환위기를 맞으며 느꼈던 뼈저린 교훈이었다."

강 장관은 2008년 3월 10일 이 대통령에게 첫 재정부 업무 보고를 하면서도 이 점을 강조했다. 그는 "최근 몇 년간 우리 경제는 투자율이 경제성장률을 밑돌아 지속가능성이 없고, 경상수지가 적자로 돌아서 외환위기 때와 비슷하다"고 보고했다. 이런 상황에서 그에게 가장 급했던 것은 경상수지 흑자 전환이었다. 일단 경상수지만 흑자로 돌려놓으면 외환보유액이 쌓여 외환위기는 막을 수 있다는 게 그의 생각이었다.

2008년 3월 3일 과천 정부청사에서 열린 기획재정부 현판식에서 강만수 장관(왼쪽 세 번째)과 최중경 1차관(두 번째)이 자리를 함께했다(한국경제신문 사진).

강 장관은 내정자 신분 때부터 고환율 옹호 발언을 이어갔다. 2008년 2월 29일 재정부 장관 내정자 취임 기자간담회에서 "중앙은행의 처지에서는 원화 강세를 유지해야 하므로 환율정책과 배치되는 측면이 있지만 정부는 종합적으로 상황을 분석할 수 있다"며 "환율은 시장에 그냥 맡기는 게 아니라 필요할 때는 정부 개입도 있어야 한다"고 말했다. 이후에도 "기획재정부가 환율정책의 주도권을 가져야 한다"(3월 4일), "정부는 환율과 관련해 경상수지 동향과 괴리되지 않도록 환율 안정화 노력을 지속키로 했다"(3월 10일) 등의 발언을 쏟아냈다.

강만수의 회고. "경상수지 개선의 지름길은 지나치게 고평가된 원화의 실세화(원화 절하)다. 2000년대 들어 2007년까지 원화는

40.3% 절상돼 경상수지가 적자로 돌아섰지만, 같은 기간 일본은
엔화가 16.7%만 절상돼 매년 1500억 달러가 넘는 흑자를 냈다. 제
주도와 명동에 일본 관광객이 사라지고 가고시마와 도쿄에 한국
관광객이 넘쳤다는 사실이 잘못된 환율의 증거였다. 나는 고환율
주의자가 아니라 환율실세주의자다."

환율급등 강력 억제 안 해

그렇다고 강 장관이 인위적으로 환율을 끌어올린 건 아니었다. 당
시는 미국의 서브프라임 모기지 부실 사태로 글로벌 금융시장이
경색돼 달러 가치가 저절로 오르던 때였다. 재정부는 오히려 급등
하는 환율에 제동을 걸며 시장 개입을 했다. 그러나 강 장관은 환
율 상승을 더 적극적으로 막지 않고 용인했다는 평가를 받는다.

이 때문에 물가 안정을 위해 환율 상승을 억제하려는 한국은행
과 갈등을 빚었다. 2008년 3월 17일 미국 금융회사 베어스턴스의
파산으로 원·달러 환율은 31.9원(3.2%)이나 급등하면서 달러당
1029.2원을 기록했다. 이를 두고 이성태 한국은행 총재는 3월 25
일 한 강연회에서 "환율이 천장을 테스트해본 것"이라고 말해 환율
을 달러당 970원대로 다시 떨어뜨렸다. 강 장관은 이 총재에게 "금
리는 한은 소관이지만 환율관리는 정부가 책임진다"며 환율 관련
발언을 자제해줄 것을 요구했다. 환율을 너무 끌어내리려 하지 말

라는 경고였다. 재정부와 한은의 갈등설이 불거지자 3월 28일 강 장관과 이 총재는 야간 비밀회동을 갖기도 했다.

그러나 천정부지로 치솟는 기름값 등 물가 불안으로 고환율정책에 대한 비판은 고개를 들기 시작했다. '수출 기업만 생각한다고 서민 물가를 외면했다'는 비난이 쏟아졌다. 가뜩이나 촛불시위로 촉각이 곤두서 있는 정무라인에서는 부담을 느낄 수밖에 없었다. 6월 2일 김중수 경제수석비서관은 자신이 고환율을 지지하고 있다는 일부 보도를 부인하는 자료를 발표하기에 이른다. "김 수석비서관이 이 성명을 직접 발표하려다가 마음을 바꿔 김동연 재정경제비서관이 대신 발표하게 했다"는 게 강만수의 회고다. 청와대 기류가 바뀌었음을 잘 보여주는 일화다.

하지만 강 장관이 고물가에 따른 서민 고통을 무시한 것도 아니었다. 재정부는 기름값 급등에 대한 처방으로 1인당 최대 24만 원의 유가환급금을 도입했다. 근로자와 자영업자들에게 유가 상승에 따른 유류비 부담 증가분의 일부를 소득세 환급으로 되돌려준 것이다. 고환율정책을 유지하기 위한 일종의 타협책이었다. 재정부 종합정책과장이던 이찬우의 증언. "유가환급금은 전적으로 강 장관 아이디어였다. 세제 전문가인 강 장관이 유가환급금 시행을 검토해보라고 지시했을 때, 그는 이미 구체적 방법까지 생각해놓고 있었다." 이런 노력에도 불구하고 강 장관과 최 차관에 찍힌 '고환율주의자'라는 낙인은 쉽게 지워지지 않았다.

'최틀러' 화려하게 복귀시켜

강만수 경제팀의 물가안정 노력에도 불구하고 성난 민심은 수그러 들지 않았다. 2008년 4월 4%를 넘어선 소비자물가상승률은 7월에 6% 선까지 육박했다. 고환율에 고유가가 겹친 결과였다. 고환율과 물가관리 실패의 책임을 물어 강 장관을 퇴진시켜야 한다는 목소리가 여당에서도 터져나왔다. 그러나 이 대통령은 MB노믹스의 설계자이기도 한 강 장관을 끝까지 지키려 했다. 대통령 역시 고환율정책을 지지했기 때문이다. 박병원의 회고. "강 장관이 고환율정책을 밀어붙일 수 있었던 건 대통령의 지지가 있었기에 가능했다. 이 대통령은 기업인 출신답게 수출실적 등 눈에 보이는 미시 성과에 더 관심이 많았다."

이 대통령은 고환율 책임을 물어 경질했던 최중경 재정부 1차관도 주駐필리핀 대사로 내보냈다가 2010년 4월 청와대 경제수석으로 화려하게 복귀시켰다. 이후 최 차관은 지식경제부 장관까지 오르며 이명박 정부에서 승승장구했다. 여기서 고환율 신봉자로 '최틀러'(최중경+히틀러)란 별명까지 붙었던 최중경의 일화를 소개한다. 환율에 대한 그의 굳은 신념을 엿볼 수 있는 이야기다.

2003년 가을 최중경 재정경제부 국제금융국장은 잠을 잘 수 없었다. 소위 국제 환투기 세력과 격전을 벌이고 있던 그에게 '실탄' 인 외국환평형기금채권(외평채) 한도가 바닥을 드러내고 있었기 때문이다. 환투기 세력들은 5%의 증거금만 내고 역외선물환

시장NDF에서 자금을 무한정 끌어와 원화 강세에 베팅하고 있었다. 재경부는 소총을 들고 있는데, 환투기 세력은 기관총으로 싸우고 있는 형국이었다. 그 와중에 재경부는 총알마저 떨어져가고 있었다.

최 국장이 환투기 세력과 맞선 것은 단순히 원·달러 환율이 지나치게 내리는 것(원화가치 급등)을 막기 위한 것만이 아니었다. 밀물처럼 들어왔다가 썰물처럼 빠져나가는 투기 자금들은 언제 외환보유액을 고갈시킬지 알 수 없었다. 외환보유액이 고갈된다는 것은 1997년 말 외환위기가 다시 온다는 애기였다.

며칠 밤을 뜬눈으로 보낸 최 국장은 모종의 결심을 하고 윤여권 외화자금과장을 불렀다. "내가 하려는 것은 나중에 문제가 될 수도 있다. 관련법을 보니 할 수 있을 것도 같고, 아닌 것도 같다. 문제가 되면 즉각 옷을 벗거나 산하 기관으로 쫓겨난다. 네 인생까지 망가뜨릴 수는 없으니, 네가 못하겠다고 하면 나도 어쩔 수 없다." 잠시 머뭇거리던 윤 과장은 이렇게 답했다. "국장님 지시라면 하겠습니다."

이렇게 결정된 것이 '기습'이라고 불린 사상 초유의 뉴욕 NDF 시장 직접 개입이었다. 스키피오가 2차 포에니전쟁에서 로마 함락을 눈앞에 둔 한니발을 회군시키기 위해 카르타고를 공격한 것을 떠오르게 하는 전략이었다. 2003년 10월 재경부 외화자금과 사무실 한구석에 있는 두 평 남짓의 딜링룸에서는 산업은행 창구를 통해 뉴욕 NDF에서 하루 동안 무려 50억 달러를 사들였다. 달러 수요가 갑자기 급증하니 당연히 달러는 초강세를 보일 수밖에 없었다. 이 여파는 한국 외환시장에도 그대로 전달돼 원·달러 환율이 상승했다(달러 강세-원화 약세).

원화 강세에 베팅한 환투기 세력들은 공황 상태에 빠졌다. 원금인 5%의 증거금을 다 날린 것은 물론이고 베팅한 만큼의 엄청난 금액 손실을 떠안아야 했다. 월스트리트에서 원화 강세에 베팅했던 한국 담당 매니저의 목이 줄줄이 날아갔다. 이때 "최중경이 있는 한 한국 시장은 건드리면 안 된다"는 말이 월스트리트에 퍼지면서 붙여진 별명이 '최틀러'였다.

그러나 NDF 거래는 당시로서는 큰 손실을 가져왔다. 국회 국정감사에서도 이 문제가 불거져 최 국장은 예견대로 세계은행으로 쫓겨나고, 윤 과장은 청와대 비서실로 자리를 옮긴다. 재경부의 한 차관보급 간부는 최 국장에게 "완전히 나라 말아먹을 놈이네"라는 폭언까지 한 것으로 유명하다.

금융위기 극복 vs 양극화 심화

고환율정책은 집권 초기 MB노믹스 중 큰 논란을 일으킨 이슈 중 하나였다. 찬반 논쟁이 많았고, 지금도 공과功過에 대해 의견이 분분하다.

고환율정책이 수출을 늘려 2008년 글로벌 금융위기를 극복시키는 데 기여했다는 점에는 이견이 없다. 특히 수출 대기업들은 고환율 혜택을 톡톡히 봤다. 강만수 장관이 퇴임 후 국가경쟁력강화위원회 위원장 시절인 2009년 5월 체코를 방문했을 때의 일화. 프라하공항에 도착해 시내를 향해 자동차가 달리는데 현대자동차 'i30'와 삼성전자의 디지털카메라 배너광고가 양쪽 길가에 반반씩 붙어 있었다.

내심 뿌듯했던 강 위원장은 현대차 현지법인장의 말을 듣고 더욱 고무됐다. "환율이 이 정도(달러당 1300원대)면 유럽에서 경쟁할 만하다. 부품도 국내 업체에서 조달할 수 있다. 원화가치가 높으면 동남아산 부품을 써야 한다. 그러면 도저히 품질을 맞출 수 없다. 이 환율이 3년만 유지되면 벤츠도 따라잡을 수 있을 것 같다."

또 강 위원장이 기아차의 K5 출시 행사 축사를 하러 갔을 때의 일화도 있다. 강만수의 회고. "비가 많이 오는 날이었지만 현대기아차의 고위 경영진 한 명이 양재동 사옥 현관까지 직접 마중을 나왔다. 강연이 끝날 때까지 자리를 떠나지 않았다. 점심식사를 같이 하고 다시 사무실에서 차 한 잔을 청할 정도로 극진한 예우를 해줬다." 이찬우는 그 고위 경영진의 말을 기억했다. 그는 "저희가 잘한 게 뭐가 있습니까. 강 장관께서 환율을 잘해준 것(고환율정책) 때문에 이렇게 현대기아차가 고성장을 달성하게 됐습니다"라고 말했다.

그러나 고환율정책은 물가를 끌어올려 서민 생활고를 가중시키

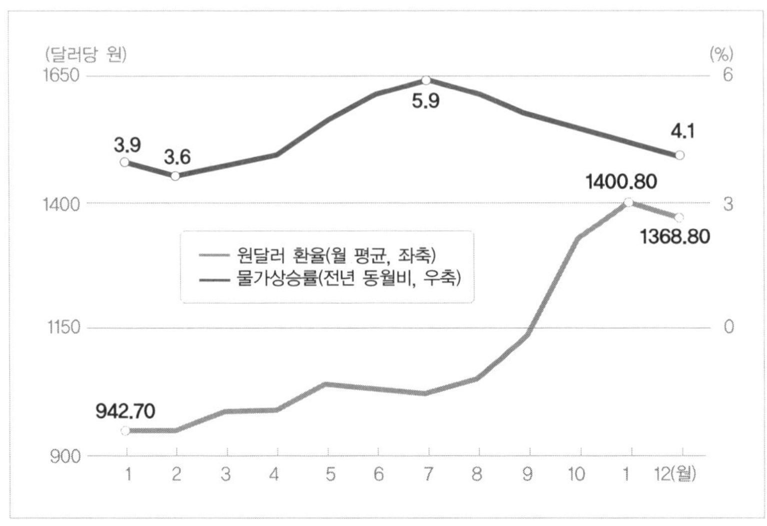

※한국은행 자료

고 내수를 침체시키는 원인이란 비판에서 자유롭지 못하다. 고환율 논쟁이 한창일 때 국무총리실 국정운영실장이던 조원동의 설명. "MB노믹스에서 가장 아쉬운 게 고환율정책이다. 수출에서 얻은 이익이 내수로 흘러들어와 국민들이 함께 공유할 수 있어야 하는데, 그러지 못했기 때문이다. 구조적으로 수출 산업일수록 고용은 잘 늘지 않는다. 그런데도 이제 와서 기업들이 일자리를 안 만들었다고 정부가 나무라는 건 맞지 않다."

어쨌든 정부는 고환율 혜택을 본 대기업들이 기대만큼 투자와 일자리를 늘리지 않는다고 불만이 컸다. 재정부 관계자의 회고. "2009년 삼성전자 등이 사상 최대 이익을 내자 강 장관은 전경련

42

회의 등에서 '환율 혜택을 받았으면 경쟁력을 제고하기 위한 투자를 해야 한다'고 강조했다. 이후 한 삼성 임원이 TV에 나와 '사상 최대 이익은 환율이 아니라 우리가 노력한 결과'라고 말하자 강 장관은 삼성에 화를 내기도 했다."

이런 정부의 서운함은 MB노믹스의 방향 전환 배경 중 하나가 되기도 했다. '비즈니스 프렌들리business friendly'를 표명하던 MB정부는 2009년부터 친서민·중도실용으로 방향을 전환하고 '동반성장'과 '공생발전' 등을 내세운다. 대기업들에 대한 기대가 무너진 결과이기도 했다.

고환율정책

말 그대로 환율을 높게 유지하는 정책이다. 원·달러 환율은 '1달러당 1000원'의 방식으로 표시된다. 환율이 1달러당 1000원에서 1100원, 1200원 등으로 높아지면 고환율이 된다. 원화가치가 떨어진다는 의미다. 1달러를 사기 위해 더 많은 원화를 지불해야 하기 때문이다. 즉 고환율정책은 원화가치를 낮게 가져간다는 것과 같은 의미다.

고환율정책을 쓰면 경상수지를 개선할 수 있다. 원화가치가 떨어지면 수출품에 가격경쟁력이 생겨 수출이 늘어나기 때문이다. 반면 수입품 가격은 올라가는 결과를 가져와 물가 상승과 내수 부진의 원인이 되기도 한다. 고환율정책의 직접적 수단은 정부가 외환시장에서 달러를 사들이는 것이다. 시장에서 달러 수요가 늘어나면 달러값은 올라가고, 상대적으로 원화가치는 떨어진다.

외환위기나 글로벌 금융위기에서 보듯 경제위기가 오면 기축통화인 달러를 보유하려는 경향이 뚜렷해지기 때문에 시장 개입 없이도 환율은 상승하게 된다.

금융권 인적 청산

"탈락이라는 통보가 정식으로 왔습니다."

2008년 5월 8일 프랑스 파리 드골공항. 스페인 마드리드에서 열린 아시아개발은행ADB 연차총회에 참석했던 박병원 우리금융지주 회장은 한국행 비행기로 갈아타기 위해 공항 라운지에서 대기하던 중 서울의 비서실로부터 자신의 해임 사실을 보고받았다. 2007년 3월 임명된 지 1년 2개월 만이었다. 임기 3년의 절반도 못 채운 때였다. 다음 날 인천국제공항에 도착한 박 회장은 비서실 직원이 가져온 문서 한 통을 건네받았다. 이창용 금융위원회 부위원장 명의로 된 서한이었다. '금융기관장 적격성 평가에서 탈락했다'

는 짧은 내용이 전부였다. 정부의 공식 문서도 아니었다. 문서 일련번호나 금융위원장 직인도 없었다.

박 회장은 ADB 총회 출국 전에 이미 결과를 예감하고 있었다. 박 회장의 증언. "이사회에 조용히 사표를 낼 테니 결과만 미리 알려달라고 금융위원회에 요청했었다. 미국 증시에도 상장된 우리 금융의 경영진을 정부가 대놓고 자르는 건 회사의 대외신인도나 정부를 위해서도 바람직하지 않았다."

MB정부는 출범과 동시에 금융권에서 대대적인 인적 청산을 시작했다. 국책은행과 공기업 사장, 감사는 물론 우리금융지주처럼 정부가 직간접적으로 지분을 갖고 있는 회사의 주요 경영진들은 모두 재신임 대상이었다. 청와대는 이들로부터 일괄 사표를 받고, 선별수리 방식으로 물갈이 작업을 벌였다. 이런 인적 물갈이 과정에선 적지 않은 무리수도 나와 두고두고 논란이 됐다. '낙하산 인사', '회전문 인사' 등 임기 내내 이어진 인사파행은 MB정부의 인기를 떨어뜨리는 결정적 요인으로 작용하기도 했다.

'새 술은 새 부대에', 인적 청산

2008년 ADB 총회에 참석했던 금융기관장들의 운명은 미묘하게 엇갈렸다. 윤용로 기업은행장은 마드리드에서 전광우 금융위원장으로부터 재신임 통보를 받았다. 박대동 예금보험공사 사장과 이

철휘 자산관리공사 사장은 귀국 후 '생존'에 성공했다는 소식을 들었다. 반면 김창록 산업은행 총재는 '연임 불가'라는 언질을 받고 아예 ADB 총회에 참석하지 않았다. 양천식 수출입은행장, 홍석주 한국투자공사KIC 사장, 김규복 신용보증기금 이사장, 한이헌 기술신용보증기금 이사장, 조성익 증권예탁결제원 사장도 모두 교체 대상으로 분류됐다.

우리금융지주의 경우 박 회장만이 아니라 박해춘 우리은행장, 정경득 경남은행장, 정태석 광주은행장 등 산하 3개 은행장도 모두 경질됐다. 비상장사인 우리·경남·광주은행장은 즉각 경질과 함께 후임 인선 전까지 부행장 대행 체제로 가라는 지시까지 내려왔다. 당연히 반발이 뒤따랐다. 우리금융지주 고위 관계자의 증언. "정태석 행장은 사표를 내지 않고 정부를 상대로 소송을 걸겠다며 반발해 박 회장이 간신히 뜯어말렸다. 정부가 대주주의 권한을 앞세워 주총에서 해임을 결정하면 잔여 임기 동안의 연봉도 못 받는다는 논리로 설득했다. 인사 파문이 커지는 것을 막기 위한 고육지책이었다."

우리금융지주의 경우 CEO의 교체 과정이 간단치 않았다. 업무 공백과 이로 인해 금융시장에 미치는 혼란도 컸다. 이사회 사표 제출 → 공시 → 회장추천위원회(회추위) 구성 → 공모 → 회추위 추천 → 금융위원장 제청 → 대통령 결정 → 임시 주총 → 대표이사 교체 등 법적 절차를 모두 지켜야 했다. 이 모든 과정이 한 달만에 속전속결로 진행됐다.

이동걸 금융연구원장도 "순순히 자리를 내놓을 생각은 없다"고 말했지만 결국 2009년 1월, 임기를 1년 반이나 남기고 돌연 사의를 표명했다. 유지창 은행연합회장이 임기 만료로 전년 11월 물러나고 신동규 수출입은행장이 신임 회장으로 부임한 지 3개월 만이다.

청와대가 주도한 금융권 인사개편은 후진적인 관치금융 시대를 연상시킨다는 지적도 받았다. 예를 들어 우리금융지주의 경우 자산 규모가 300조 원이 넘고, 인력만 1만 5000여 명에 달하는 세계 60위권의 금융회사다. 더구나 한국은 물론 뉴욕증시에도 상장돼 있다.

우리금융지주 고위 관계자의 증언. "정부의 전격적인 경영진 교체 통보는 정부가 마음만 먹으면 실적과 무관하게 언제든지 경영진을 교체할 수 있다는 것을 적나라하게 보여줬다. 외국인 주주들로서는 도저히 이해할 수 없는 행태였을 것이다."

'전원사표, 선별수리' 방침이 금융권에 알려지면서 구명을 위한 로비와 사표 제출 순서를 둘러싼 눈치작전도 벌어졌다. 금융위원회 고위 관계자의 증언. "각 금융회사 경영진들이 적절한 사표 제출 타이밍을 찾기 위해 수시로 연락을 해왔다. 발 빠르게 먼저 낼 경우 연임 의사가 없는 것으로 간주될 것 같고, 반대로 너무 늦게 내면 끝까지 버텼다는 인상을 줘 불이익을 받을 것으로 생각했다."

정권 공신들 '자리 나눠먹기'

금융권 인적 청산의 창구는 부처별 차관급이 맡았다. 하지만 실제 작업을 주도한 곳은 청와대였다. 장관조차 산하 공기업 경영진에 대한 인사추천권을 행사하지 못했다. 청와대가 정권 출범 초기에 이처럼 금융 공기업 경영진에 '일괄 사표'라는 극단적 방법을 써가며 인적 청산을 시도한 이유는 뭘까. 강만수 장관은 2008년 7월 국회에서 "공공기관장의 일괄 사표는 정치적 재신임 차원"이라고 말했다. 이어 "업무 성과, 전문성, 경영자로서의 역량 등을 참작해 유임 여부를 결정할 것"이라고 답했다.

하지만 금융권은 곧이곧대로 받아들이지 않았다. 연임에 성공한 인사와 경질된 인사 사이에 명확한 기준이 없었기 때문이다. 한 금융공기업 최고경영자의 증언. "일괄 사표를 받아놓고 정권 교체에 기여한 공신들에게 '자리를 나눠줄 테니 찍어봐라'는 식이었다고 들었다. 경영상 하자나 개인 비리에 의한 경질이 아니었다." 한마디로 MB정부의 인사 코드는 '나눠먹기'였다는 지적이다.

2008년 3월 한국거래소 이사장에 대한 '낙하산' 실패가 대대적 인적 청산의 발단이 됐다는 분석도 있다. 임기 만료로 물러난 이영탁 이사장의 후임 인사를 위한 공모엔 9명이 지원했다. 하지만 그중 한 명이 이 대통령과 친분이 두터운 것으로 알려진 우리투자증권 사장 출신의 이팔성 서울시립교향악단 대표(현 우리금융지주 회장)라는 사실이 알려지면서 "결과는 보나마나"라는 소문이 돌았다. 그러나 이 대표는 최종 후보 3배수에도 들지 못하고 탈락했다. 새 정권의 '낙하산 인사시스템'이 제대로 작동하지 않자 청와대는 발칵 뒤집혔다.

이후 청와대가 기강 확립 차원에서 금융권에 대한 '군기 잡기 인사'를 시작했다는 것이다. 실제 거래소에 대해선 검찰 수사는 물론 감사원·금융감독원 조사까지 이뤄졌다. 2009년 1월에는 재정부가 한국거래소를 공공기관으로 지정해 정부의 예산통제와 감사원 감사를 받도록 했다. 결국 신임 이정환 이사장은 2009년 10월 임기를 절반이나 남기고 사퇴했다. 진동수 금융위원장이 이 이사장을 설득한 결과였다.

금융권 물갈이에서 핵심 기준은 '코드'였다는 점을 청와대도 부인하지 않는다. 청와대 관계자의 증언. "이 대통령도 '대통령과 장관, 하위 공직자의 생각이 같아야 한다'고 여러 차례 강조했다. 이전 정부에서 업무의 전문성보다 정권과 코드가 맞는 사람을 임명했다면 이들과는 같이 갈 수 없는 것 아닌가. 특히 정연주 KBS 사장처럼 이전 정부 출신들이 주요 기관장으로 버티면서 국정운영 시스템이 제대로 작동하지 않는다는 문제의식도 크게 작용했다."

에너지·건설공기업 사장도 줄사표

인적 청산의 대상은 국책은행과 금융공기업뿐만 아니었다. 일반 공기업 CEO도 검증 대상에 올랐다. 2008년 4월부터 각 부처별로 산하 공기업 사장과 감사에 대한 일괄 사표를 받으라는 지시가 내려갔다. 지식경제부 산하의 한국전력·석유공사·가스공사 등 이른바 '빅3'가 가장 먼저 사표를 냈다.

광업진흥공사·석탄공사·지역난방공사·수력원자력·가스안전공사·전기안전공사·남동발전·중부발전·서부발전·남부발전 등 거의 모든 에너지공기업 수장들의 사표가 지식경제부로 접수됐다. 창구는 에너지 업무를 담당하는 지경부 2차관이었다.

국토해양부와 보건복지부·환경부·노동부·문화체육부 등 다른 부처 사정도 마찬가지였다. 대한주택공사·한국토지공사·한국수자원공사 등 국토부 산하 공룡 공기업은 물론 국민건강보험공단(복지부), 환경관리공단과 국립공원관리공단(이상 환경부), 서울예술단(문화부) 이사장까지 약속이나 한 듯 모조리 사표를 제출받았고 대부분 수리됐다. 한 에너지 공기업 임원은 "청와대의 지시가 워낙 서슬이 퍼래 저항할 수 있는 상황이 아니었다"며 "새로운 CEO가 임명되기 전까지 해외자원개발 등 산적한 현안은 뒤로 밀릴 수밖에 없었다"고 말했다.

정부의 압력에도 불구하고 사퇴를 거부한 일부 인사들에 대해서는 전방위 압박도 가해졌다. 재정부는 공기업 및 준정부기관 101곳을 대상으로 강도 높은 경영평가에 착수했고, 기관과 기관장뿐 아니라 감사까지도 평가 대상에 포함시켰다. 이와 별도로 감사원은 2008년 3월부터 주요 공기업 31곳을 골라 집중 감사에 착수한 데 이어 5월에도 2단계 감사 대상을 선정하면서 공공기관에 대한 '공포 분위기'를 조성했다.

공공기관운영위에서도 인적 청산 논란

청와대 주도로 이뤄진 인적 청산은 급기야 공공기관운영위원회(공운위) 민간위원들의 공식적인 문제 제기를 초래했다. 공기업 사장 및 정부 산하 공공기관장들의 잇따른 사표 제출이 법치주의에 어긋난다며 반발하고 나선 것이다.

공공기관의 인사와 운영에 관한 사항을 심의 · 의결하는 법적 기구인 공운위에는 법조 · 경제 · 언론 · 노동계 분야의 민간위원 9명과 기획재정부 장관 등 정부 측 인사 8명 등 17명으로 구성된다.

2008년 4월 공운위를 앞두고 '정부가 입맛대로 인사를 할 바에야 공운위를 무엇하러 두느냐'는 불만이 제기됐다. 법적 절차를 거쳐 임명된 기관장들이 정권이 바뀌었다고 해서 정부 압력을 받고 물러나는 것은 문제라는 지적이 민간위원들 중심으로 제기됐다.

일부 위원은 "각 공공기관 임원추천위원회가 올린 후보를 검증하고 해임 여부를 판단하는 공운위의 역할이 유명무실해졌다"며 따지기도 했다. 공운위 설치 이유가 전문성이 떨어지는 인물이 공기업 사장으로 내려오는 낙하산 인사를 막기 위한 것인데 정부가 일괄적으로 사표를 내라는 것이 법 취지와 맞느냐는 것이었다. 공운위 관계자의 증언. "정권이 바뀌었다 해서 공공기관의 역할과 내용이 변한 것은 아니다. 공공기관장들의 임기도 법적으로 정해져 있을 뿐 아니라 객관적인 평가시스템이 마련돼 있었다. 그런데도 정부의 일방적인 사퇴 압력을 받고 물러나는 것이 정상적이냐."

반면 일부 다른 위원은 공공기관장과 감사들의 일부가 지난 정권의 정치적 배려로 임명된 만큼 스스로 물러날 필요가 있다는 입장을 표시하기도 했다. 관료나 전문가 등은 문제되지 않지만 일부 공공기관장이나 감사는 정치적 배경에 의해 임명된 낙하산 인사들인 만큼 구분해서 판단해야 한다는 것이었다.

장관 인사권은 유명무실

MB정부 출범 이후 금융권의 주요 자리를 MB 인맥이 독식할 수 있었던 것은 청와대 인사라인의 막강한 힘이 작용했기 때문이란 게 정설이다. 재정부 장관이나 금융위원장 등 소위 '힘 있는 부처'의 수장들도 산하 공기업이나 공공기관장은 물론 임원 인사에서 철저히 배제됐다. 지식경제부나 국토해양부 등 다른 부처는 말할 것도 없었다.

청와대 인사라인에 권력이 집중되면서 금융권 인사를 둘러싼 잡음도 끊이지 않았다. 국책은행인 산업은행과 기업은행은 물론 민간은행들 사이에서는 "청와대에서 봐줘야 할 인사들이 많기 때문에 사외이사 한 자리도 청와대 지시 없이 임명했다가는 크게 다친다"는 얘기가 떠돌 정도였다.

실제 대형 은행의 경우 부행장과 본부장 등 임원만 대략 50명이 넘는다. 금융지주사의 경우 은행 외에 자회사까지 거느리고 있다. 은행들 사이에서는 청와대가 챙겨야 할 인사들의 명단을 팩스로 통보하는 '팩스인사'라는 신조어까지 나돌 정도였다.

이명박 대통령이 2009년 6월 국무회의에서 "앞으로 장·차관 등 정무직을 제외한 실무 간부 인사를 장관에게 맡기겠다"고 언급한 것도 그만큼 청와대의 인사 독식 현상이 심했다는 것을 반증하는 대목이다. 대통령의 발언 직후 청와대 인사비서관실은 "장관이 임명하는 공공기관장과 감사까지 청와대가 인사 협의를 해왔다"며 "앞으로는 대통령 임명직 외에는 협의를 생략하겠다"는 내용의 보도자료를 배포하기도 했다.

하지만 이를 곧이곧대로 믿는 장관들은 많지 않았다. 어차피 청와대 민정수석실에서 '인사 검증'을 담당하는 만큼 이런저런 경로로 '윗선'의 의중을 따를 수밖에 없기 때문이다. 한 경제부처 장관급 인사의 증언. "임기 동안 인사 문제에 관여하면 좋은 일 없다는 게 일종의 불문율이었다. 관심을 가져서도 안 되고 알려고 하지도 않았다. 자칫 '개인적으로 봐줄 사람이 있느냐'는 오해를 살 수 있기 때문이었다."

차라리 엽관제 제도화시켜라

'이명박 정부에 대한 국정 지지도가 낮은 결정적 이유는 인사 실패에 있다.' 취재 과정에서 만난 상당수 정부 인사들이 동의하는 분석이다. 그중에서도 금융권을 소위 'MB맨'과 'PK(부산·경남) 지

2011년 4월 18일 서울 명동 은행회관에서 금융위원장 초청간담회에 참석한 5개 금융지주 회장들이 김석동 위원장을 기다리고 있다. 왼쪽부터 어윤대 KB금융지주 회장, 강만수 산은금융지주 회장, 김승유 하나금융지주 회장, 한동우 신한금융지주 회장, 이팔성 우리금융지주 회장(한국경제신문사 사진).

역' 출신들이 장악한 것에 대해선 이구동성으로 비판이 쏟아졌다.

익명을 요구한 현직 장관급 인사는 "대통령 측근들이 이른바 '금융권 4대 천왕'이라 불릴 정도로 주요 금융회사의 최고경영자 자리를 독식한 것은 능력과 전문성을 떠나 정권에 큰 부담이 됐다"고 말했다. '금융권 4대 천왕'은 어윤대 KB금융지주 회장, 이팔성 우리금융지주 회장, 강만수 산은금융지주 회장, 김승유 전 하나금융지주 회장 등이다. 어 회장은 정권 초기 대통령 직속 국가브랜드 위원장을 역임했고, 강 회장은 MB노믹스의 설계자이자 초대 기획재정부 장관을 지낸 실세다. 김승유 회장과 이팔성 회장은 이 대통령의 고려대 동문으로 역시 측근이다. 여기에 최원병 농협중앙회 회장은 포항 동지상고 출신으로 이 대통령과 지연과 학연으로 얽혀 있다. 2012년 6월엔 경남고 출신의 신동규 전 은행연합회장이 농협 금융지주 회장으로 가면서 PK의 '금융권 장악 완결판'이란 지적까지 나왔다.

이에 대해 경제부처의 한 간부는 "정권의 공신들이 논공행상을 하려 할 때 말려야 할 원로그룹이 먼저 자리를 꿰차는 모습은 아쉬운 대목이었다"고 말했다. 임태희 전 대통령실장도 "금융회사들이 금융 당국을 존중하지 않으면 금융 질서가 바로 잡히지 않는다"며 "현재 금융지주사 회장들이 모두 정권 실세인데, 금융위원회 위원장을 얼마나 존중하겠느냐"고 꼬집었다. 전직 금융 당국 고위 관계자는 "청와대가 금융을 권력 장악이라는 시각에서 접근해 감독기관과 상의나 조율 없이 인사권을 일방적으로 행사하면서 무리수가 많았다"고 말했다.

일부에서는 차라리 미국처럼 '엽관제'를 제도화해야 한다는 지적도 나온다. 정권 창출에 기여한 공신 그룹을 요직에 발탁하는 것을 법제화해 대통령의 인사범위를 명확하게 설정하고, 이전 정부 출신 인사는 임기 여부와 상관없이 정권이 교체되면 자리를 내놓도록 하자는 것이다. 청와대 인사조직도 이에 맞춰 관장 범위를 축소해 공기업 부서장 인사까지 챙기면서 호가호위를 하거나 불필요한 잡음을 일으키는 것을 없애야 한다는 것이다.

엽관제

엽관제獵官制·spoil system는 선거에서 승리한 대통령 후보가 주요 관직을 노획한다는 뜻이다. 대통령 당선자와 철학을 공유하고 있거나, 선거 과정에서 도움을 줬던 인사를 공직에 발탁하는 인사제도다. 정치 역정을 함께한 동지가 정부 내 주요 자리에서 일하면 당선자가 국정운영을 효과적으로 할 수 있다는 장점이 있다. 하지만 정실주의 인사로 흐를 수 있다는 단점도 있다. 정당정치가 발달한 영국과 미국에서 시작됐고, 특히 미국에서 성행한다.

한국은 직업공무원제를 채택해 공무원의 신분을 법으로 보장하고 있다. 공직이 논공행상의 제물이 되거나 이로 인해 국가 행정의 혼란이 야기되는 것을 제도적으로 예방하기 위해서다. 그러나 대통령은 장·차관(급) 이상 정무직을 포함해 5급 이상 공무원과 정부가 경영권 또는 지분을 소유한 공공기관장 및 임원, 각 부처 산하기관장에 대한 법적 임명권을 갖고 있다. 이를 통해 관련 단체나 민간기관에 대한 영향력을 행사할 수 있어 실질적인 인사권 범위가 너무 광범위하다는 지적도 있다.

▌MB정부 출범 이후 바뀐 금융지주사 회장 및 금융기관

직 책	참여정부	MB정부 출범 후 변화
우리금융지주 회장	박병원	이팔성(2008년 6월 취임 · 2011년 5월 재선임)
KB금융지주 회장	강정원(은행장)	황영기(2008년 7월)→어윤대(2010년 7월)
산은금융지주 회장	김창록(은행장)	민유성(2008년 6월)→강만수(2011년 3월)
정책금융공사		유재한(2009년 10월 · 신설)→진영욱(2011년 9월)
농협금융지주 회장	김태영(신용대표)	신충식(2012년 3월)→신동규(2012년 6월)
한국거래소 이사장	이영탁	이정환(2008년 3월)→김봉수(2009년 12월)
예탁결제원 사장	조성익	이수화(2008년 8월)→김경동(2011년 9월)
신용보증기금 이사장	김규복	안택수(2008년 7월 · 2012년 7월 재연임)
기술보증기금 이사장	한이헌	진병화(2008년 8월)→김정국(2011년 9월)

과연 비즈니스 프렌들리였나

2008년 4월 28일 오후 청와대 본관 1층 접견실. 제1차 민관합동경제회의가 열리기 직전 이명박 대통령은 커피포트를 눌러 커피 잔을 손경식 대한상공회의소 회장에게 건넸다. 그러자 옆에 있던 김준기 동부그룹 회장이 웃으며 "저도 따라주십시오"라며 커피 잔을 내밀었다. 이 대통령은 구본무 LG그룹 회장에게 다가가 "(얼마 전 방미 때) 미국에서 고생만 하셨다. 내가 너무 바쁘게 설치는 통에…"라며 차를 권했다. 이번엔 이준용 대림산업 회장이 "미국 갔다 온 얘기는 다녀온 사람끼리 합시다. 못 따라간 사람 위화감 생기니까"라고 말해 좌중에 웃음이 터졌다.

2008년 4월 28일 청와대에서 열린 제1차 민관합동경제회의(한국경제신문 사진)

대통령과 대기업 총수들은 이렇게 화기애애하게 회의를 시작했다. 마치 오랜 친구들이 모인 것 같은 분위기였다. 이 대통령은 회의에서 "(기업이) 어려울 때일수록 공격적 경영으로 과감하게 투자해서 일자리를 창출해주기 바란다"고 당부했다. 조석래 전국경제인연합회 회장은 "올해 30대 그룹은 지난해에 비해 투자를 23% 확대하고 신규 채용도 18.3% 늘릴 것"이라고 화답했다. 이어진 만찬에선 강만수 장관이 "투자"라고 건배를 제의하자 기업인들은 "일자리"라고 외쳤다.

기업인 출신의 이 대통령은 누구보다 기업과 가까운 대통령이었다. MB노믹스의 키워드 중 하나가 '비즈니스 프렌들리business friendly'였던 건 어쩌면 당연했다. 그러나 2008년 촛불시위 사태와 글로벌 금융위기를 거치면서 이 대통령은 '동반성장'과 '공생발전'을 강조한다. 세계경제 환경이 바뀐 이유도 있지만 기업들이 투자와 일자리 창출에서 대통령의 기대에 미치지 못했기 때문이란 분석도 있다.

거침없었던 '비즈니스 프렌들리' 행보

"선거 때 대불산업단지에 가봤는데, 산업단지 옆 교량에서 대형 트럭이 커브를 돌려 하니 폴(전봇대)이 서 있어서 안 되더라. 산업자원부 국장이 나와 있어 물어봤더니 도道도 권한이 없고 목포시도 안 되고 산자부도 안 되고, 서로 그러다 보니 폴 하나 옮기는 것도 안 된다. 아마 지금도 안 됐을 거다."

이 대통령이 2008년 1월 18일 대통령직 인수위원회 간사단 회의에서 "기업하기 좋은 환경을 만들겠다고 사무실에서 아무리 떠들어도 기업을 경영하는 사람들은 믿지 않고 웃는다"며 한 말이다. 2006년 한나라당 관계자들과 함께 전남 영암군 삼호면에 있는 대불산업단지를 방문했을 때의 이야기를 꺼낸 것이다. 말 한마디에도 촉각을 곤두세울 만큼 새 대통령의 서슬이 퍼렇던 시절. 대불산단의 전봇대가 그대로 있다는 사실이 밝혀지면서 관련 기관들은 난리가 났다.

산자부와 한국전력 등 관계기관은 다음 날인 19일 부랴부랴 현장 실태 점검에 나섰고, 20일 겨울비가 내리는 궂은 날씨에서도 곧바로 전봇대를 뽑아냈다. 대불산단의 이 전봇대는 이 대통령이 없애겠다는 '규제' 의 상징물이 됐다. 기업 활동을 가로막는 장애는 '전봇대' 로 불렸고, 이를 내버려두고 있는 공무원들은 '전봇대 공무원' 으로 낙인찍혔다. 규제 철폐 등으로 대변되는 비즈니스 프렌들리는 MB정부의 트레이드마크와 같은 것이었다.

또 2007년 12월 19일 대통령에 당선된 이후 열흘 만인 28일 이 당선인이 처음 방문한 외부기관은 전경련이었다. 당시 인수위 관계자의 설명. "1979년 11월 전경련회관 준공식 때 최규하 대통령 권한대행이 테이프커팅을 하러 방문한 이래 대통령 당선자(대통령 포함)의 첫 방문이었다. 노무현 정부가 조장했던 반기업 정서를 없애기 위한 의도된 행보였다."

이 대통령은 이날 재계 총수들과의 간담회에서 "대선이 끝나고 가장 먼저 이곳을 찾은 이유는 '새 정부가 기업인들이 마음 놓고 기업할 수 있는 환경을 만들겠다' 는 약속을 전하고, '온 국민이 바라는 일자리 창출에 기업이 적극 협력해달라' 고 부탁하기 위한 것" 이라고 말했다. 또 "(재계의) 애로 사항은 직접 전화해달라"고 강조해 화제가 됐다.

과감히 투자하는 기업 좋아해

이 대통령이 기본적으로 기업에 대해 긍정적 시각을 갖고 있었던 것은 분명하다. 청와대 정책실장을 지낸 백용호의 회고. "이 대통령은 사석에서 세계경제가 이렇게 어려운데도 한국 경제가 잘나가는 건 대기업이 잘한 덕택이라고 얘기하곤 했다. 물론 공개적으로 그런 얘기를 할 수는 없었지만…" 초대 청와대 국정기획수석을 역임한 곽승준의 증언도 비슷하다. "이 대통령은 대한민국 경제의 근간은 민간기업이라는 인식이 확고했다. 일자리를 창출하는 기업은 영웅으로 대접해야 한다고 몇 번이나 강조했다."

집권 초기 출자총액제한제도와 수도권 규제, 금산분리 등의 규제 타파를 추진한 것은 기업투자 활성화를 통해서만 글로벌 금융위기를 극복할 수 있다는 신념에서 비롯됐다는 게 청와대 관계자들의 설명이다. 일부에서 '친재벌적'이라는 비판을 받으면서도 비즈니스 프렌들리를 강조한 건 그 같은 믿음이 바탕이 됐다. 그런 생각은 2008년 4월, 1차 민관합동경제회의에서 한 발언에 잘 담겨 있다. "세계적으로 어려운 경제 환경 속에서 기업인들이 힘을 모으고 정부가 뒷받침해서 위기를 성공적으로 극복하는 데 의미가 있다. 어렵지만 기업인들이 작년보다 훨씬 많은 투자를 하기로 했다는 얘기를 들었는데, 솔직히 기업인들이 투자를 많이 하는 게 제일 반갑다."

이 대통령이 창업자들은 존경하지만 창업 세대가 아닌 2~3세

경영인들에 대한 인식은 그리 좋지 않다는 이야기도 이 같은 맥락에서 이해할 수 있다. 이명박 후보의 안국동 캠프에 참여했던 한 인사의 증언. "맨손으로 대기업 최고경영자 자리까지 오른 전문 경영인이었던 이 대통령은 정몽구 현대기아차 회장처럼 큰 업적을 이룬 연륜 있는 기업가에 대해서는 큰 리스팩트(존경심)를 보였다. 하지만 나이가 상대적으로 어린 2~3세에 대해서는 그렇지 않은 것 같았다."

이 대통령이 지향한 '작고 일 잘하는 정부'도 규제 없이 자유롭게 기업 활동을 할 수 있게 해주겠다는 의도였다. 대통령 당선 직후부터 밀어붙인 정부조직 개편도 이와 밀접한 연관이 있다는 게 중론이다.

흔들린 '비즈니스 프렌들리'

MB 정부의 비즈니스 프렌들리 기조는 그러나 2008년 5~6월 '광우병 촛불시위'로 첫 위기를 맞는다. 이 대통령은 정권 자체가 흔들리는 경험을 하자 '민심'에 예민해졌다. 수출 대기업의 실적은 크게 개선시켰지만, 고물가와 양극화를 가져왔던 고환율정책에 메스를 가하기 위해 최중경 재정부 1차관을 경질한 것도 이때다.

이후 글로벌 금융위기까지 겹치면서 경제 상황이 악화돼 2010년 6월 지방선거에서 여당인 한나라당이 참패했다. 양극화 문제를 해결하지 않고는 민심을 되돌릴 수 없는 상황이었다. "고환율로 밀어줬더니 기업들이 기대만큼 투자도, 고용도 하지 않는다"는 볼멘소리가 정부에서 터져 나온 게 이때부터다.

재정부 고위 관계자의 회고. "정부는 고환율로 기업들이 이익을 많이 내 투자를 하면 '낙수효과trickle down effect'로 중소기업과 서민층도 따뜻해질 것으로 생각했다. 그러나 결과는 그렇지 않았다. 몇몇 대기업이 엄청난 이익을 냈지만 풀지를 않았다. 글로벌 기업에 너무 무리한 기대를 한 것이었는지는 모르지만 실망은 컸다. '동반성장'과 '공생발전' 구호가 나오게 된 배경 중 하나다."

강만수 장관은 "모 그룹 임원이 사상 최대 실적을 낸 것은 환율 덕분이 아니라 전적으로 자신들의 노력에 의한 것이라고 TV에서 인터뷰한 것을 보고 화가 나서 그룹 회장실에 직접 항의 전화를 걸었다"고 말했다.

이 대통령도 비슷한 '배신감'을 느꼈던 것으로 보인다. 이즈음부터 "대기업들은 (정부가) 하라니까 하는 게 아니라 사회적 책임을 느껴야 한다"(2010년 7월 22일 미소금융 현장 방문), "일자리 창출, 투자, 중소기업과의 상생·협력 문제에 있어 대기업들이 좀 더 적극적으로 관심을 가져야 한다"(7월 27일 국무회의), "대기업 때문에 중소기업이 안 되는 게 사실이다"(9월 13일 청와대 대기업 총수 간담회) 등 대기업을 비판하는 발언을 쏟아냈다.

이 대통령은 2010년 7월 2일 양극화 해소를 위한 대·중소기업 동반성장 정책 추진을 공식 지시했다. 그해 8.15 경축사에서는 국

정 과제로 '공정사회'를 제시했고, 8월 29일에는 중소기업 적합업
종제도 도입 등 대·중소기업 동반성장 추진 대책을 전격 발표했
다. 12월에는 동반성장위원회까지 출범시켰다. 이 같은 흐름은
2012년 12월 대선에서 여야 후보들의 '경제민주화' 정책으로 이어
졌다.

재계 "기대 컸는데 기업 더 옥죄"

비즈니스 프렌들리로 출발한 MB정부가 '동반성장'과 '공생발전'
으로 정책 기조의 방향을 틀자 기업들로부터는 불만이 터져나왔
다. 노무현 대통령 때보다 기업들을 더 옥죄는 것 아니냐는 비판도
잇따랐다. 기업들의 생리를 워낙 잘 아는 MB정부이기에 작은 규제
도 더 '아프다'는 얘기가 나온다.

　기업인 출신 '경제 대통령'에 대한 기대가 컸던 만큼 실망도 큰
셈이다. 기업들은 '공정사회'를 내세운 2010년 8.15 경축사로 집
권 초반의 비즈니스 프렌들리 정책은 사실상 막을 내린 게 아니냐
는 시각을 갖고 있다.

　배상근 전국경제인연합회 경제본부장의 설명. "노무현 정부는 중
소기업 고유업종을 없앴다. 그때는 기업들에 돈을 달라고 한 적도
없었다. 그런데 이명박 정부에선 중소기업 고유업종을 '적합업종'
이란 이름으로 사실상 부활시켰고, 사회적 공헌을 요청하고 있다.

이번 정부에서 기업들이 더 큰 부담을 느끼고 있는 게 사실이다. 물론 기본적으로 기업에 애정이 있는 사람(이명박)이 기업에 부담을 주는 것과 애정이 없는 사람(노무현)이 부담을 주는 것은 다른 것 같다. 기업들이 MB정부에서 크게 반발하지 않은 이유 중 하나다.”

그러나 MB정부의 비즈니스 프렌들리 정책 기조는 변하지 않았다는 반론도 만만치 않다. 청와대 정책실장을 지낸 백용호의 증언. “청와대의 정책 기조가 바뀐 것은 없다. 이 대통령은 처음부터 지금까지 ‘마켓 프렌들리’였고 친기업적이었다. 법인세 인하의 경우 정치권의 반대에도 불구하고 청와대가 끝까지 추진하지 않았나. 다만 사회 양극화를 무시할 수 없었고, 취약한 분야를 지원해야 한다는 당위성은 어쩔 수 없었다.”

청와대 기획관리실장을 역임한 이동우의 설명도 비슷하다. “가난한 어린 시절을 보낸 이 대통령은 원래 친서민적 성향이 강했다. 서울시장 시절 버스 중앙차선을 만든 것은 대표적인 ‘서민주의’ 정책이다. 가장 좋은 길을 서민들이 이용하게 한 것이었다. 친서민 정책과 비즈니스 프렌들리는 결코 서로 상반되는 게 아니다.”

민관합동경제회의

이명박 정부에서 정부부처 고위각료와 경제5단체 회장단, 주요 그룹 총수 등이 함께 모여 경제 상황을 공유하고 활성화 방안을 논의한 회의. 이명박 대통령이 2007년 12월 19일 당선 이후 열흘 만에 전국경제인연합회를 방문한 자리에서 비즈니스 프렌들리를 강조하면서 재계와 회의를 개최하기로 의견을 모았다. 글로벌 금융위기 조짐이 보이던 시기여서 위기 극복을 위한 민관협력이 절실한 상황이었다.

첫 회의는 2008년 4월 28일 청와대에서 열렸다. 이날 재계는 이 대통령에게 대규모 투자와 고용 계획을 설명했다. 정부와 재계가 서로 협력하는 화기애애한 모습을 보였다. 그러나 밀월은 그리 오래가지 못했다. 글로벌 금융위기가 본격화하자 그해 9월 열린 2차 회의에서는 정부가 재계에 투자와 고용을 압박하기 시작했다. 결국 민관합동경제회의는 2009년 7월 한 차례 더 열린 뒤 '투자 및 고용 확대를 위한 30대 그룹 간담회', '대기업 대표 조찬간담회' 등 부정기적인 간담회로 대체됐다.

2007년

- 12월 28일: 이명박 당선자, 첫 방문지로 전경련 방문

2008년

- 1월 18일: 이명박 대통령 인수위 간사단 회의에서 '대불산단 전봇대' 발언
- 2월 25일: 이 대통령 취임, "기업은 국부의 원천, 작은 정부 큰 시장으로 효율 높이겠다" 밝혀
- 4월 28일: 투자활성화와 고용창출 위한 민관합동회의(이 대통령과 재계 총수 참석)
- 8월 21일: 대기업 법인세 인하 1년 유예, 중소기업은 인하
- 12월 12일: 종합부동산세 등 13개 감세법안 국회 통과

2009년

- 8월 15일: 이 대통령, '친서민 중도실용' 정책 강조

2010년

- 6월 2일: 지방선거에서 야당인 민주당 압승, 한나라당 참패
- 7월 12일: 이 대통령, 청와대 참모들과 부처 관계자들에게 '양극화 해소를 위한 대·중소기업 동반성장 정책 추진' 공식 지시
- 8월 15일: 이 대통령, 집권 후반기 국정과제로 '공정사회' 제시
- 9월 13일: 이 대통령, 대기업 총수 12명을 청와대로 초청해 상생간담회
- 9월 29일: 정부, 대·중소기업 협력 대책회의 개최. 대·중소기업 동반성장 추진대책 발표
- 12월 13일: 동반성장위원회 출범. 초대 정운찬 위원장 취임

- 1월 13일: 이 대통령, "(치솟는 국내 휘발유 등) 가격을 보면 주유소들의 행태가 묘하다" 언급
- 2월 23일: 동반성장위, 대기업 '초과이익공유제' 도입 추진 발표
- 3월 2일: 정운찬 동반성장위원장, 대기업 초과 이익금으로 동반성장기금 조성 제안
- 3월 3일: 최중경 지식경제부 장관, "이익공유제를 기업마다 도입하는 건 현실적으로 어렵다"며 반대
- 3월 12일: 이건희 삼성그룹 회장, "(초과이익공유제 용어는) 사회주의 국가에서 쓰는 말인지, 공산주의 국가에서 쓰는 말인지 잘 모르겠다" 발언
- 3월 21일: 정운찬 위원장, 청와대에 사의 표명
- 3월 28일: 정운찬 위원장, 사퇴 철회 "초심으로 돌아가 열심히 일하겠다"
- 4월 7일: 이 대통령, 국민경제대책 회의서 '물가안정 우선 방침' 밝혀
- 4월 26일: 곽승준 대통령직속 미래기획위원장 발언에 '정부 연기금 주주권 행사' 논란
- 8월 15일: 이 대통령, 8.15 경축사에서 국정기조로 '공생발전' 제시
- 9월 27일: 동반성장위, 세탁비누·플라스틱 등 16개 중소기업 적합업종으로 1차 지정
- 11월 4일: 동반성장위, 시멘트공장 증설 불허 등 중소기업 적합업종 2차 지정
- 12월 13일: 동반성장위, 중소기업 적합업종 3차 지정

정부조직 개편, 마찰을 빚다

이명박 정부 출범을 위한 대통령직 인수위원회가 출범한 직후인 2007년 12월 말. 이명박 당선자가 인수위의 박재완 정부혁신 · 규제개혁 태스크포스 팀장을 호출했다. 이 당선인은 그동안 준비해온 정부조직 개편안을 빨리 구체화해 초안을 완성하라고 지시했다.

박재완의 회고. "모범답안을 만들라는 말씀이었다. TF에서 속도를 내 일주일 만에 내부적으로 초안을 만들었다. 어느 정도는 머릿속에 안을 마련해 놓았었다. 전에 미리 공부한 것도 있고, 시간이 많이 걸리는 엄청난 작업이었지만 생각보다는 속도가 빨랐다."

2008년 1월 7~8일께부터 정부조직 개편안의 윤곽이 조금씩 드

2008년 1월 16일 서울 삼청동 인수위 기자실. 이경숙 인수위원장이 18부4처18청10위원회인 노무현 정부의 조직을 13부2처17청5위원회로 축소하는 내용의 개편안을 확정해 발표했다(한국경제신문 사진).

러나면서 언론은 물론 정부 내의 비판과 반발 여론이 들끓었다. '총선을 앞둔 상황에서 여성가족부를 없앤다는 게 말이 되느냐', '통일부를 없애는 것은 남북관계를 포기하겠다는 것과 다름없다'는 비판이 한나라당 내부에서도 나오기 시작했다.

2008년 1월 16일 서울 삼청동 인수위 기자실. 이경숙 인수위원장이 18부4처18청10위원회인 노무현 정부의 조직을 13부2처17청5위원회로 축소하는 내용의 개편안을 확정해 발표했다. 개편안은 파격적인 내용이었다.

우선 대부처주의가 철저하게 적용돼 18부가 13부로 축소됐다. 13부는 △기획재정부(재정경제부+기획예산처) △인재과학부(교육부+과학기술부 일부) △외교통일부(외교통상부+통일부) △법무부 △국방부 △행정안전부(행정자치부+중앙인사위원회+국가비상기획위) △문화부(문화관광부+국정홍보처+정보통신부 일부) △농수산식품부(농림부+해양수산부의 수산 부문) △지식경제부(산업자원부+정보통신부 일부+과학기술부 일부) △보건복지여성부(보건복지부+여성가족부) △환경부 △노동부 △국토해양부(건설교통부+해양수산부의 해운 기능) 등이었다.

재정경제부·산업자원부·보건복지부·국토해양부 등 개편 이후 부처를 주도하게 된 곳에선 환호가 터졌다. 하지만 다른 부처로 사실상 편입될 수밖에 없었던 정보통신부·해양수산부·통일부 등에선 탄식이 새어나왔다.

해양수산부 · 정보통신부 해체 '논란'

여론의 비판에도 불구하고 인수위가 외교통상부와 통일부를 통합하려 했던 이유는 무얼까. 다시 박재완의 회고. "도대체 외교·통일 분야에 관한 정부의 대변인이 누구인가. 힘센 사람이 통일부 장관으로 가면 늘 외교부와 통일부 간에 주도권 싸움이 있었다. 남북 문제는 국제적인 문제다. 6자회담도 마찬가지고, 외교에 녹여서 해야 하는 것이라는 판단이었다. 창구를 이원화할 필요가 없다고 생각했다. 외교통일부 내에 통일차관을 둘 수도 있다. 통일은 민족끼리의 문제가 아니라 국제관계의 문제인 만큼 창구를 단일화해서 강력하게 추진하는 것이 낫다고 본 것이다."

인수위가 해양수산부와 건설교통부를 국토해양부로 통합하고,

정보통신부를 쪼개 지식경제부 방송통신위원회로 통합한 것도 논란이 됐다. 정부조직 개편 작업에 깊숙이 개입한 한 고위 관계자의 회고. "수산 강국인 노르웨이에 해양을 전담하는 부처가 있나. 일본도 전체가 바다로 둘러싸여 있지만 해양수산부와 같은 부는 없다. 해수부라는 조직을 둬서 해양과 수산을 키우는 기능을 할 수 있겠지만, 강과 바다가 만나는 지점을 누가 책임져야 하는지, 내수면과 바다는 어떻게 책임을 분담하는지 등에 대한 고민이 컸다. 정통부 역시 한 산업을 대변하는 부처가 있다고 해서 그 산업이 발전한다는 건 편견이라 판단했다."

경제부처는 '견제와 균형'보다는 '효율'을 중시하는 방향으로 개편이 이뤄졌다. 인수위가 재정경제부와 기획예산처를 합쳐 기획재정부를 만들기로 한 것은 예산 편성권에서 나오는 힘을 바탕으로 정부의 정책기획과 조정 업무를 매끄럽게 이끌어가려는 의도에서였다. 예산·국고·세제 등 국가 재정과 관련된 기능을 한 곳으로 모아 재정 건전성을 효율적으로 관리하려는 포석도 깔려 있었다. 금융에 대한 '정책+감독' 기능을 합친 금융위원회를 출범시킨 것도 비슷한 이유에서였다. 노무현 정부에선 각각의 기능이 재정경제부·금융감독위원회·금융감독원 등으로 분산돼 영역 다툼이 빚어졌고, 금융회사도 불편을 겪었다는 판단에서였다.

경제부처 한 차관급 인사의 회고. "당시에도 재정부에 권한을 몰아주면 견제와 균형이라는 국정운영 가치가 훼손될 수 있다는 문제 제기가 있었다. 재정부가 위기 극복에 주도적 역할을 한 것은 부인할 수 없지만 다시 과거의 재경부, 예산처 구도로 돌아가야 한다는 주장이 나오는 것도 타당해 보인다."

박재완 · 박형준 등 '4인방' 이 주도

정부조직 개편 작업에는 인수위의 박재완 TF 팀장을 중심으로 기획조정분과위 인수위원인 박형준 의원과 곽승준 고려대 교수, 임태희 당선인 비서실장 등 '4인방' 이 주도적으로 참여했다. 박 팀장은 통폐합 위기에 처한 정부 부처의 각종 로비공세와 언론의 취재 경쟁으로 인해 삼청동 사무실 외에도 여러 장소를 옮겨 다니며 '외박' 했을 정도로 어려움을 겪었다. 그는 행시 23회로 총무처 · 감사원 등에서 근무했고, 1994년 성균관대 행정학과 교수로 자리를 옮겼다.

교수 시절 〈국가혁신의 비전과 전략〉, 〈21세기를 준비하는 국가경영 전략〉, 〈작지만 유능하고 투명한 정부〉 등 정부혁신에 관련된 저서와 논문을 발표했다. 이런 전문성을 인정받아 2004년 17대 총선에서 한나라당 비례대표로 국회의원이 됐다.

박형준 의원과 곽승준 교수는 인수위 내 기획조정분과 인수위원으로서 인수위 각 분과위와 박재완 팀장 간 통로와 조언 역할을 담당했다. 당선인 비서실장이었던 임태희 의원도 정부조직 개편 과정의 주역이었다. 이명박 당선인이 인수위에서 마련한 개편안을 협의하는 자리에 대부분 참석해 비서실과 인수위 간 조정 등 의사

소통 창구 역할을 맡았기 때문이다.

노무현 대통령의 '몽니'

4인방의 주도로 인수위가 확정한 정부조직법 개정안에 대해 노무현 대통령은 거부권 행사를 시사하는 등 강하게 반발했다. 노 대통령은 1월 22일 청와대에서 국무회의를 주재한 자리에서 "내용에 문제가 많아 심각한 부작용이 예상되고, 그 절차가 매우 비정상적이며, 대통령의 철학 소신과 충돌하는 개편안에 서명하고 수용할 수 있을지 책임 있는 대통령으로서 고민하지 않을 수 없다"고 말했다. 그러면서 "앞으로도 정부조직 개편 문제가 정상적이고 합리적인 절차에 따라 이뤄지려면 해당 상임위에서 관련된 40개 법안을 다 검토해야 한다"고 강조했다.

정부조직 개편을 둘러싼 대통합민주신당과 한나라당의 협상도 순탄치 않았다. 세 차례 협상을 벌였던 두 당과 인수위는 2월 11일 국회에서 4차 협상을 벌였지만 이견을 좁히지 못했다. 신당 측은 여성가족부·해양수산부·농촌진흥청의 유지 등을 주장한 반면 한나라당은 통일부 존치를 양보하는 선에서 절충점을 찾았으나 합의를 이루진 못했다. 협상이 난항을 겪자 이명박 당선인은 서울 종로구 통의동 당선인 집무실에서 긴급 비상대책회의를 열었다. 인수위 핵심 인사의 증언. "정말 비상이었다. 취임식 이전에 장관 진

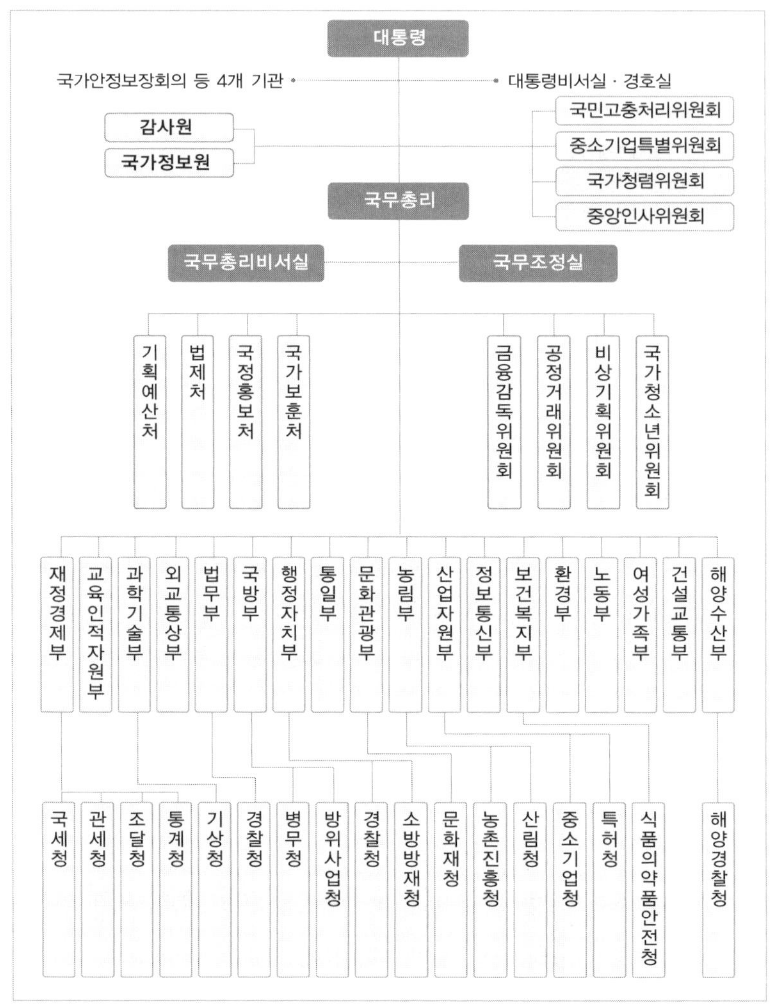

용을 갖춰 새 정부를 출범시키는 것이 거의 불가능한 상황이었다.
인수위 내부에선 참여정부와 민주당이 안 도와준다는 불만이 하늘
을 찔렀다. 해도 너무한다는 얘기가 나왔다."

76

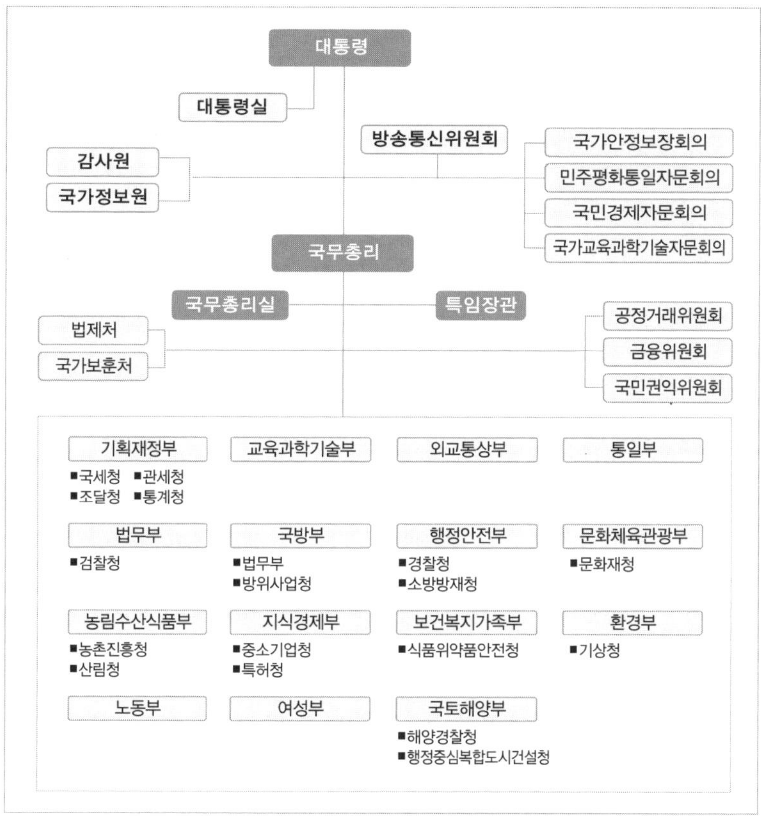

인수위는 2월 12일 정부조직 개편안의 조속한 처리를 요청하는 대국민 호소문을 발표하기에 이른다. 이 당선인은 긴급 소집한 대책회의에서 "국가의 생존, 번영과 관련된 사안이므로 정치논리가 아닌 경제논리로 풀어야 한다"며 후퇴할 수 없다는 입장을 분명히 했다. 이 당선인은 손학규 통합민주당 대표와의 통화에서 2월 25일 대통령 취임식에 맞춰 내각이 출발할 수 있도록 협조해달라고 당부했다. 하지만 손 대표는 여성가족부·해양수산부·농촌진흥청 등의 존속을 계속 요구했다. 인수위는 협상 시한을 2월 15일로 늦췄지만 양측의 평행선은 계속됐고, 결국 협상은 최종 결렬됐다.

이 당선인은 2월 18일 새 정부의 장관 내정자 15명을 발표했다. 어쩔 수 없이 '새 술을 헌 부대에 담는' 파행적인 조각을 발표하게 된 것이었다. 실제로 얼마 뒤 기획재정부 장관을 맡게 될 강만수 전 재정경제원 차관은 재정경제부 장관으로, 지식경제부 장관을 맡을 이윤호 전국경제인연합회 상근 부회장은 산업자원부 장관으로 발표하는 식이었다. 통합민주당은 강력하게 반발했다. 하지만 이 당선인은 "취임이 일주일도 남지 않은 상황에서 더 이상 미룰 경우 엄청난 국정 혼란을 염려하지 않을 수 없어 현행법에 따라 국무위원을 발표하게 됐다"고 말했다.

파행적인 정부 조각에 대한 비판은 인수위, 한나라당 그리고 통합민주당엔 큰 부담이었다. 양측은 20일 막판 협상을 통해 정부조직 개편안에 최종 서명했다. 여성가족부와 통일부는 존치시키되 해양수산부를 폐지하기로 타협했다. 개편안이 국회로 넘어간 지 한 달 만이었다. 결국 MB정부의 첫 내각은 당초 인수위가 마련한 13부2처가 아닌 15부2처로 확정됐다. 하지만 정치권의 지루한 공방으로 대통령 취임일(2월 25일)까지도 장관에 대한 인사청문회를 열 물리적 시간이 부족했다. MB정부는 이 때문에 새 정부 출범 이후에도 한동안 '새 대통령—구 내각체제'에 예비내각이 끼어 있는 '신구新舊 동거' 형태로 국정을 운영할 수밖에 없었다.

기획재정부

우리나라의 경제정책과 예산 및 세제 등을 총괄하는 중앙행정기관. 2008년 정부조직 개편으로 재정경제부와 기획예산처의 기능을 통합해 출범했다.

기획재정부의 역사는 1948년 대한민국 정부가 출범하면서 신설된 재무부와 기획처로 거슬러 올라간다. 재무부는 국가 세제에 관한 정책 수립, 국고 및 정부 회계의 관리, 금융과 통화, 외환 정책의 수립과 집행 등을 수행했다. 기획처는 1961년 경제기획원으로 확대 개편돼 경제사회개발 5개년 계획 등 경제개발을 위한 종합 계획 수립, 국가 예산의 편성, 공정거래질서의 확립 등 업무를 담당했다.

1994년 12월 정부조직 개편에 따라 경제기획원과 재무부가 재정경제원으로 통합됐다. 그러나 1997년 외환위기를 맞고 이듬해인 1998년 정부조직법이 개정되면서 재정경제원은 재정경제부로 축소됐다. 예산 기능은 예산청(나중에 기획예산처)으로, 금융 감독 기능은 금융감독위원회로 분산됐다. 2001년 1월 재정경제부 장관이 부총리급으로 격상돼 예전의 경제부총리. 역할을 다시 하게 됐다. 그러나 2008년 2월 29일 재정경제부와 기획예산처를 통합해 기획재정부로 개편하면서 재정경제부의 금융정책 기능은 금융위원회로, 경제자유구역기획과 지역특화기획 기능은 지식경제부로 이관됐다. 부총리제도 다시 폐지됐다.

중부제 계시

더멀 과사

과사

[illegible]

이히히회

불촛

중부제 계시

더멀 과사

[illegible]

금융위기를 맞다

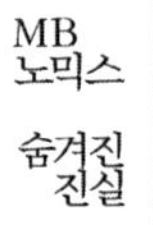
MB
노믹스

숨겨진
진실

'리먼 파산' 폭풍 전야

"그러니까 내가 뭐라고 했습니까. 어려울 때는 현금을 쥐고 있는 게 중요하다고 하지 않았습니까. 금리가 높더라도 (외국환평형기금채권을) 발행하지 그랬어요. 이젠 다른 방법이 없습니다. 미국, 일본, 중국과 통화스와프(교환)를 추진해보세요."

미국의 투자은행인 리먼브라더스가 자금난에 시달리다 파산을 선언한 다음 날인 2008년 9월 16일 오후 4시 30분, 청와대 본관 대통령 집무실. 리먼 사태 대응 방안을 긴급 보고한 강만수 기획재정부 장관에게 이명박 대통령은 '현금'을 강조하며 한미 통화스와프를 지시했다.

며칠 전 외평채 발행이 실패로 끝난 데 대해 곤혹스러워하던 강 장관에게 이 대통령은 말을 이어갔다. "내가 기업을 해봐서 아는데, 위기 땐 무조건 현찰부터 확보해야 합니다. 이자를 따질 필요가 없어요." "예, 알겠습니다"라며 물러나려는 강 장관에게 대통령은 한마디를 덧붙였다. "또 한 가지 명심할 건 위기는 기회라는 겁니다. 평상시엔 기업이나 국가의 순위가 잘 바뀌지 않아요. 하지만 위기 때는 어떻게 대처하느냐에 따라 순위가 바뀝니다."

무거운 마음으로 청와대를 빠져나온 강 장관은 자동차 안에서 금융시장 상황을 점검했다. 파장은 예상보다 컸다. 3일의 추석 연휴(9월 13~15일)를 끝내고 첫 개장한 주식시장은 거래가 시작되자마자 투매 사태가 벌어졌다. 장중 한때 지수가 100p 이상 떨어지기도 했다. 거래소는 주가 폭락을 진정시키기 위해 5분간 거래를 정지시키는 '사이드카'까지 발동했다. 하지만 불안감에 주식을 던지는 투자자들을 막을 순 없었다. 이날 코스피지수는 6.10%(90.17p) 떨어지면서 1400선이 힘없이 무너졌다. 코스피시장에서만 하루 동안 시가총액 51조 원이 날아간 것이다. 원·달러 환율은 달러당 50.9원 폭등(원화값 폭락)하면서 1160원을 기록했다. 4년 1개월 만에 최고치였다. 원·달러 환율이 하루에 50원 넘게 오른 것은 1997년 말 외환위기 이후 10년 만에 처음이었다.

이명박 정부가 출범(2008년 2월 25일)한 지 7개월도 안 돼 터진 리먼 쇼크는 MB노믹스의 궤도를 흔들어놓기에 충분했다. 이후 진행된 수출과 내수의 동반 침체는 한국 경제의 2009년 성장률을 사실

상 '제로'(0.3%)로 끌어내렸다. MB노믹스의 비전이자 목표인 '747'
(7% 성장, 10년 내 국민소득 4만 달러, 세계 7대 경제강국) 중 성장 목표가
출발부터 좌절된 것이다.

여기에 고환율과 고유가는 물가 급등을 불러 중소기업과 서민들
의 경제난을 가중시켰다. 감세와 규제 완화 등 '비즈니스 프렌들
리'로 기업을 키우고, 그 기업들의 투자로 일자리를 늘려 복지를 윤
택하게 하겠다는 MB노믹스의 골간이 초반부터 꼬인 셈이다.

'폭풍 전야 고요'에 속아

2008년 하반기 한국경제를 뒤흔든 '리먼 쇼크'는 예견된 것이었다
는 지적도 있다. 이명박 정부의 첫 기획재정부 차관(2008년 3~7월)이
었던 최중경의 회고. "2008년 초 인수위원 때 살펴보니 외환 사정
이 너무 취약했다. 1997년 말 외환위기 직전이 떠오를 정도였다. 내
가 재정경제부(기획재정부의 전신) 국제금융국장일 때 한국은 1200억
달러의 순채권국이었다. 그런데 그게 제로가 됐더라. 단기 채무 비
중도 크게 늘어나 있었다. 가장 심각한 건 경상수지였다. 경상수지
흑자액은 2006년부터 100억 달러 밑으로 떨어져 2008년 들어서는
급기야 적자로 돌아섰다. 미국 서브프라임 모기지 사태의 여진이
한 번만 더 오면 큰일이란 생각이 들었다."

그러나 정부가 심각하게 대응하지 않은 데는 이유가 있었다. 당

시 경제전문가들 사이에 팽배한 '디커플링decoupling'에 대한 기대심리였다. 재정부 국제업무관리관(차관보)이었던 신제윤의 증언이다. "2008년 상반기까지 디커플링이란 말이 유행했다. 미국 경제는 어렵더라도 아시아 경제는 중국 덕분에 성장세를 이어갈 것이라는, 미국과 아시아 경제는 따로 논다는 분석이었다. 솔직히 말해 그걸 너무 믿었던 게 패착이었다." 재정부는 2008년 3월 청와대에 보고한 자료에서도 디커플링을 강조했다.

재정부의 대통령 보고자료 (2008년 3월)
대체로 금년 상반기까지 세계경제는 미국 등 선진국 경제의 둔화에도 불구하고, 중국·인도 등 신흥개도국의 견조한 성장세가 지속. 선진국 경제와 신흥개도국 경제간 비동조화(디커플링) 통해 선진국의 수요둔화를 신흥개도국이 보완.

다시 신제윤의 회고. "폭풍이 다가오고 있었지만 우리 경제는 계속 성장할 것이란 막연한 환상이 있었다. 그때 달러값과 국제유가가 동시에 오르는 이상 현상이 발생했다. 국제금융시장에선 위험을 감지하고, 돈들이 안전자산을 찾기 시작한 것이었다. 잠시 긴장했지만 이내 긴장을 푼 것은 스페인의 국채발행 성공 때문이었다. 그해 7~8월에 국제금융시장이 소강 상태에 접어든 가운데 8월에 스페인이 굉장히 좋은 조건으로 국채를 발행한다. 그러자 세계 금융시장이 그렇게 나쁘지 않다는 인식이 확산됐다. 지금 생각해보면 그때가 폭풍 전야였다.”

‘9월 위기설’에 외평채 시도

고요했던 8월, 정부는 10억 달러치의 외평채 발행을 준비했다. 위기 대비가 아니었다. 마침 만기가 돌아온 외평채의 상환을 위한 일상적 발행이었다. 그때 돌발 상황이 터졌다. 영국 일간지 〈타임스〉가 9월 1일자에 “한국이 검은 9월로 향하고 있다South Korea heads for black September”는 제목의 기사를 냈다. 한국의 ‘9월 위기설’이었다.

세계경제가 불안한 상황에서 한국의 국채 만기가 9월에 몰려 있어 외화 조달에 문제가 생길 수 있다는 기사였다. 외평채 발행을 위한 해외 로드쇼(투자설명회)를 준비하던 신제윤 차관보의 머릿속엔 1997년 11월 초 한국의 외환위기를 촉발시킨 홍콩 페레그린증권의 보고서 제목이 오버랩됐다. “지금 당장 한국을 떠나라Get Out of Korea. Right Now.” 그의 회고.

“일단 재정부 기자실로 뛰어 내려가 ‘1997년 말과 지금의 한국 경제 상황은 다르다’고 설명했다. 국내 언론의 위기설 후속 보도를 막는 게 급했다. 그러고 나서 국제금융 전문가들을 불러 ‘우리가 10억 달러의 외평채를 발행하려 하는데 되겠느냐’고 물었다. 안 될 거라고 말한 전문가는 한 명도 없었다. 국제금융시장엔 국채가 나오기만을 기다리는 돈이 줄을 서 있다는 등의 낙관적인 전망 일색이었다. 그래서 다시 기자실로 내려가 큰소리를 쳤다. '내가 외평채 발행으로 우리 경제가 위기인지, 아닌지 보여주겠다.' 한 기자가 '발행 못하면 어쩔거냐'고 묻기에 이렇게까지 답했다. '한국에 안 돌아오겠다'고."

정부는 신 차관보와 정은보 국제금융정책관(국장)을 각각 단장으로 외평채 발행을 위한 2개의 로드쇼팀을 짜 9월 8일 해외에 파견했다. 신 차관보는 영국 런던과 미국 보스턴을 돌고, 정 국장은 홍콩과 싱가포르를 찍은 뒤 9월 10일 뉴욕에서 만나 발행금리를 확정한 뒤 외평채를 발행한다는 작전이었다. 로드쇼팀이 출국하던 날은 분위기가 좋았다. 마침 미국 재무부가 모기지회사인 패니메이와 프레디맥에 대한 정부지급보증(사실상 국유화)을 발표하면서 그날 하루 시장 상황이 반짝 호전됐다. 신 차관보는 강만수 장관으로부터 외평채 최고 가산금리(미국 국채금리에 없는 금리) 가이드라인을 연 2.0%로 받아 기분 좋게 비행기에 올랐다.

월가 투자자 "돈이 말랐다"

자신감에 찬 신 차관보는 런던 로드쇼에서 외국 IB(투자은행)들에게 "돈 벌 기회를 놓치지 말라"며 기염을 토했다. 그런 신 차관보는 미국 보스턴에 도착해 악재와 부딪쳤다. 한국의 산업은행이 검토해왔던 리먼 인수를 포기한다는 기사가 나온 것이다. 이 뉴스는 국제

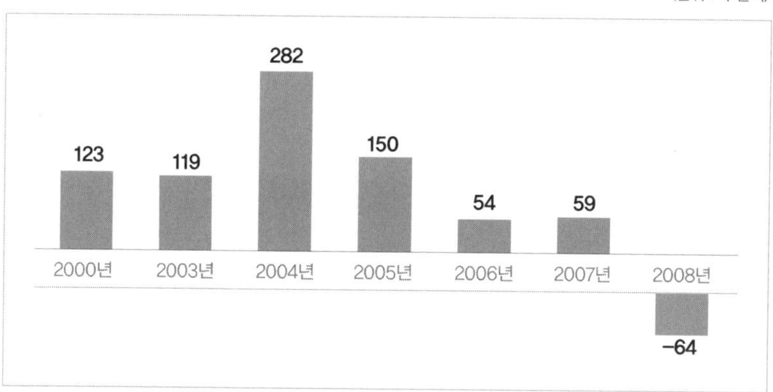

※기획재정부 자료

금융시장을 순식간에 얼어붙게 만들었다. 썰렁한 보스턴 로드쇼를 마치고, 샌드위치를 먹으며 자동차를 달려 뉴욕에 도착한 신 차관보는 절망적인 얘기를 듣는다. 그의 회고.

"뉴욕에서 한 사모펀드(PEF: 프라이빗 에쿼티펀드)를 찾아갔더니 인도인 책임자가 내 설명을 다 듣고 나서 잠시 따로 보자고 하더라. 그러더니 나에게 이렇게 말했다. '한국으로 돌아가라. 월스트리트에 돈이 말랐다.' 눈앞이 캄캄해지는 느낌이었다. 그렇다고 포기할 순 없었다. 궁여지책으로 주간사 6곳(골드만삭스, 리먼브라더스, 바클레이즈, UBS, HSBC, 삼성증권)에 1억 달러씩만 책임지고 팔라고 했다. 나머지 4억 달러치는 편법이지만 검은 머리 외국인, 즉 뉴욕에 나와 있는 삼성생명과 국민연금 등을 동원해 인수시킬 생각이었다."

이런 비상계획까지 세웠지만 인수하겠다는 외국투자자들이 요구한 금리는 너무 높았다. 10일 뉴욕 맨해튼에서 연 콘퍼런스콜에서 투자자들은 가산금리를 연 2.5%에서 3.0%까지 불렀다. 엎친 데 덮친 격으로 그날 미국의 〈폭스뉴스〉는 '북한 김정일 국방위원장의 건강이 예상보다 심각하다'고 보도했다. 이 뉴스로 한국의 외평채 금리는 더 뛰었다(외평채 가격은 하락). 어쨌든 강 장관으로부터 받아온 가산금리 마지노선(연 2.0%)을 훌쩍 넘겨 외평채를 헐값에 발행할 수는 없었다. 신 차관보는 정 국장과 맨해튼 호텔 방에서 마라톤 회의를 한 끝에 발행 포기를 결정했다. 그리고 서울의 강 장관에게 전화로 보고했다. 강 장관도 "그런 조건이라면 접고 들어오라"고 했다.

강만수의 회고. "그땐 연 2.5% 이상의 가산금리로 외평채를 발행할 수는 없다고 판단했다. 그렇게 높은 금리로 한국이 국채를 발행하면 시장에 '한국이 달러가 얼마나 급했으면…'이란 나쁜 사인을 줄 수 있었다." 여하튼 한국이 외평채 발행을 시도했다가 실패한 일은 역사상 처음이었다.

신제윤의 회고. "강 장관이 수고했다며 접고 귀국하란 지시를 내렸지만, 외평채 발행 실패의 장본인이 나라고 생각하니 정말 죽을 맛이었다. 뉴욕공항의 대한항공 라운지에서 귀국 비행기를 기다리며 동행했던 주간사 삼성증권의 김석 부사장과 폭탄주로 통음했다. 제정신으론 비행기를 도저히 탈 수 없었다. 비행기에선 태평양에 뛰어내리고 싶다는 생각마저 들었다."

신 차관보 일행이 한국에 돌아온 12일 다음 날부터 마침 추석연휴(9월 13~15일)가 시작됐다. 언론의 신랄한 보도에 며칠은 시달릴 줄 알았던 신 차관보로선 추석 연휴 덕분에 신문이 휴간해 그나마

다행이었다. 그러나 안도도 잠시, 연휴 마지막 날이자 월요일이던 15일 미국에서 충격적인 뉴스가 날아들었다. '자금난에 시달리던 리먼브라더스, 미국 연방법원에 파산보호 신청.' 거대한 폭풍이 자신을 따라 태평양을 건너오고 있었던 것이다.

외평채

외국환평형기금채권을 줄인 말. 정부가 외환을 사고팔기 위해 조성하는 것이 외국환평형기금이며, 이 기금의 밑천을 조달하는 수단이 외평채다. 외평채는 원화와 달러 표시 두 가지로 발행한다. 달러값이 급등(원화값 급락)하면 정부가 해외에서 달러표시 외평채를 발행해 조달한 달러를 국내 외환시장에 풀어(원화 흡수) 달러값을 떨어뜨린다. 반대로 원화값이 올라가면 국내에서 원화표시 외평채 발행으로 쌓아두었던 원화로 달러를 사들여 원화가치를 안정시킨다.

달러표시 외평채는 정부가 해외에서 발행하는 유일한 국채다. 때문에 외평채 금리는 외국투자자들이 한국의 신인도를 어떻게 바라보느냐의 바로미터다. 금리가 높으면(채권 가격이 싸면) 그만큼 신인도가 낮은 것이고, 반대로 금리가 낮으면(채권 가격이 비싸면) 신인도가 높은 것이다. 2008년 9월 정부가 외국투자자들을 상대로 외평채를 발행하려 할 때 투자자들이 금리를 높게 부른 것은 그만큼 한국의 신인도를 낮게 봤다는 의미다.

2008년

- 1월 11일: 뱅크오브아메리카BOA, 모기지업체 컨트리와이드 인수

- 1월 22일: 미 중앙은행Fed, 연방기금금리와 재할인율 각각 0.75%p 인하(연방기금금리 연 3.50%, 재할인율 연 4.00%)

- 1월 25일: 미 정부와 의회, 1500억 달러 규모 경기부양책 합의 발표

- 1월 30일: Fed, 연방기금금리와 재할인율 각각 0.50%p 인하(연방기금금리 3.00%, 재할인율 3.50%)

- 2월 18일: 영국, 파산위기 모기지은행 노던록 국유화 발표

- 3월 5일: 미국 헤지펀드 포커스캐피탈 마진콜 요청에 청산 위기

- 3월 8일: Fed, 기간대출증권으로 2000억 달러 유동성 공급

- 3월 14일: 원·달러 환율 급상승, 송금환율 달러당 1000원 돌파

- 3월 19일: 전광우 금융위원장 "금융시장 불안 통제 가능한 수준" 언급(한경 밀레니엄포럼)

- 3월 17일: Fed, 재할인율 0.25%p 긴급 인하(연 3.25%). JP모건, 베어스턴스 인수

- 3월 18일: Fed, 연방기금금리와 재할인율 각각 0.75%p 인하(연방기금금리 2.25%, 재할인율 2.50%)

- 5월 8일: 원·달러 환율 급등, 1주일 사이 달러당 53원 올라(달러당 1049원)

- 6월 20일: 청와대 참모진 전면 교체(대통령실장 정정길, 경제수석 박병원 등)

- 6월: 아셈재무장관회의(라가르드 프랑스 재무장관 'G13 필요성' 언급)

- 7월 11일: 미국 모기지 대출업체 인디맥은행 파산

- 8월: 스페인 국채 발행 성공

- 8월 7일: 한국은행, 기준금리 0.25%p 인상(연 5.25%)

- 8월 22일: 코스피 1년 4개월 만에 1500선 붕괴(종가 1496.91)

- 9월 1일: 영국 〈타임스〉 "한국의 9월 위기설" 보도. 트리플 약세 속 환율 달러당 1120원 육박
- 9월 7일: 미 정부, 2000억 달러 투입해 패니메이·프레디맥 인수 발표
- 9월 8일: 신제윤 기획재정부 차관보 등 외평채 발행 로드쇼 출국
- 9월 10일: 산업은행, 리먼브라더스 인수 추진 철회
- 9월 10일: 외평채 발행 실패
- 9월 14일: 미 정부, 리먼 구제에 공적자금 투입 불가 발표. BOA, 메릴린치 인수
- 9월 15일: 리먼 파산보호 신청 발표
- 9월 16일: Fed, AIG에 850억 달러 구제금융
- 9월 18일: 리보금리LIBOR 9년 만에 최대폭 상승
- 9월 27일: 원·달러 환율 달러당 1200원 돌파
- 10월 2일: 정부, 은행에 50억 달러 긴급 수혈(외환위기 이후 처음)
- 10월 6일: 미국 다우지수, 1만선 붕괴. 세계 금융시장 패닉
- 10월 17일: 코스피 3년 만에 1200선 붕괴(종가 1180.67)
- 10월 24일: 코스피 3년 4개월 만에 1000선 붕괴. 금융 혼란기 최저치 기록(종가 938.75). 세계 증시 '악몽의 금요일'. 아시아·유럽 주요 증시 일제히 장중 10% 안팎 대폭락

한미 통화스와프 막전막후(上)

"정말 수고했어. 그냥 있을 수 없지. 술 있으면 한 잔 가져와."

2008년 10월 24일 밤 9시 무렵 중국 베이징의 번화가인 창안대로에 있는 리젠트호텔 스위트룸. 이명박 대통령은 강만수 기획재정부 장관으로부터 '미국이 300억 달러 규모의 한미 통화스와프 체결을 결정했다는 통보를 해왔다' 는 보고를 받고 술을 찾았다. 이 대통령은 아시아 · 유럽정상회의ASEM 참석을 위해 이날 베이징에 도착했고, 강 장관은 한중 재무장관회담을 위해 이틀 전 중국에 와 있었다.

이 대통령은 "이제 위기는 극복할 수 있어"라고 힘주어 말하고,

위스키 잔을 들었다. 배석했던 박병원 경제수석과 함께 세 사람은 잔을 부딪치며 모처럼 만에 기분 좋게 웃었다. '리먼 파산 사태'가 터진 지 정확히 40일째였다.

다음 날 오후 중국에서 귀국한 이 대통령은 일요일인 26일 오전 8시 청와대에서 경제상황점검회의를 주재했다. 이 자리엔 이성태 한국은행 총재도 참석했다. 이 총재는 회의에 앞서 박 수석에게 "대통령에게 단독 보고할 게 있으니 별도 자리를 마련해달라"고 요청했다. 박 수석은 "회의장에서 다른 장관들 다 내보내고 따로 만나면 이상하게 생각할 테니 대통령이 다른 방으로 갈 때 자연스럽게 따라가시죠"라고 귀띔했다.

회의가 끝나고 대통령이 먼저 자리에서 일어나 나가자 이 총재가 뒤따랐다. 그의 손에는 이광주 한은 국제담당 부총재보가 적어준 메모가 들려 있었다. '한미 통화스와프, 300억 달러, FOMC(미연방공개시장위원회) 29일 상정.' 보고를 받은 대통령은 고개를 끄덕였다. 이틀 전 베이징에서 강 장관으로부터 받은 보고에 '29일 FOMC 상정'이라는 사실 하나가 더 추가돼 있었다.

당시 재정부와 한은이 '미국과의 300억 달러 통화스와프 성사'라는 똑같은 사안을 대통령에게 제각각 보고한 데는 이유가 있었다. 한미 통화스와프 자체를 두 기관이 서로 알리지 않은 채 다른 루트로 추진했기 때문이다. 글로벌 금융위기 극복의 돌파구가 됐던 한미 통화스와프라는 중대 사안을 재정부와 한은이 서로 정보 교환도 없이 제각각 은밀하게 추진한 것이다. 스와프가 성사됐기에 망정이지, 두 기관의 '따로따로' 추진은 자칫 일을 그르칠 뻔한 위기를 초래할 수도 있었다.

강만수 · 이성태, 같은 날 미국과 통화스와프 지시

기획재정부와 한국은행이 한미 통화스와프 추진을 결정한 것은 공교롭게도 같은 날이었다. 2008년 9월 14일 리먼의 파산 신청 열흘 뒤인 24일, 미국이 호주 · 덴마크 · 노르웨이 · 스웨덴 등 4개국과 통화스와프협정을 체결했다는 외신이 전해졌다.

보도를 접한 강만수 장관은 곧바로 신제윤 차관보를 불러 "호주도 하는데 한국이 못할 이유가 무엇이냐"고 질책했다. 같은 날 이성태 한은 총재도 이광주 부총재보를 호출해 똑같은 지적을 했다. 이후 신 차관보와 이 부총재보는 각각 다른 카운터파트를 통해 미국 정부와 Fed의 의중을 타진하기 시작했다.

일단 재정부가 접촉한 미 재무부의 반응은 미지근했다. 미 재무부는 미국이 통화스와프를 체결한 유럽연합 · 일본 · 영국 · 스위스 · 캐나다 등은 모두 신용등급이 한국의 'A'보다 몇 단계 높은 'AAA'라고 지적했다. 한은이 문을 두드린 Fed 역시 냉담하긴 마찬가지였다. 한은은 Fed로부터 "통화스와프가 뭔지 알기는 하느냐"는 비아냥거림을 들어야 했다.

사정이 녹록치 않다는 걸 실감한 재정부와 한은은 모두 다른 루트를 찾을 수밖에 없었다. 시간도 촉박했다. 10월 13일 워싱턴에서 열리는 IMF 연차총회와 G20 재무장관회의를 계기로 돌파구를 찾아야 했다. 그 시기를 놓치면 미국과의 고위급 접촉을 시도하기가 쉽지 않았다.

우회작전 vs 정공법

재정부의 최우선 접촉 시도 대상은 헨리 폴슨 미 재무장관이었다. 통화스와프의 주체인 Fed를 움직일 수 있는 사람이었다. 하지만 그는 리먼 사태 이후 혼돈에 빠진 미국 금융시장을 수습하느라 제 코가 석 자였다. 한미 재무장관 회동을 요청한 신 차관보에게 클레이 라우리 재무부 차관보는 "폴슨은 단 1분도 시간을 낼 수 없다"고 잘라 말했다.

재정부는 월가의 파워맨들을 통해 Fed를 설득하기로 작전을 바꿨다. 신제윤의 회고. "통화스와프 체결의 결정권을 쥔 사람은 세 명이었다. Fed의 벤 버냉키 의장과 돈 콘 수석부의장 그리고 티모시 가이트너 뉴욕연준 총재였다. 이들을 설득하고 움직일 월가의 권력자들을 찾아야 했다."

신 차관보에게 이런 보고를 받은 강 장관의 눈에 들어온 인물이 가이트너였다. 1997년 말 한국이 외환위기를 겪던 당시 재무부 차관보로 방한했던 그를 재정경제원 차관이던 강 장관이 만난 인연이 있었다. 강 장관은 가이트너를 움직일 수 있는 사람으로 당시 미 재무장관이었던 로버트 루빈을 찍었다.

다시 신제윤의 증언. "강 장관이 루빈과 접촉할 방법을 찾으라고 지시했다. 마침 루빈은 씨티그룹 고문이라는 타이틀을 갖고 있었다. 루빈과 강 장관을 연결시켜주는 일은 하영구 한국씨티은행장이 자처했다. 지한파로 알려진 빌 로즈 씨티그룹 부회장을 통해 자리를 주선하기로 한 것이다."

이 과정에서 보이지 않는 도움을 준 또 한 사람이 있었다. 변양호 보고펀드 대표였다. 2008년 9월 해외채권 발행에 실패하고 귀국한 신 차관보는 그 무렵 경기도 의왕구치소에 수감돼 있던 변 대표를 면회하러 갔다. 현대차그룹 계열사의 부채탕감 대가로 억대의 금품을 수수한 혐의로 기소된 변 대표는 1심에서 무죄로 풀려났다. 하지만 2008년 8월 22일 서울고법에서 열린 항소심 선고공판에서 재판부는 원심을 깨고 유죄를 선고한 뒤 법정구속했다(변 대표는 이듬해인 2009년 1월 대법원 상고심에서 무죄가 최종 확정돼 풀려났다).

변 대표는 신 차관보가 국제금융정책과장을 하던 2003년에 국제금융정책국장을 맡고 있던 직속상관이었다. 리먼 사태를 수습하느라 정신이 없던 신 차관보의 고민을 들은 변 대표는 수감 중인 와중에도 "위기 때는 미국을 잡는 것이 중요하다"고 조언했다. 월가의 핵심 인맥을 찾아 돌파구를 마련해야 한다는 아이디어를 준 것이다. 신 차관보는 변 대표의 면회를 마치고 과천 정부청사로 돌아오는 길에 하영구 은행장에게 전화를 걸어 루빈과의 면담을 성사시켜달라고 요청했다.

재정부가 이처럼 '고공 플레이'에 주력한 반면 한은은 우회 작전을 쓰지 않고 정공법을 택했다. 통화스와프의 전결권을 갖고 있는 핵심 인물과 담판을 짓는다는 전략을 밀고 나갔다. 담판 대상은 콘 수석부의장이었다.

IMF 연차총회가 열리기 사흘 전인 10월 9일 워싱턴을 방문한 이 부총재보는 시내 호텔 대신 외곽의 민박집에 짐을 풀었다. 한은 국제담당 임원이 Fed의 고위직을 접촉한다는 사실이 노출될 경우 자칫 통화스와프 추진이 물거품될 수 있다는 판단에서였다. 워싱턴은 전 세계 중앙은행 총재와 재무장관, 국제기구 고위 관계자들로 넘쳐났다. 첫째도 보안, 둘째도 보안이었다.

다행히 콘과는 10일(금요일) 오후에 약속을 잡을 수 있었다. 사람들의 눈을 피해 Fed 사무실이 아닌 인근의 IMF 미국대표부 사무실에서 만났다. 이 부총재보는 준비해 간 자료를 꺼내며 말했다. "리먼 사태 이후 한 달도 안 돼 미국 은행들이 한국에서 빼간 돈이 500억 달러가 넘는다. 아시아로 유동성 위기가 확산되고 있는데 통화스와프를 유럽 국가들하고만 하는 건 불합리하다." 처음에 난색을 표하던 콘이 30분쯤 지나자 태도를 바꿨다. "한국의 은행이 외화를 조달하는 스프레드(가산금리)가 얼마냐?"(콘 수석부의장) "가격(스프레드)이 문제가 아니다. 본질적으로 양국 간의 협력 문제다"(이 부총재보).

콘은 고개를 끄덕였다. Fed와 한은의 실무협상은 이렇게 시작됐다. 콘과의 면담이 성공적으로 끝난 뒤 이 부총재보는 워싱턴에 도착한 이 총재에게 연락했다. 이광주의 증언. "콘과의 면담 결과를 이 총재에게 전하면서 보안을 강조했다. 특히 재정부 귀에 들어가서는 절대 안 된다고 했다. 자칫 재정부를 통해 말이 새면 일을 망칠 수 있다고 봤다. 그래서인지 이 총재는 '한미 통화스와프는 불가능하다'고 기자들에게 연막을 치고 곧바로 귀국해버렸다." 실제 이 총재는 IMF 연차총회 기간 내내 공식회의를 제외하고는 호텔 방 밖으로 나오지도 않았다.

"I want SWAP."

이 부총재보가 콘 수석부의장을 만나 한미 통화스와프를 설득한 다음 날인 10월 11일 오후 6시 워싱턴DC 한복판에 있는 IMF 신관 빌딩 1층 회의실. G20 재무장관과 세계 중앙은행 총재회의에 참석한 강 장관은 휴식 시간을 틈타 폴슨 장관과 버냉키 의장에게 다가가 악수를 청했다. 그리곤 불쑥 이렇게 말했다. "나는 스와프를 원한다I want SWAP." 강 장관이 뭘 스와프(교환)하자는 건지 두 사람이 어리둥절한 반응을 보이자 신 차관보가 달려와 어색한 분위기를 수습했다. 어쨌든 강 장관의 메시지는 분명히 전해졌다.

　강 장관은 공식 연설에서 "위기에 처한 신흥국이 외환보유액을 사용하려면 선진국 채권을 내다팔 수밖에 없다. 그러면 신흥국의

금융불안이 선진국으로 전이되는 '리버스 스필 오버reverse-spill over'
현상을 불러올 것"이라며 미국을 압박했다. 그러나 IMF 총회와
G20 재무장관 회의가 끝날 때까지 미국은 한국 정부에 희망적인
답변을 주지 않았다. 결국 강 장관은 '플랜B'를 실행하기로 하고
13일 뉴욕행 기차에 몸을 실었다.

강만수의 회고. "서글펐다. 워싱턴에서 기차를 타고 뉴욕으로 가
는데 별 생각이 다 들더라. 대통령에게는 출국하면서 '최대한 노력
을 다하겠다'고 했지만 자신은 없었다. 이 총재도 한미 통화스와프
는 불가능하다며 귀국한 상태였다. 그러나 기차에서 내리면서 '그
래, 일단 부딪쳐보자'고 결심했다."

빌 로즈의 전화 낭보

10월 14일 오전 10시 뉴욕 맨해튼 센트럴파크 인근의 햄슬리파클
레인호텔 비즈니스센터. 루빈 전 장관과 로즈 부회장이 들어섰다.
미리 기다리고 있던 강 장관과 신 차관보가 동시에 일어섰다. 강
장관이 먼저 입을 뗐다. "어려울 때 친구가 진짜 친구다A friend in
need is a friend indeed. 미국을 위해서도 한미 통화스와프가 필요하다."
'리버스 스필 오버'를 다시 강조하며 한미 통화스와프의 필요성을
설득했다.

루빈이 힐끗 로즈를 쳐다보자 로즈가 고개를 끄덕였다. 루빈이

2008년 10월 14일 뉴욕 맨해튼 햄슬리파클레인호텔에서 강만수 장관(맨 왼쪽)이 로버트 루빈 전 미 재무부 장관(오른쪽 두 번째), 빌 로즈 씨티그룹 부회장(세 번째)과 비밀 회동을 하고 있다. 강 장관 오른쪽부터 윤여권 뉴욕재경관, 최상목 장관정책보좌관. 한미 통화스와프 성사의 단초가 된 이 면담은 하영구 한국씨티은행장의 주선으로 이뤄졌다(기획재정부 사진).

입을 열었다. "당신 말이 맞다You're right." 루빈은 로즈에게 말했다. "오늘 점심 때 가이트너를 만나기로 돼 있지 않나. 강 장관 얘기가 일리가 있다. 내 뜻을 전해달라."

로즈는 강 장관에게 가이트너와 식사가 끝나면 연락을 주겠다는 언질을 남기고 자리를 떴다. 강 장관은 점심을 룸서비스로 해결하고 호텔 4004호 객실에서 초조하게 로즈의 전화를 기다렸다. 오후 2시를 조금 넘겨 전화벨이 울렸다. "잘됐다. 아직 대외적으로 얘기할 단계는 아니지만 (한미 통화스와프가) 확실히 가능할 것 같다. 실무적 절차를 밟는 데 10~12일 걸린다니 기다려보라." 이런 우여곡절 끝에 한미 통화스와프는 5부 능선을 넘었다.

미국의 첫 제안은 스와프 아닌 론

"한국 정부가 미 국채를 던지는 이유가 도대체 뭡니까?" 한미 양국 간 통화스와프 체결 논의는 사실 리먼 사태가 나기 두 달 전인 2008년 7월로 거슬러 올라간다. 첫 제안은 미국에서 나왔다. 크레이 라우리 재무부 차관보는 국제회의 참석을 위해 미국을 방문한 신 차관보를 워싱턴에서 만나 한국이 국제시장에 미 국채를 내놓는 이유를 따져 물었다.

당시 우리나라는 급격한 환율상승을 막기 위한 시장 개입에 연거푸 나설 때였다. 달러를 조달하기 위해 어쩔 수 없이 미 국채를 팔 수밖에 없었다. 미국으로서는 한국이 환율시장에 인위적으로 개입하는 것도 문제지만 국채 가격이 하락하는 것도 부담이었다.

신 차관보는 "그렇다면 한국이 달러를 팔지 않아도 되도록 양국이 통화스와프를 하면 되지 않겠느냐"고 가볍게 받아쳤다. 그때까지만 하더라도 리먼 사태가 터지기 전이었고 양국도 통화스와프를 진지하게 협의할 단계는 아니었다.

본격적인 협상은 리먼 사태 이후 2008년 9월 말 시작됐다. 한국 정부가 미국에 제안한 최초의 금액은 100억 달러였다. 미국의 첫 제안도 통화스와프는 곤란하니 미 국채를 담보로 돈을 빌려주겠다는 것이었다. 미국으로서는 미 국채 가격을 유지하고 한국 정부도 필요한 달러를 확보할 수 있는 일석이조 효과를 거둘 수 있다고 본 것이다.

그러나 이 제안은 한국 정부가 받아들일 수 없었다. 한국이 미국으로부터 구제금융bail out을 받는 걸로 받아들여지면서 사실상 국제금융시장에서 디폴트default(대외채무 불이행)로 해석되기 때문이었다. 한국이 외환시장을 방어할 수 있는 능력이 없다는 것을 전 세계에 공개적으로 인정하는 꼴이 돼 곧바로 국제 환투기 세력의 먹잇감이 될 수 있다는 게 한국 정부의 판단이었다. 미국과의 협상 과정에서 신 차관보는 "한국 정부는 동등한 대우equal opportunity를 원한다"며 통화스와프가 아닌 대출 제안을 단칼에 거절했다.

외환위기의 트라우마, IMF 돈은 안 된다

IMF도 2008년 9월 리먼 사태의 여파로 발생한 글로벌 금융위기로 신흥국들의 외화조달에 문제가 발생하자 단기유동성 프로그램Short term Liqudity Program(STP)을 가동했다. IMF는 2008년 10월 정기총회 때도 한국 정부에 이 프로그램에 참여하라고 제의했다.

하지만 1997년 외환위기를 겪은 우리나라가 IMF 돈을 쓴다는 것은 일종의 금기였다. 정부도 이 점을 명확하게 알고 있었다. 신 차관보는 기자간담회에서 'IMF의 STP에 참여할 생각이 없느냐'는 질문에 "생각해보겠다"고 말했다가 호되게 당했다. 그만큼 우리나라의 외환 사정이 좋지 않다는 것을 정부 고위 당국자가 간접 시인했다는 신호로 해석되면서 주가가 폭락한 것이다.

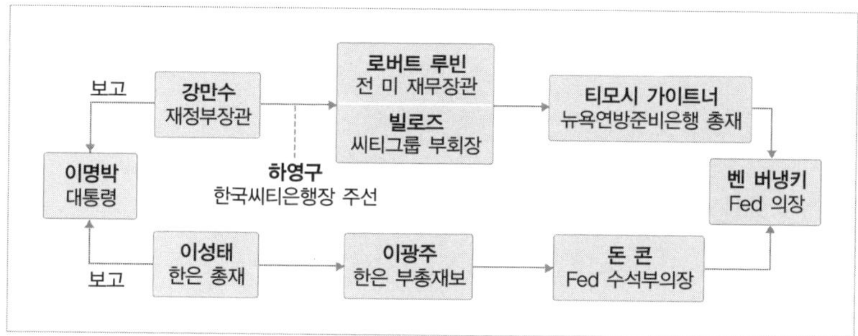

이후 한국 정부의 공식 입장은 "IMF의 어떤 프로그램도 받아들이지 않는다"는 것으로 정리됐다. IMF의 구제금융을 받은 국가에게 찍힌 낙인효과stigma effect 때문이었다. 이 상황에서 한국 정부가 선택할 수 있는 길은 통화스와프가 유일했다. 미국에 목을 맬 수밖에 없었던 것이다.

2008년

- 9월 14일: 리먼브라더스 파산 신청, 메릴린치 BOA에 매각, AIG 400억 달러 구제금융 긴급 요청
- 9월 16일: 미 Fed, AIG에 850억 달러 구제금융
- 9월 18일: 리보금리 9년 만에 최대폭 상승
- 9월 19일: HSBC, 외환은행 인수 포기
- 9월 24일: 미, 호주·덴마크·노르웨이·스웨덴과 통화스와프 체결
- 9월 29일: 원·달러 환율 달러당 1200원 돌파
- 10월 1일: 이명박 대통령, 청와대 서별관 회의에서 컨틴전시 플랜 지시
- 10월 2일: 정부, 은행에 외환보유액 50억 달러 긴급 수혈(외환위기 이후 처음)
- 10월 3일: 이 대통령, 한·중·일 재무장관 추진 지시
- 10월 6일: 다우지수 4년 만에 1만선 붕괴, 세계 금융시장 패닉
- 10월 7일: 정부, 2단계 외환자유화 무기 연기
- 10월 8일: 미·중·유럽연합, 사상 첫 동반 금리인하
- 10월 9일: 한은, 기준금리 0.25%p 인하(연 5.00%). 통화정책 '긴축'에서 '완화'로 선회
- 10월 11일: WSJ, 미 정부 '은행간 차입지급 보증 고려' 보도
- 10월 12일: 한일 재무장관 회담, 800억 달러 아시아기금 본격 추진키로. 워싱턴 IMF총회서 강만수 장관 "통화스와프 신흥국도 포함돼야" 주장
- 10월 13일: 미·영·유로존 "상호간 통화스와프 거래한도 전면 해제, 금융회사에 달러 무제한 공급" 합의
- 10월 14일: 강만수 장관, 로버트 루빈 전 재무장관과 면담에서 한미 통화스와프 지원 요청. 미, 구제금융 7000억 달러 금융사에 직접 투입해 주요 은행 국유화 착수키로

- 10월 19일: 정부, 은행 외화차입 1000억 달러 지급보증. 정부·한은 '국제 금융시장 불안 극복 방안' 발표
- 10월 22일: 한국 CDS 프리미엄 53bp 급등(473bp). 10월 14일 257bp에서 약 2배 상승
- 10월 23일: 정부, 한은에 은행채 매입 촉구. 이 대통령, 아시아·유럽 정상회의ASEM 참석 위해 방중
- 10월 24일: 미국, 한미 통화스와프 체결 확정 통보. 강만수 장관, '미 통보 사실' 대통령에 보고
- 10월 26일: 이 대통령, 청와대에서 '경제상황 점검회의' 주재. 이성태 한은 총재, 대통령에 '한미 통화스와프 300억 달러 29일 결정' 보고
- 10월 27일: 한은 긴급 금융통화위원회, 기준금리 0.75%p 인하(연 4.25%)와 은행채 최대 10조 원 매입 결정. 이 대통령, 국회 시정연설에서 "한국에 외환위기는 없다" 선언
- 10월 30일: 한미 300억 달러 규모 통화스와프 공식 발표. 코스피 115.75p 상승(종가 1084.72), 환율 달러당 117원 급락(달러당 1250원)

한미 통화스와프 막전막후(下)

"통과됐습니다. 5분 뒤 발표합니다. 300억 달러입니다."

2008년 10월 30일 새벽 4시 25분께(한국 시간) 미국 뉴욕총영사관의 윤여권 재경관은 전화로 서울의 신제윤 차관보에게 "미국 연방공개시장위원회FOMC가 한국과의 통화스와프 계약 체결 안건을 상정해 처리했다"는 소식을 전했다. FOMC의 최종 결정을 뜬눈으로 기다리고 있던 청와대 경제수석실과 재정부 국제금융국에선 환호성이 터졌다.

미국과의 통화스와프 협정 체결이 발표된 30일 금융시장은 사상 유례가 없는 호조를 보였다. 코스피지수는 장이 열리자마자 100p

넘게 뛰더니 하루 만에 115.75p(11.95%) 상승해 1084.72를 기록했다. 이날 상승폭과 상승률은 증시 개장 이래 최대였다. 원화가치도 달러당 177원이나 오르며(환율 하락) 1250원에 마감했다. 하루 상승폭으로는 사상 두 번째였다. 금융위기를 일시에 잠재운 한미 통화스와프는 그러나 체결 직전 아슬아슬한 위기도 있었다.

한국은행, "재정부가 언론플레이"

한미 통화스와프 체결이 미 Fed를 통해 공식 발표되기 하루 전인 10월 29일 오전 정부 과천청사 1동 재정부의 신 차관보 사무실에 미 재무부 국장 일행이 은밀히 방문했다. 다음 날 발표될 통화스와프에 대한 한국 정부의 환영 성명을 조율하기 위해서였다. 미 재무부는 통화스와프 대상에 한국 외에 싱가포르 · 브라질 · 멕시코까지 포함시키고, 각국이 공동 환영성명을 내도록 물밑 작업 중이었다.

문제는 성명 문안을 논의하기 위해 신 차관보 방에 들른 미 재무부 국장 일행이 재정부 출입기자들에게 노출되면서 생겼다. 통화스와프와 관련된 방문임을 눈치 챈 기자들이 집요한 확인에 들어갔다. 급기야 한 인터넷매체가 오후 5시 41분 '한미 통화스와프 계약 체결 임박' 이란 보도를 내보냈다. 돈 냄새에 민감한 외환시장에도 소문이 쫙 퍼졌다. 전날 25원 30전이나 오르면서 달러당 1500원대로 상승했던 원 · 달러 환율은 이날 하루에만 40원 80전 급락

(원화가치 상승)하면서 달러당 1427원으로 떨어졌다.

신 차관보는 이날 저녁 언론의 빗발치는 확인 요청에 엠바고embargo(정해진 시간까지 보도 금지)를 거는 조건으로 협정 체결을 몇몇 언론사에 확인해줬다. 신제윤의 회고. "다음 날 금융시장에 엄청난 영향을 미칠 한미 통화스와프의 홍보를 극대화하는 것도 중요했다. 그래서 일부 신문기자들에게 엠바고를 걸고 확인해줬다." 이렇게 해서 한국 시간으로 30일 새벽 4시 30분에 발표된 한미 통화스와프 협정 체결이 같은 날 새벽에 배달된 조간신문 1면을 장식할 수 있었다.

이 소식이 전해진 한국은행엔 비상이 걸렸다. 체결 사실을 발표 전까지 극비로 해줄 것을 Fed로부터 신신당부 받은 상태였다. 한은은 신 차관보가 언론에 먼저 흘려 통화스와프 체결의 공을 가로채려 한다고 봤다. 격노한 이성태 한은 총재는 재정부와 약속했던 공동 발표시간인 30일 오전 8시 30분보다 기자회견을 두 시간 앞당기라고 지시했다.

같은 시간 뉴욕에서 Fed와의 협의를 끝낸 이광주 한은 부총재보는 대한항공 비행기를 타고 태평양을 건너고 있었다. 극도의 피로감이 몰려왔지만 한숨도 잠을 잘 수 없었다. JFK공항에서 비행기 탑승 직전 "한국 언론 인터넷 사이트에 한미 통화스와프 체결이 보도됐다"는 소식을 들었기 때문이다. 순간 '딜deal은 끝났구나' 라는 생각이 스쳤다.

"어떻게 됐어?" 30일 새벽 5시 인천공항에 내린 이 부총재보는 마중 나온 한은 직원에게 다급하게 물었다. "발표는 됐습니다. 일

단 한은으로 바로 오시랍니다." 이 부총재보는 이날 아침 6시 30분
에 열린 한은 기자회견에서 "통화스와프 계약의 주체는 미 대통령
도, 재무부 장관도 아닌 Fed"라는 말로 시작했다. "재정부가 노력
한 측면이 있지만 Fed와의 계약 당사자는 분명히 한은"이라고 못
박았다.

재정부, "한국은행이 신사협정 깨"

재정부도 불쾌해했다. 한은이 기자회견을 당초 약속보다 두 시간
앞당겨 통화스와프 체결을 발표했기 때문이다. 신 차관보는 "한은
은 실무적인 협의를 맡았을 뿐 통화스와프 체결은 강만수 장관이
강력히 주장하고 밀어붙여 성사된 것"이라고 주장했다. 물론 한은
은 동의하지 않았다. 이성태의 증언. "재정부가 미 재무부 인맥을
동원해 우회적으로 애를 쓴 건 안다. 하지만 최종 의사결정권은 벤
버냉키 Fed 의장과 그 밑의 수석부의장으로 있는 돈 콘이 갖고 있
었다. 한은은 처음부터 이 창구로 추진했다."

　급기야 한은이 신 차관보 경질과 재정부의 사과를 요구하면서
양측은 심각하게 대립했다. 두 기관의 대립은 강 장관이 이 총재에
게 전화를 걸어 유감을 표시하면서 일단락됐다. 하지만 환율과 금
리정책으로 가뜩이나 불협화음이 심했던 강 장관과 이 총재 관계
는 통화스와프 갈등으로 더 벌어졌다.

당시 양측의 협상 과정을 잘 알고 있는 정부 고위관계자의 증언. "돌이켜보면 재정부는 미 재무부 인맥을 통해 공중전을, 한은은 Fed를 상대로 지상전을 편 것이다. 한미 통화스와프는 두 기관의 합작품이다. 어느 한쪽만의 노력으로 된 건 아니다. 또 일이 잘 풀린 데는 조지 W. 부시 미 대통령과 이명박 대통령 간의 개인적 친분도 보이지 않게 작용했다."

달러 우산의 위력

미 Fed의 통화스와프 체결 발표문에는 한국만 들어 있는 것은 아니었다. Fed는 한국을 선택하면서 G20 중 '펀더멘탈fundmental(경제의 기초)이 좋을' 뿐 아니라 '거시경제 운용 성적이 좋은 나라'를 조건으로 내세웠고, 한국과 브라질·멕시코·싱가포르 등 4개국이 선정됐다. 일종의 패키지였던 것이다.

한국 정부는 통화스와프 체결 직전까지 싱가포르가 함께 발표되는 것은 알았지만 브라질과 멕시코까지 통화스와프 대상에 포함되는 것은 몰랐다. 사실 싱가포르와 브라질은 한국과 달리 미국과의 통화스와프가 필요하지 않았다.

하지만 두 나라의 반응은 달랐다. 싱가포르는 미국이 달러의 국제적 영향력을 과시하기 위한 수단으로 통화스와프를 활용하려는 의도를 간파하고 이에 동조했다. 미국이 4개국 재무장관 공동명의

로 미국과의 통화스와프 체결을 환영한다는 성명을 내기를 원하자
한국과 함께 이에 적극 응했다. 미국의 체면을 세워줌으로써 훗날
외교적 실리를 받겠다는 전략적 접근이었다. 실제로 싱가포르는
세계경제 패권이 G20을 중심으로 재편될 때 여기에 포함됐다. 미
국의 '보이지 않는 손'이 작용한 결과였다.

반면 브라질은 미국 측이 제안한 공동성명을 거부했다. IMF 쿼
터개혁을 주도하고 있는 브릭스 국가로서 자존심이 걸린 문제라고
본 것이다. 굳이 필요로 하지 않은 통화스와프를 받을 필요가 없다
는 점도 고려됐다.

결과적으로 공동성명은 불발됐고 밖으로 드러나지는 않았지만
미 재무부는 체면을 구겼다. 대신 폴슨 재무장관이 "세계금융시장
안정을 위한 Fed의 조치를 환영한다"는 짧은 환영사로 이를 대신
했다. 브라질을 비롯한 신흥국들이 향후 IMF 쿼터개혁 등 국제금
융시장의 주도권을 두고 미국·유럽 등 선진국과 신경전을 벌이게
될 것임을 예고하는 대목이었다.

통화스와프의 명암–트라우마

"단 1달러도 필요 없다고 생각했고, 절대로 쓰지도 않겠다." 강만
수 장관은 미국과의 통화스와프가 체결된 직후 자신의 수첩에 이
렇게 기록했다. 당시 관료, 정치인, 경제전문가들은 말할 것도 없

고 일반인들도 미국이라는 '거인'이 한국과 손을 잡았다고 감격했다. 하지만 막상 협상을 물밑에서 주도한 재정부 국제금융국 간부들의 표정은 그리 밝지 않았다.

통화스와프가 외화 부족으로 인한 환율 불안과 대외지급 중단이라는 압박감에 시달리던 한국경제의 시름을 일거에 해소시켜줬지만 앞으로 똑같은 상황이 벌어졌을 때 또다시 미국에 손을 벌려야 하기 때문이다. 정부의 판단은 통화스와프가 없었어도 위기를 극복할 수 있었다는 쪽에 가까웠다. 펀더멘탈이 괜찮았기 때문이다. 한은도 크게 다르지 않았다.

한은 총재 이성태의 증언. "위기를 돌파할 길은 미국과의 통화스와프밖에 없다거나 '통화스와프를 체결하지 못하면 끝이다. 만난萬難을 무릅쓰고 달성하겠다'는 생각까지 한 건 아니다." 하지만 한국 정부의 능력에 대한 시장의 불신이 워낙 컸고, 그것이 환율상승(원화가치 하락)의 압력으로 작용했다. 통화스와프가 절대 과제가 아닌 '성사되면 좋은 정책 중 하나' 정도로 인식됐으면 좋았겠지만 절대 과제로 바뀌면서 옵션이 아닌 필수조건이 돼버렸다.

"미국과의 통화스와프는 1997년 외환위기의 데자뷰다. 당사자만 IMF에서 미 Fed로 바뀌었을 뿐이다. 결과는 달랐지만 통화스와프도 외환위기처럼 한국 경제의 트라우마가 돼버렸다." 익명을 요구한 재정부 간부의 얘기다.

무제한 통화스와프 체결 직전에 무산

한미 통화스와프의 계약 기간은 6개월이었다. 2008년 10월 30일 처음 체결되었으므로 2009년 4월 30일이 기한이었다. 문제는 2009년 1월 말부터 불거진 3월 위기설이었다. 미국 서브프라임 사태가 유럽의 실물경기를 위협하면서 동유럽 국가들부터 부도사태를 맞게 될 것이라는 가설이었다.

여기에 기름을 부은 것은 한미 통화스와프가 연장되지 못할 것이라는 시장의 소문이었다. 심지어 통화스와프가 가짜여서 한국 정부가 미국의 돈을 꺼내 쓰지 못할 것이라는 루머까지 돌면서 시장이 출렁거렸다. 사실 정부는 통화스와프가 체결된 후 약 한 달 뒤인 11월 2일 40억 달러의 자금을 인출해서 경쟁입찰방식으로 국내 시중은행에 공급했다.

정부는 딜레마에 빠져 있었다. 통화스와프는 조건만 놓고 보면 활용하는 편이 훨씬 유리했다. 해외에서 조달하는 것보다 한국의 원화를 맡기고 가져오는 것이어서 비용이 거의 들지 않기 때문이다. 반면 꺼내 쓰는 순간 시장의 불안심리를 자극할 수 있다는 점이 부담이었다. 어디까지나 마지막 안전장치로 두고 쓰지 않는 것이 최선인 '최후의 카드'였다.

그래서 추진된 것이 스와프 한도를 아예 없애는 방안이었다. 이미 2009년 1월부터 한은은 미 Fed와 스와프 한도를 없애기 위한 협상을 진행 중이었다. 이광주의 증언. "일본이나 유럽 중앙은행처럼 스와프 규모를 '무한대limitless'로 하는 합의를 이끌어내는 것이 목표였다. Fed도 긍정적이었다. 실무선에서는 합의가 다 됐고 문 안 조정도 끝났다."

그러나 3월 들어 글로벌 금융시장이 안정세를 되찾고 위기설이 허풍으로 끝나면서 상황이 반전됐다. 특히 3월 23일 미 정부가 금 융회사 부실자산 1조 달러를 사들이기로 전격 결정하자 글로벌 증 시가 폭등한 것이 분위기를 결정적으로 바꿨다. 다우지수가 최저 점을 찍고 글로벌 금융시장이 공포에서 벗어났다는 분위기가 확연 해지면서 코스피도 1200선을 회복했다. 버냉키는 이날 '이번에는 아니다not this time'는 내용의 이메일을 한은에 보냈다. 통화스와프 한도를 없애기 위한 두 달여의 노력은 물거품이 되고 기간만 연장 하는 것으로 결론 났다. 아이러니하게도 위기의 소멸이 무제한 통 화스와프의 필요성까지 없애버린 것이다.

또 하나의 전쟁, 한중일 통화스와프의 전모

2008년 9월, 정부는 한미 통화스와프와 함께 중국·일본과의 통화 스와프도 동시에 추진했다. 2중의 안전장치를 만들기 위해서였다. 일본은 1조 달러 가까운 외환보유액에 이미 미국과 무제한 통화스 와프 협정을 체결한 상태였다. 중국은 세계에서 가장 많은 약 2조 달러의 외환보유액을 쌓아놓고 있었다. 한국은 외환보유액이 2122

억 달러로 세계 6위였다.

두 나라 중 한국 정부가 먼저 접촉한 곳은 일본이었다. 10월 11일 한일 재무장관 회담을 시작으로 양국 간 금융위기 협력방안에 대한 논의를 본격화했다. 그로부터 정확히 한 달 뒤 최종구 기획재정부 국제금융국장은 통화스와프를 타진하기 위해 비밀리에 일본 도쿄를 방문했다. 국제금융국장은 외환시장을 책임지고 있는 막중한 자리였다. 금융위기가 한창인 때 자리를 비운다는 것은 상상할 수 없는 일이었다. 실제 최 국장의 일본행은 2008년 처음이자 마지막 해외출장이었다.

11일 오전 도쿄 재무성 회의실. 일본 재무성 담당국장이 최 국장의 통화스와프 제안을 듣고 내놓은 숫자는 30억 달러였다. 한미 통화스와프 금액의 1/10에 불과한 숫자였다. 최 국장의 표정이 순간 일그러졌다. 1997년 12월 외환위기 시기에 미국으로부터 지원을 거부당한 임창렬 경제부총리가 마지막으로 찾은 곳이 일본 재무성이었다. 하지만 문전박대를 당하고 결국 IMF 구제금융을 신청하게 됐다는 쓰라린 기억이 떠올랐다.

최 국장은 호흡을 가다듬었다. "적은 금액이라면 차라리 하지 않느니만 못하다Small is much worse than nothing." 일본 재무성 국장이 뜸을 들이더니 "50억 달러면 어떻겠느냐?"고 물었다. 그걸로 협상은 끝이었다. 다음 날 귀국하니 일본에서 이메일이 와 있었다. '70억 달러로 올리자'는 제안이었다. 최 국장은 다시 한 번 모욕감을 느꼈다.

통화스와프 규모를 기존 40억 달러에서 300억 달러로 늘리기로 합의한 2008년 10월 22일의 베이징 한중 재무장관회담(기획재정부 사진)

정부는 작전을 바꿔 중국을 먼저 끌어들이기로 했다. 최 국장이 일본에서 돌아온 지 열흘 뒤인 10월 22일 중국 베이징의 영빈관인 댜오위타이. 강만수 장관은 중국 측 파트너인 셰쉬런 재무장관과 한중 재무장관 회담을 갖고 이렇게 말했다. "한중 통화스와프는 위안화가 기축통화로 가는 첫걸음이 될 수 있다." 이 말에 셰 장관은 고개를 끄덕였다. 이날 양측은 기존 40억 달러였던 통화스와프 규모를 300억 달러로 늘리기로 합의했다. 중국과 합의가 끝났다는 사실이 전해지자 일본의 태도가 급변했다. 일본 재무성 고위 간부는 재정부에 전화를 걸어 "우리(일본)도 중국만큼은 해야겠다"고 주장했다. 한중, 한일이 동시에 발표해야 한다는 조건도 빼놓지 않았다. 동북아시아 금융패권을 잃을 수 있다는 위기감이 작용한 것

118

이다.

　결국 일본의 요구대로 한중일 통화스와프는 12월 13일 일본 후쿠오카에서 열릴 한중일 정상회담에서 동시 발표하는 것으로 결론이 났다. 일본은 전혀 불만이 없었다. 문제는 뒤통수를 얻어맞은 중국이었다. 일본이 끼어들었다는 사실을 알자 거세게 항의했다.

　중국을 달래기 위한 카드는 아시아판 IMF로 불리는 '치앙마이 이니셔티브CMI' 다자화 체제가 활용됐다. CMI에 홍콩을 슬쩍 끼워 넣은 것이다. 한중일과 아세안 10개 회원국에 홍콩까지 단일 계약 주체로 참여한 것이다. 위기 시 아시아 금융시장의 주도권을 갖게 되는 CMI에 국가가 아닌 홍콩이 참여하는 것을 눈감아주는 대가였다. 그만큼 CMI에서 중국의 영향력이 커질 수 있는 여지를 열어둔 것이다. 일본은 한중일 동시 발표라는 명분을, 중국은 CMI에 발언권을 늘리는 실리를 챙긴 것이다. 한국 정부도 중국과 일본의 경쟁 관계를 이용해 양쪽에서 각각 300억 달러씩, 모두 600억 달러 규모의 통화스와프 체결이라는 성과를 건졌다.

KEYWORD

통화스와프 Currency swaps

나라끼리 서로의 통화(화폐)를 바꾸는 것. 외환이 급할 때 자기 나라 돈을 맡기고 상대국의 화폐(외환)를 빌려오는 것이다. 2008년 글로벌 금융위기 시에 한국은 은행들의 외화 차입이 끊겨 달러 부족 사태가 우려됐다. 때문에 환율이 폭등(원화가치 폭락)하고 금융시장이 불안했다. 이를 진정시키기 위해선 언제든지 달러를 충분히 구할 수 있다는 보장이 필요했다. 그 수단이 미국과의 통화스와프였다.

세계 기축통화인 달러 발행국 미국과 통화스와프 계약을 맺으면 한국은 마이너스 통장처럼 필요할 때 원화를 맡기고 달러를 조달할 수 있다. 1997년 외환위기 때처럼 IMF에서 달러를 빌려오면 구조조정 등 엄격한 정책 조건이 요구되지만 나라 간 통화스와프에는 그런 조건이 없어 유리하다. 정부와 한국은행이 한미 통화스와프에 전력투구한 이유였다. 어쨌든 한국은 글로벌 금융위기 시에 한미 통화스와프 계약을 맺어 달러 조달 숨통이 트이면서 위기 극복의 돌파구를 마련할 수 있었다.

강만수 vs 이성태 금리전쟁

"뭐? 일요일에 금융통화위원회를 열라고?"

2008년 10월 25일 토요일 오후 청와대 서별관회의를 다녀온 이성태 한국은행 총재의 얼굴에는 불쾌한 기색이 역력했다. 청와대의 주문은 간단했다. "상황이 긴급하니 일요일이라도 긴급 금통위를 열어 금리를 내려야 합니다. 기획재정부와 금융위원회는 일요일에도 회의를 열어 비상조치를 취하지 않습니까."

전날(24일) 코스피가 900대로 추락하면서 금융시장이 패닉 상황이 되자 부랴부랴 열린 관계기관 합동대책회의였다. 이 총재의 표정이 단번에 굳어졌다. "기준금리 인하는 금통위의 고유 권한입니

다. 아무리 급하다고 해서 사전예고 없이 금통위원들을 모아놓고
'땅땅땅' 쳐서 낮출 수 있는 게 아닙니다." 저항은 했지만 청와대
와 재정부, 금융위가 한은을 협공하는 형국이었다. 팽팽한 대립은
월요일인 27일 오전 긴급 금통위를 여는 것으로 절충점을 찾았다.
한 참석자가 못을 박았다. "대신 주식시장이 열리는 오전 9시 전에
결론이 나와야 합니다."

27일 오전 8시 긴급 금통위는 이렇게 떠밀리듯 소집됐다. 이 회
의에선 연 5.0%인 기준금리를 연 4.25%로 0.75%p 낮추기로 결의
했다. 불과 2주일 전 0.25%p를 인하한 데 이어 10월에만 두 번에
걸쳐 기준금리를 1%p 내린 것이다. 글로벌 금융위기 시에 핵심 정
책당국인 재정부와 한은은 시각차가 컸다. 재정부는 금융경색을 풀
기 위해 선제적으로, 과감하게 금리를 내려야 한다는 입장이었다.
반면 금리인하 결정권을 쥐고 있는 한은은 신중했다. "너무 늦어도
안 되지만 너무 서둘러도 곤란하다"는 것이었다. 그러다 보니 재정
부는 한은이 위기 대응에 소극적이라고, 한은은 재정부가 중앙은행
의 독립성을 위협한다고 각각 볼멘소리를 냈다. 손발을 맞춰도 모
자랄 금융위기 상황에서 정책당국은 마찰음을 내기 일쑤였다.

한국은행, 금리인상으로 갈등 촉발

금리를 둘러싼 재정부와 한은 간 마찰의 출발은 '리먼 파산' 이전

인 2008년 8월 7일로 거슬러 올라간다. 금통위는 이날 기준금리를 0.25%p 인상했다. 재정부는 물론 청와대도 발칵 뒤집혔다. "도대체 정신이 있는 사람들이야?" 가뜩이나 금융시장 경색으로 시중 자금난이 심각해 금리를 내려도 모자랄 판이라는 게 정부 쪽 생각이었다. 그런데 한은은 금리를 올렸다.

한은도 할 말은 있었다. 한은 부총재였던 이주열의 증언. "그때 유가가 배럴당 147달러까지 올라갔다. 수입물가가 뛰면서 7월 소비자물가 상승률이 5.7%까지 치솟았다. 아무리 계산기를 두드려도 물가안정목표(연평균 2.5~3.5%)를 지키기 어려웠다. 인플레 기대심리를 제어하기 위해선 금리를 올릴 수밖에 없었다."

그런데 기준금리를 인상하자마자 한 달 만에 리먼 파산 사태가 터졌다. '한 달 앞도 예측하지 못하느냐'는 비판이 한은에 빗발쳤다.

한은이 한번 헛발질을 하자 재정부의 금리인하 압력은 노골화됐다. 리먼 사태가 터진 뒤 처음 열린 10월 9일 금통위를 앞두고 재정부는 금리인하를 공공연히 요구했다. "세계 중앙은행이 금리를 1%p 이상 내릴 때 우리만 1%p를 올렸다. 과감히 금리를 내려야 한다." 강만수 장관은 전화로 이 총재에게 통보하듯 말했다.

그럴 만도 했던 것이 금융시장은 말이 아니었다. 달러는 물론 원화도 전혀 돌지 않았다. 증권회사 두 곳이 제때 결제를 못해 은행이 나서서 대신 갚아주는 일까지 벌어졌다. 사람으로 치면 혈액인 금융이 돌지 않는다는 것은 경제가 죽어간다는 의미다.

재정부와 금융위는 피를 말리는 하루하루를 보냈다. 하지만 정작 돈줄을 쥐고 있는 한은의 분위기는 달랐다. 한은 관계자의 회고. "이 총재는 '마지막 곳간지기인 중앙은행까지 초조해하며 부화뇌동해선 안 된다. 실물지표가 꺾인 것도 아니니 상황을 더 지켜보자'는 입장이었다." 이런 탓에 한은에선 금통위가 열리기 전날인 8일 오후까지만 해도 금리를 내리지 말고 동결하자는 분위기가 우세했다.

하지만 그날 밤 상황이 반전했다. 미국과 유럽연합 등 전 세계 중앙은행이 공조체제를 구축하면서 동시다발적으로 금리인하를 결정한 것. 오전 9시 시작된 금통위는 두 시간 동안 유례없는 격론을 벌였다. 평소 같으면 오전 10시쯤 발표되는 금리 결정이 늦춰지면서 금융시장은 촉각을 곤두세웠다. 그리고 오전 11시, 한은 기자실에 '기준금리를 0.25%p 인하한다'는 장내방송이 흘러 나왔다.

한국은행, 인하 타이밍 아쉬워

한은은 나름의 결단을 내렸지만 금리인하 폭이 당초 기대(1%p)에 턱없이 못 미치자 재정부는 망연자실했다. 재정부 고위 관계자의 증언. "결국 한은은 다음번(10월 27일) 금통위에서 금리를 0.75%p 더 내릴 수밖에 없었다. 그만큼 시장 상황이 안 좋았다. 미국 등 선진국 중앙은행들이 '제로 금리'도 불사하면서 시장에 돈을 풀어대는 것도 한은엔 부담이었을 것이다. 어쨌든 한은은 정부와 맞서며 자존심을 지켰는지 모르지만, 결과적으로 금리인하 타이밍에선 실패한 것이었다."

한은이 기준금리를 파격적으로 0.75%p나 내리자 언론에선 '이 총재가 내린 구국의 결단'이란 호평이 쏟아졌다. 그러나 이 총재의 표정은 결코 밝지 않았다. 자신의 의지가 아니라 정부 압박에 못 이긴 금리인하였기 때문이다. 재정부에서도 "금리를 한은이 내렸나? 우리가 내리라고 해서 내렸지"라는 말이 흘러나왔다. 이 총재로선 기분이 상했지만 대응할 수도 없었다. 그게 사실이었다.

결국 한은은 2008년 10월(두 차례에 걸쳐 1.0%p) 이후 11월(0.25%p), 12월(1.0%p), 2009년 1월(0.5%p), 2월(0.5%p) 등 5개월에 걸쳐 기준금리를 연속해 내려 연 2%까지 떨어뜨렸다.

▌한국은행 기준금리 조정 추이 ※2008년 2월까지는 콜금리 목표

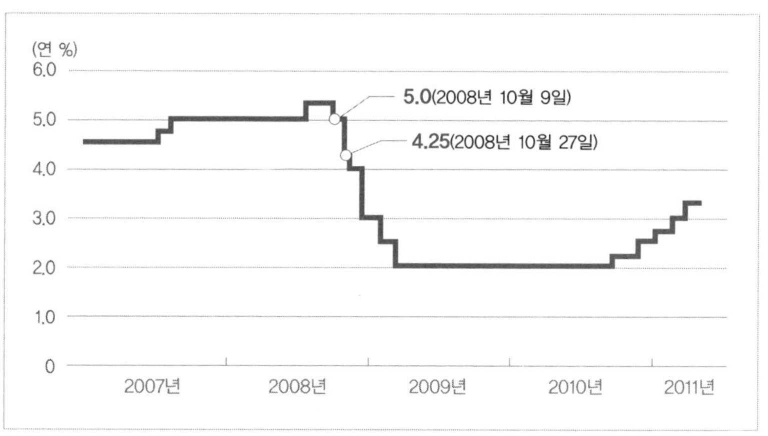

※한국은행 자료

'노무현 정부 사람' 이성태 총재 경질론

"유임시켜야 합니다. 임기(4년)가 1년 반이나 남았습니다. 섣불리 교체했다간 한국은행 독립성 운운하면서 노조가 들고 일어나면 한은의 협조를 받기가 더욱 어려워집니다." 2008년 3월, 강만수 신임 기획재정부 장관은 이명박 대통령에게 이성태 한은 총재의 유임을 건의했다. 강 장관은 이 총재의 대통령 면담도 주선했다. 이 총재에겐 강력한 '유임' 신호였다. 청와대 고위 관계자의 증언. "아이러니하게도 이 총재의 유임을 주장한 사람은 강 장관이었다. 강 장관은 나중에 금리인하 등으로 이 총재와 그렇게 대립할 줄 몰랐을 것이다."

그러나 MB정부 출범 이후 이 총재 경질론은 계속 고개를 들었다. 청와대 내에선 이 총재가 노무현 정부에서 임명된 사람이기 때문에 금리인하 등 정부의 금융위기 극복 노력에 적극 협조하지 않는다는 시각이 있었다. 이 총재는 노무현 전 대통령의 부산상고 2년 선배이기도 했다. 그런 주장을 막은 사람은 박병원 청와대 경제수석이었다.

박병원의 증언. "'이성태를 자르는 순간, 그는 한은 역사에 길이 남는 독립투사가 된다. 왜 우리가 그렇게 만들어줘야 하느냐' 는 논리로 경질론을 방어했다. 하지만 진짜 이유는 한은의 협조를 받기 위해서였다. 한은 내부 출신인 이 총재를 경질했다가는 한은이 정부에 완전히 등을 돌릴 게 뻔했다."

　박 수석은 강 장관과 이 총재의 갈등에도 중재자로 나서곤 했다. 그는 재정부와 한은이 부딪칠 때면 한은을 직접 찾았다. 하지만 청와대 경제수석이 한은을 공개적으로 방문할 수는 없는 일이었다. 박 수석은 사람들의 눈을 피하기 위해 한은 뒷문으로 들어가 화물 엘리베이터를 타고 총재실로 올라갔다. 이 총재를 만나서는 읍소하다시피 호소했다. "형님, 왜 이러십니까. 부산 사람 세 명이 경제 망쳤다는 소릴 들어서야 되겠습니까. 협조 좀 해주십시오." 공교롭게도 강 장관과 이 총재, 박 수석 모두 부산에서 태어났거나 부산에서 고등학교를 다녔다.

　그렇다면 이 총재는 자신의 경질론에 대해 어떻게 생각했을까. 이성태의 증언. "나는 별로 관심도 없었다. 관심을 가진들 어떻게 했겠는가. 하지만 분명한 건 어떤 기관의 독립성을 보여주는 잣대가 두 가지란 점이다. 임기가 얼마나 긴가, 그리고 그 임기를 보장해주는가 여부다. 대한민국에서 임기가 누가 제일 긴가. 대법관과 헌법재판소 재판관이 6년, 대통령이 5년이다. 국회의원이 4년이고, 검찰총장은 3년이다. 한은 총재는 4년이다. 옛날에 한은법 개정할 때 총재 임기를 6년으로 해달라고 했더니 국회의원들이 '대통령도 5년인데…'라며 피식 웃더라. 미국 Fed 위원의 임기는 14년이다. 의장은 4년이지만 위원으로서는 14년이나 할 수 있다. 유럽 중앙은행 총재의 임기는 6년이다." 한참 돌려 얘기했지만, 정권이 바뀌었다고 임기도 끝나지 않은 한은 총재를 바꾸는 것은 말도 안 된다는 주장이다.

기준금리, 냉탕과 온탕을 오가다

"아무리 양보해도 2월에 0.50%p를 내린 건 너무 나간 것이다."
2009년 2월 한은 금통위가 기준금리를 전달에 이어 또 0.50%p 내
리자 시장에선 이런 평가가 나왔다. 한은은 1월과 2월 연속 금리인
하로 새해 벽두부터 기준금리를 1.0%p 끌어내렸다. 이미 2008년
12월 1.0%p를 내려 기준금리는 연 3.0%까지 내려온 상황이었다.
아무리 위기 상황이라고는 하지만 2008년 10월부터 5개월간 연
5.25%였던 기준금리는 연 2.0%로 미끄럼을 탔다.

기준금리의 결정은 '타이밍의 예술'이라 부른다. 아무리 금통위
라 해도 시장의 신뢰와 컨센서스 없이 기준금리를 올리거나 내릴
경우 역풍을 맞는다. 한은은 2009년 경제성장률이 마이너스를 기
록할 것으로 내다봤다. 그래서 선제적으로 대응한다고 1월부터 금
리를 내린 것이다. 하지만 한은의 예측과 달리 2009년 한국 경제는
고환율에 따른 수출호조세에 힘입어 0.3%의 플러스 성장률을 달
성했다.

이 총재는 2009년 9월 금통위에서 기준금리 동결을 결정한 뒤
기자간담회에서 인상 가능성을 타진했다. "기온이 영하 30도까지
떨어진다고 해서 아궁이에 장작을 땠는데 가만히 보니 영하 5도다.
어쩌면 영상으로 갈지도 모르겠다. 그러면 장작개비를 몇 개 빼야
하지 않겠느냐."

출구전략을 암시한 것이다. 경기가 좋아서가 아니라 금리를 그

동안 너무 내렸다는 것을 암시해서 금리인상의 가능성을 내비친 것이다. 한은 관계자는 "한 발자국씩 출구에 가깝게 다가서야 빠져 나올 수 있다. 안쪽에 깊숙이 가 있으면 적시에 빠져나오기 어렵 다"며 인상의 논거를 설명했다.

한은 부총재였던 이주열의 증언. "원군이 없었다. 금리를 내릴 때보다 올릴 때가 몇 배는 더 힘들더라. 여론은 '아직 윗목은 냉기 가 돌고 있는데 지금 금리를 내린다고? 자신 있으면 한번 해봐라' 이런 분위기였다." 결국 한은이 기준금리를 올린 시점은 그보다 10 개월 뒤인 2010년 7월이었다.

한은이 Fed냐 vs Fed의 절반도 못하냐

한은과 재정부는 기준금리 인하뿐만 아니라 중앙은행의 최종 대부 자Lender of Last Resort로서의 역할을 놓고도 날카롭게 맞섰다. 최종 대부자는 금융시장에 위기가 발생했을 때 마지막으로 자금을 공급 해주는 기관으로 흔히 중앙은행을 가리킨다.

2008년 9월 세계 4위 투자은행인 리먼브라더스의 파산 신청으 로 일순간 전 세계 금융기관의 자금순환이 막혔다. 거래 상대방의 부실이 얼마인지 알지 못하는 상황에서 돈을 빌려준다는 것은 자 살이나 다름없었기 때문이다.

한국의 경우 당장 달러 차입에 문제가 생겼다. 단기자금부터 막

히기 시작했다. 평상시 100%였던 외화자금의 롤오버roll over(만기연
장)카 절반으로 뚝 떨어졌다. 오버나이트overnight(1일짜리 차입)가 안
되고, 시중은행 자금부는 매일 밤 국제전화로 거래은행에 매달렸
다.

외화뿐만 아니라 원화도 마르기 시작했다. 어느 곳도 안전하지
않다는 데 생각이 미친 개인들까지 돈을 빼기 시작했다. 펀드런Fund
run의 조짐도 나타났다. 증권사와 자산운용사에도 비상이 걸렸다.

상황이 급박하게 돌아가면서 모든 금융회사들이 한은을 쳐다보
기 시작했다. 중앙은행이 보유한 외환보유액과 발권력을 동원하자
는 것이었다. 연일 격론의 연속이었다. 한은은 수세적이었고, 재정
부와 금융위는 적극적으로 몰아붙이는 형국이었다.

가장 시급했던 것은 외화유동성 공급이었다. 한은이 갖고 있는
외환보유액을 헐어 시중은행에 달러를 풀자는 것이었다. 한은은
주저했다. 은행들이 고금리를 감수하면서 스스로 달러 조달에 나
서지 않고 한은에 손을 벌려 손쉽게 유동성 위기를 벗어나려 한다
며 '도덕적 해이'를 지적했다.

반면 시중은행들은 "한은이 금융위기를 방조한다"며 아우성을
쳤다. 10월 정기국회 국정감사에서 국회의원들도 한은의 늑장대응
을 질타했다. 한은이 결국 두 손을 들고 외환스와프 시장에 달러를
푼 것은 리먼 사태가 터진 뒤 한 달이 지난 10월 21일이었다. 은행
의 외화차입을 3년간 지급보증하고, 300억 달러의 외화유동성을
추가로 공급하기로 결정했다. 그러나 시장에서는 "다른 나라들이

모두 하고 있는 최소한의 조치를 한 것뿐"이라며 "한은이 여전히 수비만 하고 있다"고 비판했다.

2008년 말까지 만기가 돌아오는 25조 원의 은행채도 시한폭탄이었다. 이 때문에 원화시장이 꽉 막혔지만 한은은 요지부동이었다. 이창용 금융위 부위원장이 한은의 공개시장 대상 증권에 은행채를 포함시킬 것을 요구하자 이 총재는 "은행채를 공개시장 대상 증권에 포함할지 여부는 금통위의 결정이며, 지금 상황이 그 정도로 심각한지를 판단하는 것 역시 금통위 몫"이라고 반발했다.

미 Fed가 '증권대차', 즉 국채와 은행채, 심지어 회사채를 국채와 교환해주는 일까지 벌어지면서 도대체 한은은 뭐하느냐는 비판이 곳곳에서 제기됐다. 한은법상 수용할 수 없는 요구였지만 초법적 행위를 요구할 만큼 상황은 위급했다.

상황은 한은에 불리하게 돌아갔다. 한은의 결정이 해외 중앙은행들의 조치에 비해 매번 한 발씩 늦었기 때문이다. 국제신용평가사인 피치Fitch까지 가세해 한국의 시중은행이 지급불능 징후를 보이고 있으며, 이는 국가신용등급을 해칠 수 있는 만큼 한은이 직접 유동성을 공급해야 한다고 지적했다. 이 총재는 "우리가 안 하겠다는 게 아니라 때가 되면 한다. 그러나 아직 그때가 아니다"고 했다. 그러나 여론에 밀린 한은은 결국 10월 26일 금통위에서 회사채와 주택금융공사가 발행한 주택저당채권까지 인수하기로 결정했다.

한국은행, 빗장을 풀다

외화지급보증과 회사채 인수까지 허용하면서 한은이 빗장을 한번 열기 시작하자 재정부와 금융위의 요구는 더욱 거세졌다. 펀드 투자자금이 일시에 대량 인출되는 펀드런이 발생할 수 있다며 증권사에 대한 긴급 유동성 지원을 요청했다.

금융위는 "증권사가 하나 무너지는 순간 금융시장 전체가 마비된다"며 난리를 쳤다. 반면 한은은 "그게 무슨 말도 안 되는 얘기냐. 그건 그야말로 개별 회사의 문제이지 어떻게 시스템 리스크의 문제냐"고 받아치는 형국이었다. 상황이 이쯤 되자 관계기관 대책회의에서 조용히 얘기할 안건까지 기자간담회에 공개적으로 언급하면서 한은을 압박하는 상황까지 벌어졌다. 형식상 'SOS'였을 뿐 사실상 '협박'과 다름없었다. 2008년 11월 금융위는 채권시장 안정펀드와 은행자본확충펀드를 들고 나왔다.

한은이 수동적 태도로 일관한 데는 이유가 있었다. 한은 고위 관계자의 회고. "1차 방어선인 은행과 금융회사들이 제대로 싸울 생각은 하지 않고 금융위 뒤에 숨어 한은만 쳐다보고 있었다. 단적인 예로 시중은행들이 10조 원이 넘는 단기 잉여자금을 연 4%의 낮은 금리를 받는 한은 RP로만 운용하고, 8% 이상인 우량 회사채를 사지 않는 도덕적 해이를 보였다."

2008년 12월 3일 임시 금통위에서 결정한 지준부리支準附利도 마찬가지였다. 지준율 인하 요구를 거절하는 대신 시중은행이 한은에 예치하는 지급준비금에 이자를 주기로 한 것이다. 은행들이 국제결제은행BIS 자기자본비율이 하락한다는 이유로 대출을 꺼리자 5000억 원을 '원 샷'으로 시중은행에 쏜 것이다. BIS 비율을 10%라고 가정할 경우 5조 원의 대출 여력을 시중은행에 준 것이다. 대출을 적극적으로 늘리라는 뜻이었다.

한은 부총재 이주열의 증언. "한은은 태생적으로 섣불리 움직일 수가 없다. 은행자본확충펀드도 마찬가지다. 한은이 돈을 빌려주면 회수할 수 있겠나. 중앙은행은 원래 1년이 넘는 대출을 하지 않는다. 채권시장안정펀드도 마찬가지였다. 그런 걸 중앙은행이 하는 것이 맞느냐를 놓고 내부에서 격론이 벌어졌다. 사실 그렇게까지 은행이 어렵지는 않았다고 봤는데, 결국 들어갈 수밖에 없었다." 이렇게 채권안정펀드는 2008년 11월, 자본확충펀드는 이듬해인 2009년 1월 출범했다.

그렇다고 한은에 수확이 전혀 없지는 않았다. 글로벌 금융위기를 통해 실전을 겪으면서 컨틴전시비상 매뉴얼을 갖췄고, 2010년 국회가 한은법을 개정할 때 금융안정 기능이라는 명목으로 금융회사에 대한 조사권한을 확보했다. 금융감독원과 별도로 한은이 조사권한을 갖는 것은 금융회사에 대한 중복 조사라는 지적이 있었지만, 중앙은행이 금융위기 해결사 역할을 하려면 위기를 감지할 수 있는 수단을 가져야 한다는 논리가 먹힌 것이다.

서별관회의

서별관은 청와대 영빈관 앞쪽에 있는 안전가옥이다. 주로 국무회의
가 열리는 화요일에 주요 경제장관들이 이곳에 따로 모여 현안을
논의하면서 '서별관회의' 란 명칭이 붙었다. 고정 멤버는 기획재정
부 장관, 한국은행 총재, 금융위원장, 금융감독원장, 청와대 경제수
석 등이다. 사안에 따라 다른 경제장관이 참석하기도 한다. 서별관
은 청와대 울타리 안에 있어 보안 유지에 유리하다. 또 청와대 본관
이나 비서동과 달리 출입기록을 남기지 않는다는 것도 장점이다.

서별관회의는 2008년 금융위기 시기에 거시경제정책협의회로
상설화됐지만 공식적으로는 존재하지 않는 회의체다. 재정부 경제
정책국이 회의 안건을 만들고 참석자를 정해 통보할 뿐이다. 회의
결과는 추후 관계부처에 통보해 공식 정책으로 입안된다.

안건들은 언론에 노출되길 꺼리는 민감한 사안들이 대부분이다.
2008년 글로벌 금융위기에도 공개적으로 말하기 어려운 금리 · 환율
대책 등이 논의됐다. 그러나 금리 결정권을 쥐고 있는 한은의 이성태
총재는 서별관회의 참석을 매우 꺼렸다. 한은 총재가 다른 경제장관
들에 둘러싸여 금리조정 압력을 받는 것 자체가 한은 독립성을 해친
다는 인식에서였다. 실제 금통위가 열리기 직전 이 총재가 서별관회
의를 다녀오면 금리를 내린다는 인식이 시장에 퍼지기도 했다.

이성태 총재는 "비상사태여서 어쩔 수 없었지만 장관들 회의에
한은 총재가 '원오브템one of them' 으로 참석하는 것 자체가 굉장히
불편했다. 중앙은행 총재는 행정부의 일원이 아니기 때문이다"고
말했다. 금융안정을 위해 재정부 장관, 금융위원장, 한은 총재, 금
융감독원장이 참석하는 공식 의사결정협의체를 만든다면 모르지
만 각 부처의 장관이 참석하는 비공식회의에 한은 총재가 참석하는
것은 적절하지 않다고 본 것이다.

산업은행, 리먼 인수의 꿈

2008년 9월 초 전광우 금융위원장은 서울 서초동 금융위원회 사무실로 민유성 산업은행장을 불렀다. 비서의 안내를 받고 위원장 방으로 들어온 민 행장과 가벼운 악수를 나눈 전 위원장은 자리에 앉자마자 용건부터 꺼냈다. "아무래도 리먼 인수 추진을 중단하는 게 좋을 것 같습니다. 국내외 경제 상황을 감안할 때 잠재 부실 규모가 불확실한 리먼을 인수하는 건 무리인 것 같아요. 청와대의 뜻도 그렇습니다."

완곡한 어법이었지만 어조는 분명했다. 민 행장으로선 아쉬움이 남았다. 그해 6월 산업은행장 취임 후 3개월간 미국 4위 투자은행인 리먼의 인수를 추진했던 터다. 그러나 어쩔 수 없었다. 국책은행 산은의 주인인 정부가 하지 말라는 걸 할 수는 없는 일이었다.

전 위원장은 산은의 '리먼 인수 프로젝트'가 중단됐음을 시장에도 흘렸다. 9월 8일 기자들과 만나 "국내외 금융시장의 특수한 여건을 감안하면 이 시점에서 산은의 리먼 인수는 신중하게 접근해야 한다"고 말했다.

국내외 금융시장에서는 전 위원장의 발언을 '산은의 리먼 인수 포기'로 해석했다. 그날 뉴욕증권거래소에서 리먼 주가는 14.15달러에서 7.79달러로 45% 폭락했다. 산은은 9월 10일 리먼 인수 협상 중단을 공식 발표했다. 공교롭게도 리먼 인수를 위한 양해각서 MOU를 맺기로 정해둔 바로 그날 인수 포기를 선언한 것이었다.

미국의 서브프라임 모기지 부실 여파로 벼랑 끝에 선 리먼을 한국의 산은이 인수하려다가 포기한 것은 국제국융시장에서는 '사건'이었다. 산은이 발을 빼고 다른 인수 후보들도 손을 내밀지 않자 리먼은 추락했다. 산은의 리먼 인수 포기는 리먼의 파산을 가속화시켰다는 분석도 있다. 리먼 사태라는 글로벌 금융위기의 방아쇠를 당기는 일련의 사건 가운데 하나였다는 것이다.

결과적으로 당시 정부의 판단은 옳았다. 자칫 산은이 리먼을 인수했다면 함께 낭떠러지로 떨어질 수도 있었던 아찔한 순간은 그렇게 지나가고 있었다.

리먼, 민유성을 겨냥하다

리먼이 산은에 본격적으로 접촉해온 시기는 2009년 7월 초로 알려져 있었다. 하지만 첫 접촉은 그보다 앞선 5월 하순께였다.

민유성의 회고. "당초 리먼은 부족한 자본을 끌어들이려 했다. 내가 리먼의 서울지점 대표로 있을 때였다. 여러 곳과 미팅을 했다. 김승유 하나금융지주 회장도 만났고, 한국투자공사KIC와도 접촉했다. 5월 말 내가 산업은행장에 내정됐다. 리먼 측에 '그냥 돈만 내고 경영에 참여하지 않는 것은 말도 안 된다. 경영권을 가져오는 조건이라면 산은이 인수를 추진할 수 있도록 정부에 건의해보겠다'고 했다. 그쪽에서도 좋다는 답이 왔다." 이 무렵 민 행장은 전 위원장에게 이런 사실을 먼저 알렸다.

전광우의 증언. "리먼 상황이 여의치 않으니까 산은을 비롯해 여러 곳을 태핑tapping했던 것 같다. 민 행장이 '지금 상황에서 리먼이 매각 대상이 될 가능성이 있는데, 한번 검토해도 되겠습니까?'라고 묻더라. 잘되면 민영화를 추진하는 산은이 새로운 도약을 마련할 수 있을 것으로 생각했다. 다만 구속력 있는 약속은 해서는 안 된다고 했다. 가볍게 데이트하는 기분으로 시작해보라고 얘기했다. 남녀가 데이트를 하다가 설령 결혼에 이르지 못하더라도 인간적으로 많이 배우고 성숙하는 것이니까. 산은이 시도하는 것 자체는 좋다고 판단했다."

야당 등 일각에서 제기한 "미국 정부의 요청으로 산은이 리먼 인수에 나섰다"는 의혹에 대해선 핵심 관계자들은 모두 부인한다.

7월 초 리처드 풀먼 리먼 회장으로부터 민 행장에게 직접 연락이 왔다. 산은이 '주식공개매수tender offer'를 통해 리먼 51%를 인수해 경영권을 가져가는 게 어떻겠느냐는 제안이었다. 산은이 매수 기간·가격·수량 등을 공개하고 주식을 장외에서 매수하라는 것이었다.

민영화를 앞두고 세계적인 투자은행으로 발돋움하려는 비전을 세웠던 산은 경영진은 가능한 방안인지 검토에 착수했다. 그런데 리먼이 제시한 조건은 주당 20달러가 넘는 가격에 공개 매수하는 것이었다. 너무 비싼 가격이었다. 민 행장도 일단 그런 조건은 받아들일 수 없다는 뜻을 리먼 측에 완곡하게 전했다.

이때부터 산은 내부에서도 격론이 벌어졌다. 찬성론자들은 "세계적인 투자은행으로 발돋움할 천재일우千載—遇의 기회인 만큼 위험을 감수하고 인수에 나서야 한다"는 논리를 폈다. 반면 반대론자들은 "산은이 몇 배나 덩치가 큰 리먼을 먹더라도 통제하고 관리할 능력이 없다. 추가 부실로 산은까지 침몰할 것"이라고 우려했다.

승부사 기질이 있는 민 행장은 '우려'보다 '기회'에 주목했다. 격론 끝에 산은은 '합리적인 가격 수준에서 인수한다면 글로벌 IB로 도약할 수 있는 기회가 될 것'이라는 결론을 내리고 금융위에 보고했다.

전 위원장과 마찬가지로 이창용 금융위 부위원장도 부정적이지만은 않았다. 금융위의 공식 지침은 '공개 매수 방식은 바람직하지 않지만 논의를 더 해보라'는 것이었다. 민 행장은 이즈음 이명박 대통령에게도 '추진해보겠다'는 수준으로 리먼 인수 의사를 보고했다.

마지막 협상에서 "주당 12달러 이상 달라"

그러나 정부 내엔 여전히 부정적 기류가 만만치 않게 존재하고 있었다. 리먼 상황을 정확하게 파악할 필요가 있었다. 리먼이 서브프라임 모기지에 얼마나 물려 있는지, 추가 부실 가능성은 어느 정도인지에 대해 누구도 정확한 답을 줄 수 없는 상황이었다.

민 행장은 곧바로 인수·합병 전문사인 페렐라와인버그파트너스와 자문 계약을 맺고 함께 태스크포스도 구성했다. 이어 7월 말께 산은 실사팀을 뉴욕 맨해튼의 리먼 본사로 파견했다. 산은 측은 앞서 자체 자금만으론 인수가 어렵다고 판단하고 자체 자금 2조 원에 신한금융지주 등과 컨소시엄을 이뤄 전체적으로 7~8조 원의 실탄을 마련하는 방안에 대한 1차 검토를 마친 상태였다.

실사팀 한 관계자의 회고. "뉴욕행 비행기 안에서 잠이 오지 않았다. 리먼에 대해선 '기대 반 우려 반'이었다. 그런데 실상을 보니 예상보다 부실이 컸다. 리먼과 1차 협상을 벌였지만 부실 규모에 대한 시각차만 확인했다. 실사 결과가 어떻게 나올지도 걱정이었지만, 행여 나중에 문제가 생기면 실사팀도 책임에서 자유롭지 못할 것이란 생각이 들었다. 부실 규모가 작길 기대했는데, 우리 수준에서 파악한 리먼의 상태는 예상보다 좋지 않았다.”

민 행장은 며칠 뒤 뉴욕에 도착해 실사팀에 합류했다. 실사에선 돌발변수가 터져 나왔다. 실사팀은 당초 리먼이 2분기(3~5월)까지 서브프라임 모기지 부실을 모두 털었다고 생각했지만 부실이 추가로 드러났다. 민 행장이 나선 협상에선 부실 자산의 상각 규모에 대한 견해차가 심했다. 협상은 바로 결렬되고 말았다.

리먼이 산은에 다시 연락을 취한 때는 8월 중순이었다. 새로운 인수 방식을 제안해왔다. 구주舊株 공개 매수가 아니라 신주 인수를 통한 자본 투입 방식이었다. 리먼으로선 당장 ‘뉴머니new money’가 필요했기 때문이었다. 산은은 ‘정부와 협의가 필요하며, 정부의 승인이 없으면 추진할 수 없다’고만 회신했다.

민 행장은 고민에 휩싸였다. 고민 끝에 새로운 구조로 리스크를 최소화하는 방안을 리먼에 역제안하기로 했다. 산은은 리먼에 세 가지 조건을 내걸었다.

첫째, 양해각서MOU 수준의 인수 발표는 3분기(6~8월) 실적을 공개하는 2008년 9월 10일께로 하되 산은의 자본 투입 시점은 2009년 2월 말이 돼야 한다는 것이었다.

둘째, 리먼이 그 사이에 굿뱅크Good Bank와 배드뱅크Bad Bank로 분할하면 산은은 굿뱅크의 경영권을 인수하겠다고 제안했다. 물론 부실화된 상업용 및 주거용 부동산 모기지는 배드뱅크로 몰아넣자고 했다. 굿뱅크의 인수 비용으로는 50억~60억 달러를 예상했다.

셋째, 2010년 2월 말 굿뱅크에 대한 정밀실사를 거쳐 인수가액을 결정하되 그 사이 리먼에 '상당한 부정적 변화'가 있어서는 안 된다는 점도 못 박았다.

리먼은 물론 리먼 매각이 다급했던 미 재무부에서도 긍정적 신호가 나왔다. 인수가액을 놓고 밀고 당기는 본격적인 힘겨루기가 이때부터 전개됐다. 협상 중에 리처드 풀드 회장은 민 행장에게 "나를 버리지 않을 거지"라는 농담 아닌 농담을 던지기도 했다.

다시 민유성의 회고. "매각 구조와 조건을 리먼이 받아들였다. 우린 굿뱅크와 함께 리먼이 갖고 있는 뉴버그버맨이라는 자산운용사를 합쳐 주당 6.4달러, 총액으론 60억 달러(약 6조 원)에 인수하겠다고 제안했다. 리먼은 매각 구조엔 합의했지만, 가격을 더 올려달라고 했다. 나는 주당 8달러까지는 쓸 생각을 갖고 있었다. 그런데 리먼은 10달러가 넘어야 한다고 고집을 부리면서 주당 12~14달러 수준을 요구했다. 가격을 놓고 풀드 회장과 수차례 협상을 진행했지만 간극을 좁히지 못했다. 그 사이 정부가 부정적으로 선회하고 있다는 얘기가 들려왔다."

미국 정부까지 나서자 "위험하다" 포기

시간은 리먼 편이 아니었다. 산은과 리먼의 협상이 길어지면서 정부 내에선 반대 목소리가 커졌다. 이즈음 정부는 외평채 발행을 준비 중이었는데, 상황이 녹록치 않았다.

금융시장에서는 "달러가 부족해 외환위기설이 도는 마당에 산은이 수십억 달러를 리먼 인수에 쓰는 게 맞느냐. 달러를 조달해 리먼을 사는 데 쓰려는 게 아니냐"는 비판이 나오기 시작했다. 청와대와 금융당국 내부에서는 리먼 인수를 접어야 한다는 목소리가 커졌다. 청와대는 8월 25일 수석비서관 회의 등을 통해 산은의 리먼 인수가 바람직하지 않다는 결론을 내렸다.

민 행장으로선 미련이 많이 남았지만 정부의 뜻을 거스를 수는 없는 노릇이었다. 그는 여전히 60억 달러 조달이 가능하다고 봤다. 산은과 KIC가 각각 10억 달러, 나머지는 산은의 신용도라면 해외에서 충분히 조달할 수 있다고 생각했다.

그러나 정부의 판단은 완전히 달랐다. "대외채권을 발행하는 것도 여의치 않은 상황에서 민 행장이 왜 60억 달러를 쓰겠다는 것이냐"며 인수 추진 포기를 압박하고 나섰다.

한국 정부가 부정적으로 돌아서자 헨리 폴슨 미 재무장관이 나설 태세였다. 당시 딜에 깊숙이 관여했던 한 관계자의 증언. "폴슨 장관은 풀드 회장에게 '한국의 산업은행밖에 대안이 없다. 내가 지원할 테니까 가격을 따지지 말고 팔라'고 했다. 미국 정부도 급했던 것이다. 굿뱅크·배드뱅크 조건을 받아들인 것도 그 때문이었다. 폴슨 장관은 한국 정부를 설득할 필요가 있다면 기꺼이 통화할 용의가 있다고 했다. 민 행장이 가격을 더 깎으면서 리먼을 밀어붙일 수 있다고 판단한 것도 그래서다."

그러나 미국 정부까지 나서려 하자 한국 정부는 더 부정적으로 바뀌었다. 전광우의 증언. "산은으로부터 잠재부실에서 자유로운 구조를 만들었다는 보고를 받을 무렵, 바클레이스 역시 리먼에 관심이 있다는 얘기가 들려왔다. 리먼이 산은에만 매달리지는 않았을 것이라는 예상은 틀리지 않았다. 그런데 '폴슨 장관이 한국 정부를 설득할 필요가 있다면 나에게 전화할 수도 있다'는 보고가 올라왔다. 리먼 상황이 정말 심각하다고 생각했다. 그때 '아, 이제는 안 되겠구나. 너무 복잡하게 돌아가고 있다'고 판단했다. '이 딜에 정부가 개입하면 부실 리스크뿐 아니라 정치적 리스크도 생긴다. 더 이상 나가선 안 되겠다'는 생각이 들었다. 잘못되면 산은의 민영화에 악영향을 미치고 국내 금융시장에도 큰 부담이 되니까 이쯤에서 끊자고 민 행장에게 얘기했다."

전 위원장은 "연애 한두 번 해보나. 사랑하지만 보내야 할 때도 있다"는 농담으로 민 행장을 위로하기도 했다. 리먼 인수를 통해 세계적인 IB로 도약하려던 산업은행과 민 행장의 '꿈'은 9월 10일 협상 중단 발표로 결국 무산됐다. 산은의 리먼 인수 협상 중단 발표는 결과적으로 리먼을 궁지로 몰아넣었다. 전 세계 은행들은 리먼에 제공했던 400억 달러의 크레디트라인(신용공여한도)을 모두 끊었다. 리먼은 더 이상 버티지 못하고 미 연방법원에 파산보호를 신청했다.

물론 산은의 인수 중단 발표가 리먼 몰락의 직접적인 계기는 아니었다. 풀드 회장은 파산보호 신청 이틀 전까지도 BOA와 바클레이즈에 리먼을 팔기 위해 SOS를 보내며 매달렸기 때문이다.

산업은행이 인수했다면 수조 원 날렸을 수도

산은이 인수를 포기한 뒤 파산한 리먼은 영국 바클레이즈은행과 일본 노무라증권에 분할 매각됐다. 바클레이즈는 리먼의 북미 지역 투자은행과 거래 부문, 뉴욕 본사 건물을 인수했다. 노무라증권은 일본, 홍콩, 호주에 있는 리먼의 아시아 지역 프랜차이즈와 함께 유럽과 중동의 투자금융·자산경영 부문을 사들였다.

두 회사의 리먼 인수 이후에 대한 평가는 엇갈린다. 바클레이즈는 리먼 인수라는 '도박'을 통해 유럽 최대 은행으로 부상했다. 반면 노무라는 최근까지 9분기 연속 적자를 기록하는 등 실적과 조직 융합 등에서 실패했다는 평이다. 익명을 요구한 금융 관계자는 "산은이 리먼을 인수했다면 노무라증권보다 더 큰 어려움을 겪었을 것"이라고 말했다. 상대적으로 글로벌화한 노무라도 실패한 미국계 투자은행 인수를 산은이 성공시키기는 쉽지 않았을 것이란 이유에서다. 인력이나 조직문화 면에서 아시아 기업이 미국계 은행을 경영하는 것은 말처럼 간단치 않다는 설명이다.

만약 산은이 리먼을 인수하고, 경영이 실패로 돌아갔다면 산은은 수조원의 국부國富만 날릴 뻔했다. 또 곧 파산할 리먼을 산은이 떠안았다면 국제금융시장에서 한국은 '한 치 앞도 못 내다보는 국가'로 낙인찍혀 이후 글로벌 금융위기를 극복하는 데도 어려움을 겪었을 것이란 분석도 있다.

전광우 위원장은 산은의 리먼 인수 추진을 중단시킨 것은 잘한 일이었다고 지금도 자신한다. "낚시를 하다가 물고기를 놓치면 누구나 월척이었다고 말하는 법이다. 하지만 리먼의 부실과 자산 규모를 감안했을 때 산은은 가라앉는 타이타닉을 구하기엔 너무나 작은 배였다. 리먼을 구하려 했다면 아마 함께 침몰했을 것이다. 또 리먼을 인수했다면 한국의 금융위기 극복 과정이 훨씬 더 복잡했을 거다. 우리가 금융위기를 조기에 잘 극복했다는 평가를 받는데, 그 과정이 다른 양상으로 전개됐을지 모른다. 결과적으로 한국은 옳은 결정을 내렸다."

반면 민유성 행장은 여전히 리먼 인수 포기에 대해 아쉽다고 회고했다. "산은이나 국가적으로 큰 기회였다. 리먼의 부실자산을 제외한 나머지 우량자산을 인수한다는 딜의 구조를 시장에 충분히 설명할 기회를 갖지 못해 위험하게 비친 점은 인정한다. 하지만 장기적으로 보면 국내 금융이 글로벌 수준으로 도약할 수 있는 결정적인 기회였다."

▌**2008년 당시 산업은행과 리먼브라더스**

산업은행		리먼브라더스
1954년	설립연도	1850년
2300여 명	인원	2만 6000여 명
민영화 추친 중인 국책은행	위상	미국 4위 투자은행
기업대출, 국제금융, 회사채 인수, M&A 중개	주요 업무	글로벌 주식 채권 인수 및 중개, 글로벌 M&A 중개, 사모펀드 운용, 프라이빗 뱅킹
122조 6000억 원	총자산 (2007년 말 기준)	6390억 달러(약 600조 원)
뉴욕 · 런던 등 12개	해외 네트워크	서울 포함해 전 세계 64개

리먼브라더스

헨리 리먼, 에마뉴엘 리먼, 메이어 리먼 삼형제가 1850년 설립한 회사로 초기엔 면화사업을 벌였다. 맏형 헨리가 1855년 병사하자 두 형제는 중개업을 시작했다. 이후 철도사업 자금을 모으기 위해 금융업에 뛰어들었고, 1970년대 중반에 이미 살로먼브라더스, 골드만삭스, 퍼스트보스톤에 이어 4위의 투자은행으로 성장했다.

2007년부터 불거진 미국 부동산 가격 하락에 따른 서브프라임모기지 부실 사태로 결국 파산했다. 파산 당시 미국의 IB 랭킹으로는 골드만삭스, 모건스탠리, 메릴린치에 이어 4위였다. 주요 사업 분야는 글로벌 주식·채권 인수 및 중개, 글로벌 기업 M&A 중개, 사모펀드 운용, 프라이빗 뱅킹 등이었다. 노이버거베르만, 오로라론서비스, SIB모기지, 리먼브러더스 은행 등을 계열사로 거느리고 있었다.

2008년 9월 15일 뉴욕 시간 새벽 2시 미 연방법원에 파산을 신청했을 때 부채 규모는 6130억 달러로 세계 17위 경제 국가인 터키의 한 해 국내총생산과 맞먹는 금액이었다. 미국 역사상 최대 규모의 기업 파산이었던 것은 물론이다. 리먼이 쓰러지면서 미국은 물론 세계 금융시장이 동시에 얼어붙었다. 미국발 글로벌 금융위기의 방아쇠를 당긴 게 리먼의 파산이었다.

2008년

- 7월 초: 리먼, 산업은행에 지분 51% 인수 요청
- 7월 중순: 산은, '적극 추진 방침' 마련
- 7월 말: 산은, '리먼 실사 및 컨소시엄으로 인수 방침' 확정
- 8월 초: 산은, 리먼을 굿뱅크와 배드뱅크로 나눈 뒤 굿뱅크 인수안 제안
- 8월 중순: 산은과 리먼, 가격 놓고 협상
- 8월 말: 청와대, '리먼 인수 부적절' 판단
- 9월 10일: 산은, '협상 중단' 공식 선언
- 9월 15일: 리먼, 미 연방법원에 파산보호 신청

G13이냐, G20이냐

"2010년 11월에 G20 정상회의를 대한민국 서울에서 개최하게 됐음을 알려드립니다. 국민 여러분의 강력한 성원과 격려 덕분에 거둔 성과입니다."

2009년 9월 25일 오전 8시 미국 피츠버그의 데이비드 L. 로렌스 컨벤션센터. 이명박 대통령은 전 세계 취재진 앞에서 한국의 G20 정상회의 개최 소식을 알렸다. 2010년 6월 제4차 G20 정상회의 개최지인 캐나다의 스티븐 하퍼 총리와의 공동 기자회견에서다. 지켜보던 정부 관계자들은 감격에 겨워 눈시울을 붉혔다.

정부 고위 관계자의 회고. "기자회견 자리에서 벌떡 일어나 만세라도 부르고 싶었다. 2년 가까이 전 세계를 돌아다니면서 만났던 각국의 정상들과 재무장관들의 얼굴이 주마등처럼 스쳐갔다." 이 대통령과 정부 관계자들은 실제 귀국행 비행기 안에서 만세삼창을 외치며 기쁨을 만끽했다.

2010년 제5차 G20 서울 정상회의는 '한국을 세계사의 객체에서 주체로 격상시킨 쾌거'로 불렸다. 지금도 이명박 정부의 대표적 '경제외교 치적' 중 하나로 평가된다. 그러나 이 같은 쾌거가 2008년 2월 신新·구舊 정부의 경제사령탑 인수·인계에서 태동했다는 점을 아는 사람은 많지 않다.

권오규, 인수·인계 때 조언

이명박 정부가 출범하기 나흘 전인 2008년 2월 21일 서울 종로구의 한정식집. 강만수 기획재정부 장관 내정자와 노무현 정부의 권오규 재정경제부 장관이 마주 앉았다. 장관직 인수·인계를 겸한 오찬이었다.

"제 생각엔 G20 재무장관회의가 앞으로 국제금융질서를 주도하게 될 겁니다. 꼭 챙겨보세요." 권 장관의 말에 강 장관 내정자도 고개를 끄덕였다. 강 장관은 취임 직후 신제윤 재정부 차관보를 불러 "위기 때는 대외관계가 중요하니 국제회의에 적극 참여하라"고 지시했다.

2008년 5월 하순 과천 정부청사의 기획재정부 회의실. "우리가 이런 기회를 마다하면 국제금융 사회에서 제대로 대우받을 수 없다. 적극적으로 나서야 된다. 준비 기획단은 아니더라도 심의관 밑에 팀이라도 만들어야 된다." 정은보 국제금융심의관이 2010년 G20 재무장관 회의를 유치할 필요가 있다고 주장했다.

앞서 신 차관보는 일본 주재 브라질 대사로부터 전화 한 통을 받았다. 신제윤의 회고. "브라질 대사가 대뜸 한국이 2010년 G20 재무장관회의 의장국을 맡으라고 제안했다. G20 재무장관회의 의장국은 지역별로 회원국이 돌아가며 맡는다. 2010년은 아시아 지역의 한국·중국·일본·인도네시아·호주 중 한 나라 차례였다. 호주와 중국은 이미 의장국을 했고, 일본은 2010년 아시아태평양 경제협력체APEC 정상회의를 유치해놓은 상태였다. 한국과 인도네시아가 남는데, 이번엔 한국이 맡으라는 것이었다."

신 차관보와 최종구 국제금융국장은 처음엔 그다지 적극적이지 않았다. 당시만 해도 G20 재무장관 회의는 내실없는 회의로 전락해 있었기 때문이다. G20 재무장관·중앙은행총재회의는 1997년 태국 바트화 폭락으로 시작된 외환위기가 인도네시아·필리핀·말레이시아·홍콩을 거쳐 한국에까지 전염되면서 세계경제의 상호 연계성이 극명하게 드러나면서 만들어졌다. G7 재무장관들이 신흥경제국들을 대거 받아들여 1999년 12월 독일에서 첫 회의가 열렸다. 하지만 아시아 외환위기가 정리되고, 2000년대 중반 세계경제가 고도성장을 구가하면서 G20 재무장관 회의는 특별한 이슈가 없는 연례행사로 인식되기 시작했다.

다시 신제윤의 회고. "당시만 해도 G20 재무장관 회의에 가면 고담준론이 많았기 때문에 해박한 지식과 철저한 준비가 필요했다. 그래서 장관 대신 차관이 참가할 때가 많았다. 세계경제에 큰 이슈가 없었기 때문에 국제금융사회에서 G20 재무장관 회의의 존재감도 갈수록 약화되던 때였다."

회의를 준비할 여력도 없었다. 최종구의 증언. "정 심의관에게 처음에는 하지 말라고 했다. 정신이 없을 만큼 바쁠 때였다. 그걸 하면 전부 거기 매달려야 할 상황이었다. 영어로 진행되는 많은 회의를 1년 내내 준비해야 하는데, 우리가 무슨 능력으로 하냐고 물었다. 그런데도 정 심의관이 고집을 부렸다. 사무관들도 일을 시켜봐야 하고, 과장들도 좋다고 했다길래 해보자고 한 것이다."

신 차관보의 보고를 받은 강 장관은 잠시 숙고한 뒤 "한번 해보자"고 말했다. 석 달 전 권오규 전 장관의 조언이 떠올랐던 것이다. 이때부터 재정부는 중국·일본·호주 등을 대상으로 설득 작업에 들어갔다.

그런데 정작 문제는 7월 브라질 리우데자네이루에서 열린 G20 재무장관 위임대표deputy 회의에서 불거졌다. 인도네시아의 공세가 예상 밖으로 거셌다. 정은보의 회고. "갑자기 인도네시아가 의장국을 맡겠다고 덤벼들었다. 우리가 하기로 얘기가 잘 돼가고 있던 때였다. 인도네시아는 버스가 떠난 다음에 손을 흔드는 격이었다. 우리는 사전에 브라질과 아시아 권역의 중국과 일본을 설득한 게 주효했다. 이들 국가의 지지로 한국은 사실상 2010년 의장국으로 결정됐다."

G13이면 한국 못 들어가

한국이 2010년 G20 재무장관회의를 유치한 지 두 달 뒤인 2008년 9월 15일 리먼이 파산했다. 리먼의 파산은 대공황 이후 가장 심각한 글로벌 금융위기로 이어졌다. 글로벌 금융회사들의 줄도산이 시작됐고, 금융위기가 이내 실물경제로 전이되면서 각국은 해법을 찾는 데 골몰했다.

한국도 예외가 아니었다. 외화유동성 측면에서는 다른 신흥국들보다 더 큰 어려움을 겪을 것으로 지적되기도 했다. 영국의 〈파이낸셜타임스〉와 미국의 〈월스트리트저널〉 등은 한국을 위기에 가장 취약한 국가로 거론하면서 1997년과 같은 채무불이행 사태가 재발할 가능성을 기사화했다.

리먼 파산 9일 뒤인 9월 23일 개최된 유엔 총회. 니콜라 사르코지 프랑스 대통령 연설의 일부다. "우리는 더 이상 기다릴 수 없다. G8에 중국·인도·남아프리카공화국·멕시코·브라질을 참여시켜 G13으로 확대해야 한다. 누구도 혼자서는 해결할 수 없는 최악의 위기를 우리는 함께 해결해나가야 할 것이다."

사르코지의 제안에 한국은 당황했다. 한국은 경제규모(GDP)로는 세계 12위였다. 'G' 회의가 사르코지 대통령의 제안대로 G13이나 G14로 재편되면 한국이 포함될 가능성이 적었기 때문이다.

익명을 요구한 한 장관급 인사의 회고. "프랑스의 주장대로 G13으로 주요국 정상회의가 재편됐다면 우리는 절대 못 들어갔을 것이다. 브릭스인 브라질 · 중국 · 인도는 무조건 포함됐을 것이다. 여기에 중동의 사우디아라비아 · 인도네시아 · 멕시코 등의 순으로 차례가 돌아갔을 텐데, 그렇게 되면 한국은 계속 세계사의 '룰메이커rule-maker'가 아닌 '룰테이커rule-taker'로 남게 됐을지도 모른다."

이 무렵 정부에선 G13 또는 G14로 가야 할지, 아니면 G20으로 가야 할지를 놓고 갑론을박이 벌어졌다. 재정부 종합기획과장이었던 이찬우의 증언. "사공일 국가경쟁력강화위원장은 G13 또는 G14로 개편되더라도 한국이 들어갈 수 있다고 봤다. 뭔가 복안도 있는 것 같았다. 그와 달리 강만수 장관은 '아니, 생각해보세요. 그게 되겠습니까?'라고 맞섰다. 프랑스가 G13을 주장할 때는 한국은 전혀 염두에 두지 않았던 건 분명했다."

최종구의 기억도 다르지 않다. "사르코지가 G13을 주장했고, 외국의 일부 싱크탱크에서도 동조했다. 사공 위원장 역시 G13에 한국이 들어갈 수 있다고 봤다. 국제금융계에서 자신의 막강한 네트워크를 통해 가능성을 타진해본 것 같았다. 노력하기에 따라 G13에도 낄 수 있다고 판단한 것이다. 반면 재정부 실무진에선 G13으로 가면 우리가 들어가기 어렵다고 예상했다. G20체제가 돼야 한다는 것이었다."

정부 내의 이런 논란은 이 대통령이 "두 방향으로 모두 추진해보라"는 지시로 정리가 됐다. 그러면서도 대통령은 내심 G20이 돼야 한국이 포함될 수 있을 것이라는 주장에 힘을 실어주었다.

사르코지 대통령의 연설 이후 비상이 걸린 정부는 이때부터 주요국 정상회의가 G13이 아닌 G20으로 확대돼야 한다는 주장을 펴기 시작했다. 10월 6~8일 프랑스 에비앙에서 열린 제1회 세계정책 콘퍼런스. 글로벌 금융위기가 확산되는 가운데 열린 이 회의에는 주요국 정상과 국제기구 대표들이 참석해 위기 타개 방안을 논의했다.

이 대통령의 특사로 파견된 사공일 위원장은 여기서 G20 정상회의 창설 필요성을 역설했다. "G8을 개편해 새로운 글로벌 거버넌스를 구축할 때 한국은 반드시 포함돼야 한다. 1997년 외환위기 극복 과정에서 취한 금융·경제 정책을 감안하면 한국은 충분한 자격이 있다."

이어 10월 17~18일 미국 대통령 별장인 캠프 데이비드에서 열린 미·유럽연합 정상회담. 관심은 주요국 정상회의 참여 국가의 범위였다. 조지 W. 부시와 사르코지, 조제 마누엘 바호주 EU 집행위원장 등은 G13이냐, G20이냐를 놓고 난상토론을 벌였다. 정상들은 "글로벌 금융위기를 해결하기 위해 기존의 G20 재무장관회의의 틀을 활용하자"고 사실상 합의했다. 이런 결론엔 G20이 돼야 우군인 한국·호주 등이 다수 포함될 수 있다는 미국의 정치적 계산이 크게 작용했다.

이명박 대통령이 2008년 11월 15일 오전 미국 워싱턴 내셔널빌딩뮤지엄에서 열린 G20 금융정상회의 전체회의에 참석해 강만수 장관과 이야기를 나누고 있다(한국경제신문 사진).

하지만 부시 대통령은 21일 이 대통령과의 통화에서 단정적으로 말하지 않았다. 부시의 발언이다. "글로벌 금융위기 타개 방안을 논의할 정상 차원의 모임이 필요하다. G8, G13, G20 등이 거론되고 있다." 이 대통령은 "국제공조가 무엇보다 중요하다. 현재의 글로벌 경제 판도를 반영한 G20 국가의 정상 모임이 바람직하다"는 의견을 피력했다.

한국 정부의 노력이 주효한 것일까. 22일 미국은 백악관 성명을 통해 2008년 11월 15일 미국 워싱턴에서 기존 G20 재무장관·중앙은행총재회의에 참여하는 국가들을 초청해 '금융시장과 세계경제에 관한 정상회의'를 개최한다고 발표했다.

G20 재무장관회의가 큰 힘

글로벌 위기 해법 모색을 위한 역사적인 G20 정상회의 첫 회의는 위기의 진원지인 미국 워싱턴에서 긴급 소집됐다. 이어 2차 회의는 2009년 4월 G20 재무장관회의 의장국이던 영국 런던에서 개최되었다. 이때 정부는 한국도 G20 정상회의를 유치할 수 있다는 희망을 가졌다. 신제윤의 증언. "G20 정상회의를 열려면 예비회의로 재무장관회의를 갖는다. 2010년엔 어차피 한국에서 G20 재무장관회의를 열기로 돼 있었기 때문에 정상회의 유치에 유리한 고지를 점하고 있었다. 노력하면 G20 정상회의를 유치 못할 것도 없다는 게 정부 판단이었다."

청와대는 2009년 9월로 예정된 3차 G20 피츠버그 정상회의를 앞두고 미국·영국·프랑스·중국 등 주요국 재외공관에 G20 정상회의 유치를 위한 설득 작업 특명을 내렸다. 이 대통령은 사공 위원장을 미국과 중국에 특사로 보내 G20 서울정상회의 지지를 이끌어냈다. 정상회의 유치 활동에서 한국이 2010년 G20 재무장관회의 의장국이란 점은 큰 힘이 됐다. 정부 관계자는 "우리가 G20 재무장관회의 의장국이 아니었다면 정상회의 유치가 쉽지 않았을 수도 있다"고 말했다. 2008년 2월 권오규 전 장관의 조언 한마디가 G20 서울 정상회의 유치의 씨앗이 된 셈이다.

한국의 정상회의 유치는 이 대통령은 물론 사공일 위원장, 윤증현 재정부 장관, 유명환 외교통상부 장관 등 정부 고위인사들의 다

각적인 노력이 없었다면 불가능했을 것이다. 그중에서도 사공 위원장을 정상회의 유치의 1등 공신으로 꼽는 사람이 적지 않다. 최종구의 증언. "사공 위원장은 국제 금융계에 영향력 있는 강력한 네트워크를 갖고 있다. 주요 정책 결정에 영향을 미칠 수 있는 각국의 많은 사람과 직접 전화가 되는 거의 유일한 분이다." G20 정상회의유치 과정에서도 주요국 관료들에게 직간접적인 영향력을 행사할수 있는 인물들과 오랜 기간 축적한 친분이 상당한 도움이 된다.

정상회의 의장국 '특권', 유치전 치열

각국이 G20 정상회의와 같은 국제회의를 경쟁적으로 유치하려는것은 의장국이 갖는 '특권' 때문이다. 의장국은 주요국 정상을 초대해 세계의 시선을 한몸에 받는 것 외에, 세계경제 질서를 결정하는 의제를 주도할 수 있는 권리를 부여받는다.

이 대통령은 2009년 9월 30일 가진 G20 유치 관련 회견에서 "우리는 의장국으로서 의제 설정과 참가국 선정, 합의사항 조정은 물론 새로운 세계 질서에 대한 제안을 적극 제시할 것"이라고 말했다. 실제 한국은 G20 서울회의에서 일시적 유동성 부족을 겪는 국가에 신속하게 자금을 공급하는 글로벌 금융안전망, 개발도상국에대한 선진국의 원조를 양적·질적으로 확대하는 개도국 지원 방안을 이른바 '코리아 이니셔티브(한국 선도의제)'로 제시해 합의를 이

2010년 11월 12일 서울 강남구 삼성동 코엑스에서 열린 G20 서울 정상회의에 참가한 정상들(한국경제신문 사진).

끌어냈다. 의장국이었기 때문에 가능했던 일이다.

또 한국이 주장했던 '환율주권론'도 정상회의에서 인정받았다. 강만수 장관의 설명. "G20 서울회의에서 '정부는 과도한 환율변동을 완화할 수 있는 권한이 있다'는 데 합의했다. 비판도 있었던 '환율주권'에 대한 우리의 구상이 G20에서 채택된 것이다. 이런 합의는 국제금융질서에 대한 '코페르니쿠스적 전환'으로 평가할 만하다."

한국은 G20 정상회의 초기부터 자기 목소리를 낼 수 있었다. 이것도 G20 재무장관회의 의장국이었던 덕분이다. G20 정상들은 1차 워싱턴회의에서 주요 합의에 대한 각국의 이행 여부를 점검하고, 조율하는 임무를 2009년 전후 G20 재무장관회의 의장국단 3개국(트로이카)에 위임했다. 3개국은 브라질·영국·한국이었다. G20 정상회의를 처음 시작한 만큼 회의에 대한 준비와 의제 설정을 기존의 G20 재무장관회의 의장국단에 맡긴 것이다.

G20

세계경제 질서를 논의하는 주요국 모임은 1990년대 중반까지만 해도 주요 7개국G7이 중심이었다. 미국 · 프랑스 · 영국 · 독일 · 일본 · 이탈리아 · 캐나다 등 전통적 선진국이다. G7 정상들은 1976년 2차 오일쇼크 이후 매년 정례회담을 갖고, 세계적 현안을 협의했다. 1998년부터는 러시아도 G7 회의에 초청해 G8로 커졌다. 냉전이 붕괴되고 핵무기 관리가 불안해지자 G7이 러시아를 끌어들인 것이다.

2005년엔 G8 정상회의에 중국 · 브라질 · 인도 · 멕시코 · 남아프리카공화국 등 5개국이 초대돼 G13 회의가 열리기도 했다. 그러다가 2008년 글로벌 금융위기 해결을 위해 신흥국을 대거 참여시키면서 G20이 탄생했다. G20엔 G8에 더해 아시아 · 대양주에서는 한국 · 중국 · 인도 · 인도네시아 · 호주 등 5개국, 중남미에서는 아르헨티나 · 브라질 · 멕시코 등 3개국, 유럽에서는 터키 EU의장국, 아프리카 · 중동에서는 남아공 · 사우디아라비아 등 2개국이 포함됐다. G20은 전 세계 인구의 2/3, 국내총생산은 85%를 차지한다.

▌ 주요국 정상회의의 진화

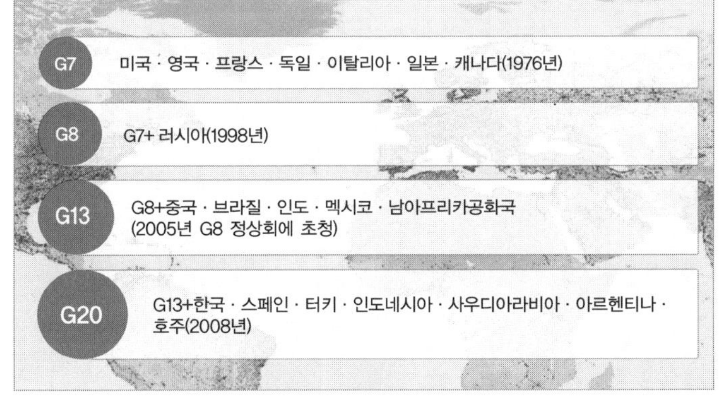

친서민·중도로 틀다

미국산 쇠고기 수입 반대 촛불시위

"6월 10일 광화문 일대가 촛불로 밝혀졌던 그 밤에 청와대 뒷산에 올라가 끝없이 이어진 촛불을 바라보았습니다. 시위대의 함성과 함께 제가 오래전부터 즐겨 부르던 〈아침이슬〉 노랫소리도 들었습니다."

2008년 6월 19일 청와대 춘추관 2층 회견장. 이명박 대통령은 이렇게 시작되는 대국민 사과 회견문을 무거운 표정으로 읽어 내려갔다. 이 대통령은 회견에서 "저 자신을 자책했다", "수없이 저 자신을 돌이켜보았다", "사과를 드린다", "뼈저린 반성을 하고 있다"는 표현을 써가며 미국산 쇠고기 수입 확대에 반대하는 촛불시위 사태에 대해 고개 숙여 사과했다. 한 달 전쯤인 5월 22일 1차 대국민 담화에서 '송구스럽게 생각한다'고 했던 것보다 자성의 강도가 훨씬 셌다.

이 대통령은 다음 날인 6월 20일 류우익 대통령실장을 비롯해 국정기획·정무·민정·외교안보·경제·사회정책·교육과학문화수석 등 수석비서관 7명을 모두 교체하는 청와대 참모진 인사를 단행했다. 광우병 촛불시위 사태에 대한 문책성 인사였다.

2008년 봄 광화문을 달구었던 촛불시위는 출범한 지 100일도 안 된 이명박 정권을 송두리째 흔들었다. 명분은 미국산 쇠고기 수입 반대였지만 실제로는 정권 퇴진 운동이나 마찬가지였다. 이 대통령의 대국민 사과와 청와대 참모진 개편, 미국과의 쇠고기 수입 추가 협상 등으로 촛불시위는 진정됐지만 후유증은 컸다. MB정부 초기 각종 개혁정책은 촛불시위로 묻혀버렸고, 촛불에 덴 정권은 급격히 보수 우경화로 돌아섰다. 정권 말인 2012년 민간인 사찰 문제가 불거진 국무총리실의 공직윤리지원관실이 이때 생겼고, '집토끼(전통 지지층)'를 챙기기 위한 종합부동산세 폐지도 추진됐다. 촛불시위는 MB정부의 국정운영과 정책노선을 급격히 '우회전'시키는 도화선이 됐던 셈이다.

잘못 끼워진 단추 '4월 방미'

2008년 광우병 촛불시위는 MBC의 시사프로그램 〈PD수첩〉이 미국산 소의 광우병 실태에 대해 과장 보도하면서 국민들의 공포감을 불러일으킨 게 직접적 계기였다는 것이 중론이다. 여기에 정권을 잃은 야당과 진보 세력이 시위를 부채질하면서 5월부터 7월까지 3개월간 촛불시위가 이어졌다. 그러나 촛불시위는 4월 이 대통령의 미국 방문 결정 때 이미 잉태되었다는 지적이 많다. 미국과 쇠고기 개방 확대 협상을 벌이고 있는 상황에서 대통령이 서둘러 미국을 방문키로 하면서 이미 부실협상의 단초가 제공됐기 때문이다. 실제 2008년 3월 청와대에선 이 대통령의 방미 시기를 둘러싸고 참모진 간에 의견이 엇갈렸다는 증언들이 많다.

곽승준 수석의 회고. "대통령의 4월 15일 방미 일정에 대해 일부 청와대 참모들 사이에 '시기가 좋지 않다'는 의견이 많았다. 미국산 쇠고기 수입 개방 협상이 끝나지 않은 상황에서 그렇게 서둘러 미국에 갈 필요가 있느냐는 의견이 있었다. 미국이 '미국산 쇠고기 수입 개방'을 압박하고 있는데, 이 대통령이 부시 대통령을 만나는 건 자칫 '양보하겠다'는 사인으로 받아들여질 수 있었다."

대통령직인수위원회 기획조정분과위 전문위원을 거쳐 국무총리실 국정운영실장을 맡고 있던 조원동의 증언도 비슷하다. "한미 간에는 미국산 쇠고기 수입 개방과 한미자유무역협정FTA의 의회 비준이 주요 현안이었다. 미국산 쇠고기 수입 개방은 미국 측 요구

사항이고, 한미FTA의 의회 비준은 우리 측 요청사항이었다. 미국은 한미FTA 비준의 선결 조건으로 쇠고기 수입 개방을 요구하고 있었다. 이런 상황에서 이 대통령이 미국을 방문하면 우리가 한미FTA를 얻기 위해 미국산 쇠고기 수입을 미국에 헌상하는 것처럼 비칠 수 있다. 민감한 주제인 미국산 쇠고기 수입 개방 확대에 대해 국민들에게 어떻게 설명하고 설득할지 등에 대한 치열한 고민과 치밀한 준비가 부족한 상태였다. 그래서 먼저 수입 개방 협상을 끝낸 뒤에 미국을 방문해 한미FTA 의회 비준을 논의하자는 주장이 있었다. 그러나 이 대통령의 방미 시기는 이미 인수위 시절에 결정돼 있었다. 정부 출범 뒤 이견이 있더라도 수정될 사안이 아니었다.”

너무 쉽게 본 ‘쇠고기 개방’

청와대 일부 참모들의 이견에도 불구하고 이 대통령 내외는 취임 후 첫 해외 순방국인 미국을 방문하기 위해 4월 15일 비행기에 올랐다. 뉴욕을 거쳐 워싱턴에 도착한 이 대통령 내외는 한국 대통령으로는 처음으로 미국 대통령 별장인 캠프데이비드에서 부시 대통령 내외와 1박을 하는 ‘환대’를 받았다. 한미 정상회담 하루 전인 4월 18일(미국 동부시간) 오후에 헬기를 타고 캠프데이비드에 도착한 이 대통령 내외에게 부시 대통령 부인인 로라 부시 여사는 몬테나산 쇠고기 스테이크로 저녁식사를 대접했다.

바로 그 시간 한미 간의 미국산 쇠고기 수입 개방 확대 협상이 전격 타결됐다. 4월 11일부터 8일간 진행됐던 고위급 협의(한국 수석대표: 민동석 농림수산부 농업통상정책관)에서 양측은 '도축 당시 월령月齡 30개월 미만의 소에서 뼈(갈비)를 제외한 살코기'로만 제한돼 있는 미국산 쇠고기 수입을 두 단계에 걸쳐 사실상 제한 없이 허용하기로 합의했다. 1단계로는 30개월 미만 소에서 편도·소장 끝부분을 제외한 모든 부위를 수입 허용하고, 현행 수입 조건에서 수입을 막고 있는 뇌·눈·머리뼈·등뼈·등뼈 속 신경도 수입할 수 있도록 풀었다. 2단계로는 미국이 소의 뇌 등을 재료로 만든 사료를 모든 동물에 먹이지 못하게 하는 광우병 차단 조치를 공포하는 시점부터 30개월 이상의 소도 광우병 우려가 큰 7개 특정위험물질 부위(SRM: 편도·소장 끝·뇌·눈·머리뼈·등뼈·등뼈 속 신경)를 제외한 모든 부위가 수입되도록 합의했다.

수입 개방 확대 합의가 한미 정상회담 하루 전에 전격적으로 이뤄짐으로써 한국이 정상회담을 앞두고 '쇠고기 수입 확대'를 양보했다는 분석이 쏟아져 나왔다. 예상대로 야당과 시민단체 등은 한미 정상회담을 위한 졸속 협상이었다며 강력히 반발했다. 그렇다면 수입 개방 협상을 그렇게 서두른 이유는 무엇이었을까. 이에 대해 이 대통령은 6월 19일 대국민 사과 회견에서 비교적 솔직하게 실토했다. "미국산 쇠고기 수입을 계속 거부하면 한미FTA가 연내 처리될 가능성이 거의 없어진다. FTA를 통한 일자리와 성장의 기회를 놓치고 싶지 않았다." 한미FTA 때문에 어쩔 수 없이 쇠고기 협상을 서둘렀다는 점을 인정한 것이다. 또한 "취임 1년 내에 변화와 개혁을 이뤄내지 못하면 성공할 수 없다고 생각해 대통령에 당선된 뒤 마음이 급했다"고도 했다.

다시 곽승준의 회고. "이 대통령은 우리나라의 경제 영토를 획기적으로 넓힐 수 있는 기회인 한미FTA의 조기 비준에 몰두하다 보니 미국산 쇠고기 수입 개방 확대를 약간 쉽게 생각한 측면이 있었다. 솔직히 미국산 쇠고기 수입 확대가 온 나라를 뒤흔들 정도로 그렇게 폭발력 있는 이슈가 되리라 생각한 사람은 청와대 내에도 그리 많지 않았다."

촛불에 점령된 광화문

야당과 일부 시민단체가 미국산 쇠고기 수입 확대에 반발했지만 일반 국민들이 시위에 적극 참가할 정도는 아니었다. 시민 시위에 본격적으로 불을 붙인 것은 쇠고기 협상 타결 열흘 뒤인 4월 29일 밤 MBC 〈PD수첩〉이 긴급 취재 편성한 "미국산 쇠고기, 과연 광우병에서 안전한가"라는 프로그램이었다. 한미FTA 비준을 위해 광우병 감염 우려가 큰 미국산 쇠고기가 아무런 안전장치 없이 수입돼 우리 식탁에 오르게 됐다는 내용이 전파를 타자 시민들은 술렁였다. 인터넷에선 '미국산 쇠고기를 먹으면 사람 뇌에 구멍이 숭숭 뚫린다', '광우병은 공기로도 감염된다', '라면 스프를 먹거나 소뼈

촛불에 점령된 광화문(한국경제신문 사진)

촛불시위에 참여한 수십만 명의 시민들(한국경제신문 사진)

의 젤라틴 성분이 들어간 기저귀로도 전염된다'는 등 광우병 괴담이 빠르게 유포됐다.

〈PD수첩〉 방영 후 사흘 뒤인 5월 2일 밤에는 광화문 청계천 광장에서 '미국 쇠고기 수입 반대'를 위한 1차 촛불집회가 열렸다. 이 집회엔 여중생·여고생 등 경찰 추산 1만여 명이 참석했다. 이후 하루가 멀다 하고 광화문에선 미국산 쇠고기 수입 반대를 위한 촛불집회가 열렸다. 일부 시위대는 청와대 진출을 시도했다. 특히 6월 10일 밤에는 전국적으로 수십만 명의 시위가 이뤄졌다. 광화문 세종로 사거리엔 경찰이 시위대 저지를 위해 '컨테이너 벽'을 설치할 정도로 시위가 격화됐다.

연일 광화문이 촛불로 타오를 때 청와대 내에서는 참모진 간에 격렬한 토론이 벌어졌다. 시민들의 재협상 요구를 받아들여야 한

170

다는 '온건파'와 당초 미국과의 합의대로 밀어붙여야 한다는 '강경파'가 맞서 설전을 벌였다. 청와대 고위 관계자의 증언. "곽승준 국정기획수석과 이종찬 민정수석 등 일부 참모들은 '재협상을 왜 못하느냐'며 국민들의 뜻에 따라야 한다고 주장했다. 반면 박재완 정무수석과 김중수 경제수석, 김병국 외교안보수석 등 당초 협상을 주도했던 사람들은 지금 물러서면 한미 관계 악화 등 문제가 더 커진다면서 강력히 반대했다."

미국과의 후속 협상을 주장했던 곽승준의 증언. "난 이게 그렇게 복잡한 문제가 아니라고 봤다. 국민들이 원하는 대로 후속 협상을 하면 된다. 처음부터 청와대 외교안보수석을 미국에 보내 후속 협상을 하는 진지한 모습을 보였어야 했다. 그런데 일부 강경파의 반대로 한 달이 그냥 지나가버렸다. 억울하더라도 국민에게 귀 기울이는 모습을 보였어야 했는데, 그러지 못했다. 청와대는 국민 목소리에 귀를 막은 불통으로 비춰졌고, 시위 상황은 최악으로 치달았다. 그러면서 '미국산 쇠고기 수입'은 점점 선과 악의 대결로 변하고 있었다. 정치가 선과 악의 대결은 아니지 않은가. 정말 안타까웠다."

반면 강경파 중 한 명이었던 박재완의 회고. "촛불시위가 너무 격렬해지면서 청와대까지 시위대가 들어오면 '정권은 끝이다'라는 위기감이 팽배했다. 일부 수석들이 시위대에 백기를 들자고 했지만 나와 김중수 경제수석 등은 '여기서 밀리면 안 된다'고 주장했다. 청와대 회의에서 유화파와 강경파가 토론이 붙었을 때 이 대통령도 우리 손을 들어줬었다. 결국 청와대 참모진 대거 물갈이 때 백기를 들자고 한 사람들은 다 나가지 않았나." 강경파였던 박재완 정무수석은 참모진 개편 때 국정기획수석으로 자리를 옮겼고, 김중수 경제수석은 경제협력개발기구OECD 대사를 거쳐 한국은행 총재까지 올랐다.

MB노믹스 뒤틀린 계기

2008년 7월까지 이어진 광화문 촛불시위는 결국 이 대통령의 대국민 사과와 청와대 참모진 전면 개편, 미국과의 쇠고기 수입 추가 협상 등으로 진정됐다. 그러나 미국산 쇠고기 수입 확대를 둘러싼 촛불시위의 여파는 MB정부의 국정운영에 깊은 상처를 남겼다. 가장 큰 것은 MB정부의 보수 우경화였다.

촛불시위 이후 청와대 참모진 개편 때 대통령실 홍보기획관에 임명된 박형준의 회고. "이 대통령은 대통령에 취임하면서 좌우 이념을 뛰어넘어 정치적으로 정말 잘하고 싶어 했다. 그런데 촛불시위를 겪으며 너무 큰 충격을 받았다. '정권을 잃은 세력의 반발이 이렇게 무섭구나' 라는 걸 절감했다. 한편 조중동 사옥이 시위대의 공격을 받는데도, 이 대통령이 무기력하게 대국민 사과를 하고 물러서자 보수 우파들은 난리였다. 그러면서 정권 내에서 강경 우파들의 목소리가 점점 커졌다. 이후 국무총리실에 공직윤리지원관실이 생기고, '집토끼론'이 득세하면서 종합부동산세 폐지 추진 등 보수적 정책이 밀어붙여졌다. 반면 국민과의 소통엔 벽이 쳐진 게 사실이다."

대통령 임기 초 촛불시위로 시간을 허송하면서 주요 개혁과제를 힘 있게 추진하지 못했다는 점도 있다. 곽승준의 증언. "정권 초기 개혁할 것이 많았는데, 촛불시위 여파로 70~80%가 국민적 지지를 받지 못했다. 공기업 개혁 같은 것이 대표적이다. 또 지지층을 챙기자며 '우클릭'하는 바람에 MB정부는 '부자정권'·'꼴통 보수정권'이란 낙인이 찍혀버렸다. 이후 이 대통령이 글로벌 금융위기를 거치면서 2009년부터 친서민·중도실용 노선으로 돌아서고, 동반성장·공정사회·공생발전을 아무리 외쳐도 국민들은 믿지 않았다. 이미 촛불시위 이후 보수화 국면에서 찍힌 '낙인효과'가 너무 컸기 때문이다."

광우병

소의 뇌에 발생하는 신경성질환으로, 학술 명칭은 우해면양뇌증 BSE이다. 소가 이 병에 걸리면 미친 듯 난폭해져 광우병이라는 이름이 붙었다. 뇌가 스펀지처럼 구멍이 뚫려서 파괴돼 제대로 걷지 못하고 주저앉는 증상을 보이다 결국 사망한다. 1989년 이후 영국에서 18만 4651건이 발생하는 등 전 세계에서 19만 424건이 발생했다.

광우병은 변형 프리온 단백질이 병인체로 알려져 있다. 이 단백질이 많이 들어간 부위를 광우병 특정위험물질SRM이라 한다. 광우병 원인체의 99.87%가 SRM 부위에서 검출된다. 뇌·눈·척수·두개골·등뼈 등이 SRM에 포함된다. 국제수역사무국OIE은 광우병통제평가지위에 따라 도축소의 연령을 기준으로 SRM 분류를 한다.

광우병에 걸린 쇠고기를 먹은 사람에게서 나타나는 프리온 질환을 '인간 광우병'이라고도 부른다. 광우병처럼 뇌의 신경세포가 파괴돼 다리 마비·시각장애·치매 등의 증세를 보이다가 숨진다. 정식 병명은 변형 크로이츠펠트야콥병vCJD이다. 1996년 영국에서 처음 확인됐고, 현재까지 영국·프랑스·아일랜드·미국·스페인 등 11개국에서 207건이 보고됐다.

2008년

- 4월 18일: 한미 쇠고기 협상 타결

- 4월 10일: 미국 캠프데이비드에서 한미 정상회담

- 4월 29일: MBC 〈PD수첩〉, '미국산 쇠고기, 과연 광우병에서 안전한가' 방영

- 5월 2일: '미 쇠고기 수입 반대' 1차 촛불집회(경찰 추산 1만 명)

- 5월 6일: '광우병위험 미국 쇠고기 전면 수입을 반대하는 국민긴급대책회의' 출범

- 5월 22일: 이명박 대통령, 대국민 담화 발표

- 5월 24일: 촛불집회 참가자들 첫 도로점거 밤샘시위

- 5월 31일: 주말 대규모 촛불시위(경찰 추산 4만 명). 경찰, 촛불시위대에 물대포 첫 분사, 228명 연행. 시위대와 경찰 청와대 인근 곳곳서 밤샘 대치

- 6월 5~8일: 국민대책회의 '72시간 릴레이 국민행동' 개최(경찰 추산 연인원 12만 명)

- 6월 10일: 대책회의, '6.10 100만 촛불대행진 개최(경찰 추산 서울 8만 명, 전국 14만 명, 주최 측 추산 서울 70만 명, 전국 100만 명). 경찰, 시위대 저지 위해 세종로사거리에 '컨테이너 벽' 설치

- 6월 19일: 이명박 대통령, 대국민 사과 특별기자회견

- 6월 20일: 김경한 법무장관, 특정 신문 광고주 상대 네티즌 불매·광고중단 운동 단속 지시

- 6월 20~22일: 대책회의, '48시간 릴레이 국민행동' (경찰 추산 12만 명 참가)

- 6월 23일: 검찰, MBC 〈PD수첩〉의 미국산 쇠고기 및 광우병 보도 관련 수사 착수

- 6월 26일: 정부, 미국산 쇠고기 수입 조건 고시

- 6월 27일: 경찰, 대책회의 간부 8명 체포영장 발부, 검거 전담반 편성

- 6월 28일: 서울 도심서 시위대와 경찰 격렬 충돌, 부상자 속출

- 6월 29일: 정부, '폭력시위 엄정 사법조치' 담화

- 6월 30일~7월 2일: 천주교 정의구현전국사제단, 시국미사 및 평화행진 개최

- 7월 3일: 기독교계 시국기도회 개최

- 7월 4일: 불교계 시국법회 개최

- 7월 5일: 대책회의, '국민 승리 선언 촛불문화제' 개최(경찰 추산 5만 명, 주최측 추산 50만 명)

- 7월 6일: 대책회의 지도부 수배자 6명, 조계사에서 농성 시작

- 7월 7일: 대책회의, 평일 촛불집회 직접 개최 중단 방침 발표

무리한 종부세 폐지 추진

2008년 8월 19일 청와대 본관 회의실. 기획재정부가 2009년부터 적용될 세제개편 초안을 이명박 대통령에게 보고하는 회의가 열렸다. 세제개편안 주요 내용을 모두 설명한 강만수 장관은 이어 별도 보고서 형식으로 첨부한 '종합부동산세 폐지 방안'을 보고하기 시작했다. 맞은편에 앉아 있던 박병원 청와대 경제수석의 표정이 갑자기 굳어졌다. 이틀 전 3자회동 결과와 달랐기 때문이다.

박 수석은 강 장관, 임태희 한나라당 정책위원회 의장과 8월 17일 서울 메리어트호텔에서 만나 당장은 종부세 폐지를 추진하지 않는다는 방향으로 의견을 모았었다. 강 장관은 그런데도 종부세 폐지안을 보고하는 게 아닌가. 뒤통수를 얻어맞은 박 수석은 몇 가지 위험 요소를 이야기했지만 주무 장관의 보고에 강하게 반기를 들 수 없었다. '우군'인 임 의장도 없었다. 보고를 듣던 이 대통령은 강 장관의 설명에 수긍하는 듯한 반응을 보였다.

이렇게 해서 종부세 폐지를 위한 단계적 경감방안이 9월 1일 발표된 정부의 세제개편안에 포함됐다. 노무현 정부의 '부동산 대못'인 종부세는 이내 없어질 것 같았다. 그러나 MB정부 임기가 끝나는 2012년도 종부세는 살아남아 있다. 야당의 '부자 감세' 주장이 거셌고, 정권 내 이견도 적지 않았기 때문이다.

노무현 정부의 '부동산 대못' 종합부동산세

종부세는 급등하는 아파트 가격을 잡기 위해 노무현 정부가 도입했다. 이중과세나 징벌적 성격 등에 대한 논란이 컸지만 종부세를 만든 노무현 정부는 아랑곳하지 않았다. 종부세가 제정된 배경은 1990년대 말로 거슬러 올라간다. 당시 시작된 'IT 거품'의 붕괴는 전 세계적인 경기 침체를 가져왔다. 때문에 경기 부양을 위한 저금리 기조가 지속됐고, 시중에 넘친 돈은 부동산 등 자산 가격을 끌어올렸다. 한국에서도 김대중 정부 후반부터 부동산의 가격 상승이 뚜렷해졌다.

2003년 집권한 노무현 정부는 초기부터 집값을 잡기 위해 보유세를 크게 늘릴 것을 예고했다. 2003년 9월 드디어 부동산 과다 보유자에 대한 누진과세를 뼈대로 하는 종부세 신설 방침을 발표했다. 종부세는 입법 과정 등을 거쳐 2005년부터 시행됐다.

시행 첫해 종부세 위력은 예상만큼 크지 않았다. 부과 대상인 공시가격 9억 원 이상 주택이 그리 많지 않았고, 무엇보다 부과 기준이 인별 합산이어서 피할 수 있는 여지가 많았다. 이런 와중에 집값 상승이 계속되자 2005년 '8.31 대책'을 발표하면서 종부세를 크게 강화했다. 과세 기준을 공시가격 6억 원으로 낮추고, 세대별 합산 방식을 도입했다. 서울 강남은 물론 웬만한 신도시의 중형 아파트까지 과세 대상에 모두 포함시킨 것이다. 이때부터 '세금폭탄론'이 불거지고 아파트 단지마다 '납부 거부' 플래카드가 걸리는 등 조세 저항이 심해졌다. '이미 재산세를 내고 있는 특정 지역의 특정인에게 징벌적 세금을 이중으로 매길 수 있는가', '오래전부터 살아온 집 한 채가 저절로 가격이 올랐다는 이유로 부담 능력을 넘는 세금을 매기는 것이 타당하느냐'는 등의 지적이 잇따랐다.

강만수의 확고한 '종부세 폐지론'

강만수 장관은 대통령직인수위원회 시절 이전부터 종부세는 없어져야 한다는 신념을 갖고 있었다. 경주 세무서에서 공직을 시작해 세제실장까지 지낸 세무통인 그에게 종부세는 '말도 안 되는' 세금이었다. 그는 장관이 된 이후 "종부세는 공평성·보편성·세원 보전 등 조세 원칙에 하나도 맞지 않고, 동서고금에 없었던 정치폭력"이라는 비판 발언을 쏟아냈다. 개인적인 앙금도 있었다. 강 장관은 장관 인사청문회에서 "노무현 정부 시작할 때보다 (보유 중인) 아파트 가격이 3배 정도 뛰었다. 10년 동안 야인野人으로 있으면서 소득은 없는데 종부세만 냈다"고 불만을 토로하기도 했다.

강만수의 설명. "종부세는 세 가지 이유에서 없어져야 했다. 첫째, 세제 측면에서 이론적 근거가 없다. 둘째, 당시 부동산값은 구조적으로 더 이상 올라가기 힘든 상황이었다. 셋째, '폐지'가 대선 공약이었다." 특히 2008년 5월 광우병 촛불시위 이후 지지층을 더 챙겨야 한다는 집토끼론이 득세하면서 강 장관의 논리는 더 힘을 받았다. 재정부 종합정책과장이던 이찬우의 증언. "강 장관은 '이 정부가 탄생한 게 누구 덕분이냐'라는 말을 자주 하곤 했다. 종부세 같은 '세금폭탄'은 없애겠다는 약속을 반드시 지켜야 한다는 것이었다."

'서둘러 폐지' vs '천천히 폐지'

그러나 청와대 일부 참모들은 종부세 폐지에 따른 역풍을 걱정했다. 박병원의 회고. "나도 노무현 정부 때 종부세 신설에 반대했다. 그러나 MB정부가 가뜩이나 '강부자(강남 땅부자)' 정권으로 낙인찍혀 있는데, 정권을 잡자마자 종부세부터 폐지하겠다고 하면 국민들이 어떻게 생각하겠나. 그래서 조용히, 천천히 줄여나가자고 주장했다."

종부세 폐지를 반대하는 쪽에서는 2008년 5월부터 시작된 촛불시위 이후 지지층을 더 챙겨야 한다는 집토끼론이 득세하면서 보수 성향이 강해지는 것을 경계했다. 2008년 2월부터 6월까지 국정기획수석비서관을 지낸 곽승준의 설명이다. "출범 초기 내가 속한 학자 출신 등을 중심으로 한 개혁그룹은 '패자부활 시스템'을 주장한 반면 강 장관 등 관료그룹은 감세 등을 밀어붙였다. 이후 촛불시위가 터지자 결국 관료그룹이 주도권을 가져가면서 정권의 보수 우경화가 진행됐다. 그런 맥락에서 종부세 폐지가 추진된 것이다."

이런 상황에서 2008년 8월 17일 메리어트호텔 3자회동이 이뤄졌다. 다시 박병원의 증언. "혼자서는 강 장관을 설득하기 어렵다고 판단해 재정경제원 시절 후배 관료였던 임태희 의장을 불렀다. 임 의장도 종부세를 당장 폐지하는 데는 반대하는 단계적 폐지론자였다. 강 장관을 설득하기가 쉽지 않아 막판에 투표를 제안해서 2 대 1로 강 장관을 눌렀다."

임태희의 회고다. "나도 종부세는 궁극적으로 폐지하는 게 맞다는 생각이었다. 재산세로 통합시키는 게 옳았다. 그러나 그해 과표(과세표준) 현실화 등으로 재산세 부담이 커졌는데 거기에 종부세까지 더 얹힐 수는 없었다. 우선 1단계로 종부세 부담을 덜어주고, 2단계로 재산세에 합치자고 했다."

그러나 이 회동에 대한 강만수의 기억은 다르다. "그날 박 수석

과 임 의장에게 세제개편안을 설명하면서 '당신들이 정 안 되겠다
고 하는 것 외에는 도와달라'고 당부했다. 종부세 폐지에 대해선 박
수석이 약간 모호한 태도를 보이긴 했지만 원칙적으론 모두 찬성
했다."

종부세를 놓고 '서둘러 폐지하자'는 강 장관과 '여론 동향을 봐
가며 천천히 없애자'는 박 수석 간에 해석이 엇갈리는 셈이다. 어찌
됐건 '당장 없애기는 곤란하다'는 임 의장의 의사를 확인한 박 수
석은 안도했었지만 이틀 뒤 강 장관에게 허를 찔렸다.

결국 '부자 감세'가 발목

2008년 9월 1일 세제개편안 발표 이후 당정은 9월 22일 과세기준
완화 등 종부세를 약화시키는 세법 개정에 합의했다. 중·장기적
으로 종부세를 재산세에 흡수·통합해 없애는 방안도 제시했다.
그러나 종부세 폐지는 '부자 감세'라는 야당 등의 강한 반발에 부
딪쳤다. 이 대통령이 직접 종부세 개정안 논란과 관련해 "정부의
이번 개편안은 일각에서 얘기하는 것처럼 부자를 위해 감세하는
것이 아니라 잘못된 세금 체계를 바로잡기 위한 것"이라고 해명했
지만 큰 효과가 없었다.

이 와중에 강 장관의 발언 논란까지 겹치면서 상황은 더 꼬였다.
2008년 11월 13일 헌법재판소가 '종부세의 세대별 합산 규정은 위

2008년 11월 13일 오후 이강국 헌법재판소장(오른쪽) 등 헌법재판관들이 종합부동산세 위헌 소송 사건에 대한 판결을 내리기 위해 헌법재판소 법정에 들어서고 있다. 헌재는 세대별 합산은 위헌이라는 등의 판결을 내렸다(한국경제신문 사진).

헌이고, 1주택 장기보유자 부과는 헌법불합치'라는 평결을 내리기 1주일 전인 11월 6일, 강 장관은 국회에서 "'세대별 합산은 위헌으로 갈 것 같다'는 보고를 들었다"고 말했다. 헌재의 독립성 문제가 도마에 오를 수 있는 발언이었다. 야당은 "강 장관이 헌재 판결에 부당한 압력을 행사하려는 것"이라며 강력 비판했다.

이찬우의 회고다. "강 장관은 브라질에서 열린 G20 재무장관 회의에 참석해야 했는데 국회 때문에 못 갔다가 그런 설화舌禍를 입은 것이다. 사실 세제실에서 헌재 재판관을 만나는 것은 관행이었다. 강 장관은 그날 민주당 김진표 의원(재정경제부 세제실장 출신)을 국회 화장실에서 만나자 '당신 국장할 때 헌재 재판관하고 술 마시고 다닌 거 다 아는데 그럴 수 있느냐'고 따지기도 했다."

집값 급등으로 서울 강남의 대부분 아파트에 종합부동산세가 부과되자 '세금폭탄'이라며 조세저항이
일어났다. 2008년 11월 헌법재판소가 종부세의 세대별 합산은 위헌이란 판결을 내린 직후 서울 강남
구 압구정동 아파트단지에 내걸린 현수막(한국경제신문 사진).

결국 2009년 1월 개각에서 강 장관이 물러나자 종부세 폐지는 추진동력을 잃었다. 야당의 '부자 감세' 프레임에 갇힌 당정은 종부세 폐지를 진전시키지 못했다. 노무현 정부를 상징하는 종부세를 없애는 게 얼마나 힘든지를 깨달은 당정은 몸을 사렸다.

강만수의 증언. "장관 퇴임 이후에도 후임 윤증현 장관에게 종부세 폐지가 어떻게 추진되는지 여러 번 물어봤다. 윤영선 세제실장이 수시로 보고도 해줬지만 결과적으로 잘 안 됐다. 개인적으로 무척 아쉬웠다."

야당의 부자 감세 공격 외에도 당정이 종부세를 밀어붙이지 못한 이유는 또 있다. 국세인 종부세는 재정자립도 등에 따라 지방자치단체에 교부금으로 배분된다. 종부세의 90%가량은 고가 주택 등이 몰려 있는 수도권에서 걷힌다. 즉 수도권에서 걷은 세금을 지방에 나눠주는 구조다. 종부세가 사라지면 지방에서 아우성이 터져 나오게 돼 있다. 정치적으로 결단이 쉽지 않은 대목이다.

2010년 4월부터 2011년 9월까지 재정부 1차관이었던 임종룡의 증언. "종부세를 재산세에 합치는 것은 기술적으로도 쉽지 않았다. 장기간의 연구가 필요한 과제였다. 또 무엇보다 종부세를 폐지해 재산세에 통합하면 일부 지자체는 재정이 파탄날 수도 있는 상황이었다. 섣불리 폐지를 추진할 수 없었다." 결국 재정부는 2012년 7월 '종부세의 재산세 통합을 추진하지 않기로 했다'는 방침을 공식 발표했다. 종부세를 기반으로 한 교부금을 받는 지자체의 재정 안정을 감안한 결정이었다.

노무현 정부가 "헌법만큼 바꾸기 힘든 부동산정책을 만들겠다" (김병준 당시 청와대 정책실장)며 고안해낸 종부세가 대못은 대못이었던 것이다.

▌연도별 종부세 세수　　　　　　　　　　　　　　　　　　(단위: 억 원)

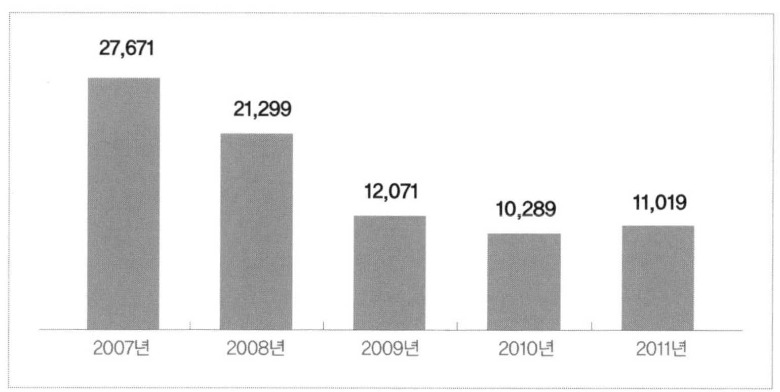

※기획재정부 자료

종합부동산세

비싼 아파트 등을 보유한 사람들에게 재산세와 별도로 매기는 세금. 매년 6월 1일을 기준으로 전국의 토지와 주택을 유형별로 구분해 개인별로 합산한 다음, 그 금액이 일정 금액을 넘으면 초과분에 대해 부과한다. 즉 갖고 있는 부동산 가격이 일정액을 넘으면 넘는 부분에 대해서는 재산세 외에 세금을 더 내도록 한 것이다. 주택은 공시가격 6억 원(1가구 1주택은 9억 원), 나대지나 잡종지 등 종합합산 토지는 5억 원, 상가나 사무실의 부속토지 등 별도 합산 토지는 80억 원이 넘으면 과세 대상이 된다.

세율은 주택분의 경우 0.5~2%, 종합합산토지는 0.75~2%, 별도합산토지는 0.5~0.7%다. 주택분 종부세율은 재산세 최고 세율이 0.4%인 것을 감안하면 최고 5배까지 높은 것이다. 납세 의무자는 국세청에서 부과 고지한 종부세를 매년 12월 1일부터 15일까지 납부해야 한다. 신고납부도 할 수 있다. 재산세는 지방세로 지방자치단체가 걷지만, 종부세는 국세로 중앙정부가 징수한다는 차이도 있다.

- 2003년 9월 1일: 노무현 정부, 종부세 신설 발표

- 2003년 10월 29일: 정부 '주택시장안정 종합대책' 발표. 종부세 시행 시기를 2006년에서 2005년으로 앞당기기로 결정

- 2003년 10월 31일: 정부, 부동산보유세개편추진위 개최. 종부세를 활용해 1가구 다주택 보유자에 대한 보유세 중과 방침 발표

- 2004년 3월 3일: 정부, 종부세법 제정 계획 발표

- 2004년 9월 15일: 노무현 대통령, 국민경제자문회의 부동산정책회의에서 종부세 도입 방침 재확인

- 2004년 11월 4일: 부동산 보유세제 개편 당정 합의(종부세 과세대상 국세청 기준시가 주택 9억 원 초과, 나대지 6억 원 초과)

- 2004년 11월 11일: 당정, 부동산 보유세제 확정(9억 원 초과 주택 종합부동산세율 1~3% 3단계로 부과)

- 2005년 1월 1일: 종부세법 국회 통과

- 2005년 7월 13일: 당정, 종부세 과세기준 6억 원 초과로 낮춰 대상 확대 검토. 세부담 상한폐지 검토

- 2005년 8월 31일: '8.31 부동산 종합대책' 발표. 종부세 대상 기준시가 6억 원 초과로 확대. 가구별 합산방식 도입

- 2005년 12월 30일: 국회, 종부세법 개정안 의결. 과세기준 6억 원 하향 조정, 인별 합산에서 세대별 합산으로 변경, 과표적용률 2009년까지 연차적으로 100% 인상, 세부담 상한 전년 대비 1.5배에서 3배로 상향

- 2005년 12월 30일: 임시국무회의에서 종부세법 개정 공포안 의결

- 2007년 6월 8일: 서울행정법원, 종부세 취소 소송에서 원고 패소 판결

- 2007년 7월 24일: 종부세 과세 방식을 신고납부에서 정부 부과로 바꾸는 종
  부세법 시행령 개정안 국무회의 의결

- 2008년 1월 14일: 이명박 대통령, 당선인 신년 기자회견에서 "종부세는 부
  동산 경기 파악해 금년 하반기에 검토할 생각" 발언

- 2008년 4월 17일: 서울행정법원, 종부세 세대별 합산 규정 위헌소지 판단

- 2008년 7월 22일: 이종구 한나라당 의원, 종부세법 개정안 국회 제출(과세
  기준 9억 원 상향 조정, 세부담 상한선 전년의 1.5배로 제한)

- 2008년 9월 1일: 정부 세제개편안 발표. 종부세 과표적용률 2007년 수준
  (80%)으로 동결. 세부담 상한선 전년의 1.5배로 하향 조정

- 2008년 9월 18일: 헌법재판소, 종부세 헌법소원 공개 변론

- 2008년 9월 22일: 당정, 종부세 개편안 합의(과세기준 9억 원 상향, 종부세
  율 1~3%에서 0.5~1%로 인하, 고령자에 세금 10~30% 경감)

- 2008년 11월 13일: 헌법재판소, 종부세 세대별 합산 규정 위헌, 1주택 장기
  보유자 부과 헌법불합치 판결

- 2012년 7월: 기획재정부, '종부세와 재산세 통합 추진하지 않겠다' 방침 발표

토요일 '경연'에서 중도실용 방향 전환

2009년 3월 21일 오전 8시 무렵 청와대 내 한옥인 상춘재. 봄기운이 완연한 토요일 아침 이 대통령은 김우창 고려대 영문과 명예교수를 초청해 조찬 공부 모임을 가졌다. 청와대 참모들 중에서도 극소수에게만 알려진 '경연經筵'이란 비공식 행사였다.

경연은 말 그대로 조선시대 임금에게 유교의 경전을 강의하던 모임. 청와대에서 경연이 열린 것은 이 대통령이 다양한 분야와 이념적 배경을 가진 사회 원로들과 소통하며 국정운영의 철학과 방향에 참고하기 위해 마련됐다.

이날 초청된 김 교수는 2008년 봄 '광우병 파동' 시기에 언론 기고에서 촛불집회에 대해 "경제 일변도의, 부자들에게 일방적으로 유리한 것으로 보이는 정책에 대한 국민들의 불만이 깔려 있다"고 지적할 정도로 MB정부에 비판적인 석학이었다.

박형준 홍보기획관과 정용화 연설기록비서관이 배석한 이날 경연에서 비교문학 전문가인 김 교수는 자본주의 윤리 문제를 거론했다. "글로벌 금융위기 과정에서 자본주의의 많은 문제점들이 드러났다. 이번 위기는 정의와 도덕, 윤리 문제를 부각시키는 계기가 됐다. 전 세계적으로 윤리 문제가 다시 대두할 것이다."

김우창 교수의 증언. "MB정부에 비판적인 태도를 보였지만 이 대통령은 화를 내거나 반박하지 않았다. 끝까지 집중해서 차분히 귀담아 듣는다는 인상을 받았다. 밖에서 생각하는 것과 달리 이 대통령은 사회적 갈등을 타협적으로 해결하려 한다는 느낌이었다."

박형준의 회고. "이 대통령은 이날 경연을 통해 본인의 인식과 김 교수의 시대적 통찰이 일치한다는 것을 느꼈다. 또 보수와 진보라는 양 극단의 이념 대립을 탈피해 중도세력을 중심으로 사회적 합의를 이뤄야 한다는 생각을 했다. 대통령은 이때부터 서민과 중산층을 위한 경제정책을 깊이 고민하기 시작했다."

세 시간 가까이 진행된 경연은 이 대통령이 MB노믹스의 노선을 '친서민·중도실용'으로 전환한 결정적 계기가 됐다는 게 청와대 참모들의 공통된 지적이다. 이후 '친서민·중도실용'은 '동반성장·공정사회·공생발전' 등 MB노믹스의 주요 국정 화두로 진화한다.

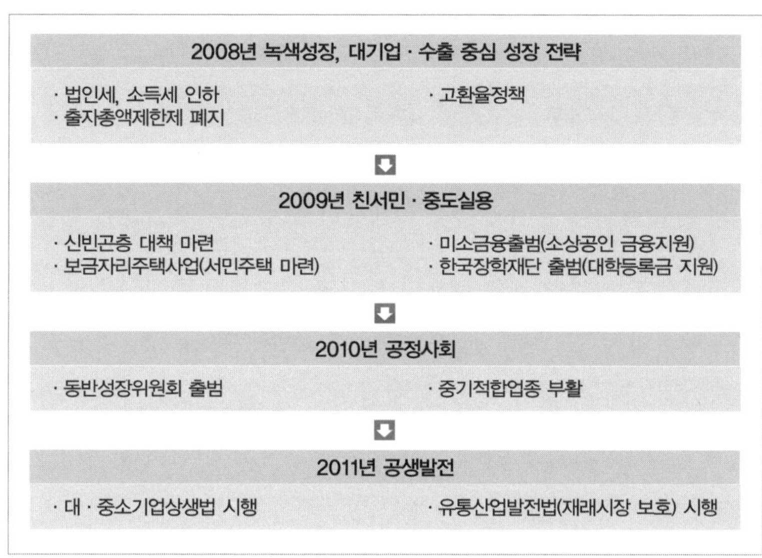

"서민을 따뜻하게", 과천 청사에 걸려

이 대통령은 2009년 6월 22일 수석비서관회의에서 "사회 전체가 건강해지려면 중도가 강화돼야 한다"며 '중도강화론'을 처음 언급했다. 이 회의에서 이 대통령은 청와대 참모들에게 "중도실용주의는 이명박 정부의 근간"이라며 "앞으로 정부는 중도실용주의 기조로 계속 나갈 것"이라고 선언했다.

회의 참석자의 증언. "이 대통령은 '사회적 통합은 구호로만 되는 것이 아니다. 사회 전체가 건강해지려면 중도가 강화돼야 하는

데 우리나라는 너무 좌와 우, 진보와 보수 등 이념적 구분을 한다'
고 우리 사회의 문제점을 지적했다. 그러면서 '정부는 앞으로 중도
실용주의를 토대로 국민통합 노력을 계속해나갈 필요가 있다'는
점을 수차례 강조했다."

이 대통령의 중도강화론은 그해 8월 광복절 경축사에서 구체화
되었다. "중도中道는 국가 발전이 국민의 행복으로 이어지는 '위민爲
民의 국정철학'입니다. 실용은 국민의 삶과 괴리된 관념과 구호로
부터 벗어나는 것이며, 중도를 실현하는 방법론입니다." 이 대통령
은 이렇게 '중도실용'이라는 새로운 아젠다를 던지며 집권 2년차
국정운영의 대전환을 선언한 것이다.

이때부터 '친서민 중도실용'은 MB노믹스의 궤도 수정을 상징
하는 키워드로 자리 잡았다. MB노믹스가 대기업 중심의 수출 드라
이브를 통한 우파 정책에서 서민 중심의 중도주의 정책 기조로 방
향을 선회한 것이다. 곧바로 '서민을 따뜻하게, 중산층을 두텁게'
라는 캐치프레이즈 현판이 과천 정부청사 1동 건물에 내걸렸다.

곽승준 미래기획위원장의 증언. "2009년 광복절 경축사를 계기
로 정부 내 분위기가 싹 바뀌었다. 이때부터 각 부처에 서민정책
발굴 지시가 본격적으로 내려갔다. 이후 친서민 중도실용은 MB정
부 내내 일관되게 밀고 나가야 할 정책으로 자리 잡았다."

글로벌 금융위기가 방향 수정 계기

일각에서는 중도실용이 광우병 촛불사태 이후 통치 기반을 확보하기 위한 불가피한 정치적 타협이었다는 비판도 있지만 그것보다는 글로벌 금융위기가 결정적 계기가 됐다. 다시 박형준의 증언. "2008년 9월 리먼 사태가 없었다면 MB노믹스는 성장과 발전 중심으로 계속 갔을 것이다. 하지만 글로벌 금융위기가 중산층 붕괴로 이어지면서 정책의 우선순위를 바꿔야 한다는 인식 전환이 내부에서 생겼다."

실제 이 대통령은 2009년 1월 신년 국정연설에서 "민생을 촘촘히 살피는 따뜻한 국정을 펼치겠다"며 '서민코드'를 강조했다. 또 같은 해 2월 15일 비상경제대책회의에서 "신빈곤층 사각지대를 찾아내 지원해야 한다"는 지시를 한 데 이어 3월 23일 미래기획위원회 회의에서 "중산층의 빈곤층 전락을 막는 게 더 중요하다"는 메시지를 전달하는 등 중도 강화를 위한 경제정책을 전면에 내세우기 시작했다.

눈에 띄는 점은 이 대통령이 2009년부터 윤리적 가치가 동반된 시장경제의 중요성을 앞세우기 시작했다는 점이다. 중도강화론을 정부의 정책 기조로 공식화한 청와대 수석보좌관 회의에서도 "윤리적으로 제어되지 않는 시장경제와 자본주의는 오래 지속되지 못한다"고 강조했다.

김우창 교수도 청와대 경연에서 G20 정상회의와 같은 국제회

의에서 세계경제윤리성명서를 채택할 필요가 있다는 의견을 내기도
했다. 김 교수의 증언. "법과 제도로 강제화하지는 않더라도 G20 내
에 위원회를 만들어 경제윤리를 연구하고 조사해서 발표하는 것
이 필요하다고 건의했다. 유럽연합 내에도 사회적 협약_{social treaty}
에 관한 위원회를 두고 정기적으로 보고서를 낸다. 강제력은 없지
만 보고서 자체가 여론을 만들고 사회적 압력이 된다는 점을 강조
했다."

이 대통령은 실제 2009년 4월 런던에서 열린 G20 정상회의에서
세계경제윤리성명서를 내는 것이 필요하다는 의견을 발표했다.
2008년 글로벌 금융위기를 촉발시킨 리먼 사태가 자본주의의 탐욕
에서 비롯됐고 이대로 가면 세계 체제가 계속해서 위기를 겪을 수
밖에 없는 만큼 경제에 윤리적 요소를 가미할 필요가 있다는 것이
다. 과도한 금융공학으로 투기적 자본이 세계 경제를 쥐고 흔드는
것은 바람직하지 못하며 이를 막기 위한 인식의 전환과 적정 수준
의 개입이 필요하다는 게 요지였다.

2010년엔 '공정사회론' 대두

궤도를 바꾼 MB노믹스는 2010년 광복절 경축사에서 '공정사회'
라는 화두를 낳았다. 공정사회가 나온 데는 임태희 대통령실장의
역할이 컸다. 그해 7월 19일 임 실장이 취임했을 때는 광복절 경축

사 초안이 이미 마련된 뒤였다.

임태희의 증언. "대개 대통령이 7월 말 여름휴가를 가기 전에 경축사 초안이 나온다. 취임하자마자 초안을 읽어봤다. 내용은 훌륭했는데 뭐랄까, 허전했다. 대통령은 비전이나 가치, 철학적 기조에 대해 얘기해야 하는데 그게 빠져 있었다. 곧바로 대통령에게 '경제의 공정성'이라는 가치를 제시하자고 건의했다."

이 자리에서 임 실장은 2007년 7월 한나라당 여의도 연구소장 시절 이명박 대통령 후보에게 보고했던 '공정성'이라는 단어를 다시 끄집어냈다.

다시 임태희의 증언. "우리 국민들은 안보에는 보수적이지만 경제에 대해서는 굉장히 진보적이다. 뿌리 깊은 평등의식을 갖고 있기 때문이다. 한국 경제의 공정성 문제를 그대로 두면 정치적으로 대단히 위험한 상태가 된다. 정치가 이 문제를 풀지 못하면 자생적 평등주의에서 나오는 정치적 압력이 심해질 것이다. 이 문제를 공정성으로 풀어야 한다고 건의했다. 새로운 것을 얘기했다기보다는 대통령이 갖고 있던 생각을 다시 상기시킨 것이다."

임 실장의 보고에 공감을 표시한 이 대통령은 흔쾌히 "경축사 초안을 다시 정리해보라"고 지시했다. 이때부터 임 실장과 김두우 메시지기획관, 김상협 미래기획비서관 등이 투입돼 경축사 수정 작업을 벌였다.

그 결과 경축사에는 "공정사회는 출발과 과정에서 공평한 기회를 주되, 결과에 대해서는 스스로 책임지는 사회입니다. 공정한 사회야말로 대한민국 선진화의 윤리적 · 실천적 인프라입니다"라는 문구가 포함됐다. 이 대통령은 경축사에서 "공정사회는 승자가 독식하지 않고 패자에게 다시 한 번 기회를 주는, 그래서 영원한 승자도 영원한 패자도 없는 사회"라고 정의하고 "공정한 사회를 만들지 않고서는 선진국으로 갈 수 없다"고 설명했다.

이후 대학등록금 지원(든든학자금), 서민주택 마련(보금자리주택) 등 전 부처 차원에서 추진한 공정사회의 구체적 실천 방안들이 쏟아졌다. 같은 해 10월에는 공정사회의 실천 방안으로 대 · 중소기업 상생정책을 위한 동반성장위원회까지 출범했다.

생태계 개념의 '공생발전'으로 진화

중도실용의 2011년 광복절 경축사 버전은 '공생발전'이었다. 이 화두도 8.15를 열흘 남짓 앞두고 탄생했다. 이 대통령은 그해 8월 3일부터 4박5일간 경남 진해 앞바다의 저도에서 여름휴가를 보냈다. 대통령의 여름휴가엔 류우익 전 대통령실장, 박형준 사회특보, 이동관 언론특보, 박태호 서울대 교수 등이 함께 갔다. 이 대통령은 휴가지에서 동행한 참모들과 광복절 경축사에 집권 4년차 국정운영의 메시지로 무엇을 담을 것인가를 토론했다.

박형준의 증언. "경제시스템의 영속성을 위한 조건으로 발전의 개념을 담아야 한다는 얘기가 많이 나왔다. 지속가능하지 않은 분배주의나 포퓰리즘을 넘어 시스템을 유지하고 산업화와 민주화라는 대립적 가치를 넘어서는, 지속적인 발전의 개념을 담아내야 한다는 게 공통된 의견이었다." 장시간 토론 과정에서 이 대통령이 '공생'이라는 화두를 던졌다. 이 말에 '생태eco 시스템'의 개념이 접목되면서 '공생발전'이란 단어가 탄생했다.

이 토론엔 대통령 직속 미래기획위원회의 산업생태계태스크포스가 작성한 보고서가 밑자료로 활용됐다. 당시 TF에는 이장우 국가브랜드위원회 자문위원, 김범수 카카오 이사회 의장, 도용환 스틱인베스트먼트 회장, 이민화 카이스트 초빙교수 등 내로라하는 전문가들이 참여했다.

흥미로운 점은 이 보고서가 안철수 안랩 이사회 의장의 아이디어에서 비롯됐다는 것이다. 미래기획위원장이었던 곽승준의 증언. "공생발전론의 토대가 된 산업생태계태스크포스의 보고서는 2008년부터 미래기획위원회 민간위원으로 활동했던 안 의장의 산업생태계론을 참고한 것이었다."

이 대통령은 여름휴가를 다녀온 지 열흘 뒤 열린 세종문화회관에서 열린 광복절 기념식에서 "성장과 삶의 질 향상, 경제발전과 사회통합, 국가의 발전과 개인의 발전이 함께 가는 새로운 발전체계를 만드는 일"이라며 '공생발전'을 임기 말 국정운영 방향으로 공식화했다.

이후 공생발전을 위한 방안은 '동반성장'으로 구체화됐다. 대·중소기업 모두의 생존 기반과 경쟁력을 강화해 기업 생태계를 튼

튼히 구축하고 성장의 혜택이 골고루 돌아가게 해야 한다는 논리
가 힘을 얻었다. 이는 2012년 1월 대·중소기업 상생법의 재개정
과 대기업 일감몰아주기 과세, 재래시장 보호와 대형마트의 휴일
영업 규제 등으로 구체화되기 시작했다.

'우회전 깜빡이 켜고 좌회전' 비판도

MB노믹스가 출범 1년을 넘긴 2009년 초부터 중도실용 노선으로 돌
아서자 보수 진영에선 반발이 터져 나왔다. 곧바로 "도대체 정권의 정
체성이 무엇인지 모르겠다"는 비판이 공공연하게 제기됐다. 그렇다고
좌파 진보 진영으로부터 환영을 받은 것도 아니었다. 오히려 "진정성
이 부족한 립서비스에 불과하다"는 평가절하를 당했다. 박재완의 증
언. "당시 보수 쪽에선 'MB정부가 우회전 깜빡이를 켜고 좌회전을
한다'고 비판했는데, 반대쪽에선 계속 '부자 정권'이라고 비난했다.
하지만 그런 지적엔 동의할 수 없다. 어느 정부가 소수의 부자만을
위한 정책을 채택하겠느냐. 소득세만 보더라도 과세표준 최고 구간
소득세율만 올리고 나머지 구간은 모두 깎았다. 이걸 어떻게 '부자
감세'라고 할 수 있나. 법인세도 중소기업 세율을 더 많이 낮췄다."
　　MB노믹스는 보수와 진보 양쪽으로부터 공격을 받으면서 '철학
이 없어 오락가락한다'는 지적도 받았다. 곽승준의 증언. "국민들
은 MB노믹스가 중심을 잡지 못하고 있다고 본 것이다. 실제 청와

대 참모진들도 시장만능주의와 자본주의 보완 논쟁에서 팽팽하게 맞섰다. 뒤늦게 중도개혁 노선으로 돌아섰지만 이미 늦은 때였다. 부자 정권이라는 낙인이 찍혀버린 상태에서 국민들의 인식을 바꾸기는 무리였다."

그렇다면 이 대통령의 경제관은 어떤 것이었을까. 임태희의 증언. "대통령은 대기업 출신이긴 하지만 경제관은 굉장히 정의롭다. 경제적으로 갑과 을, 갑의 행태에 대해 굉장히 비판적 시각을 갖고 있다. 도요타 리콜 사태가 터졌을 때 '대기업과 중소기업이 공생하지 않으면 이런 문제가 발생한다'고 언급하기도 했다. 대기업 중심의 성장 정책으로 불리는 '747 공약' 과는 다른 것이다. 그러나 둘은 상충 관계에 있지 않다. 대기업은 세계에서 마음껏 뛰도록 하고, 중소기업을 지원해서 골고루 성장의 과실을 나누자는 것이다."

아이러니한 점은 MB정부가 그토록 공정사회와 공생발전을 부르짖었음에도 불구하고 18대 대통령 선거의 화두로 그동안 사문화되다시피 했던 '경제민주화' 가 다시 대두했다는 점이다. 이 역설적 상황에 대해 MB노믹스를 추진해온 이 대통령의 경제 참모들은 어떻게 생각할까. 박재완은 "대외 경제 환경이 불운했다"고 말한다. "MB정부는 글로벌 금융위기와 유럽 재정위기라는 역풍을 안고 뛰었다. 기록은 저조했지만 옆의 선수들보다는 상대적으로 나았다. 하지만 당초 목표했던 경제성장률을 달성하지 못했고, 서민들의 체감경기도 기대에 미치지 못했다. 그 반작용으로 경제민주화가 나왔다면 할 말이 없다. 만약 임기 중 대외 여건이 좋았다면 상황은 달라졌을 것이다."

경연 經筵

조선시대 유교의 이상정치를 실현하기 위한 목적으로 임금에게 경전을 강의하던 제도. 매일 아침 강의를 실시하는 것이 원칙이었다. 경연을 담당하던 홍문관원 외에 대신 2~3명과 승지 1명, 사헌부와 사간원이 교대로 참석했다.

조선시대의 경연은 임금에 대한 교육뿐만 아니라 정책협의 기구로서의 기능도 컸다. 강의가 끝나면 왕과 신하들이 정치 현안들을 협의하는 것이 관례였다. 특히 아침에 열린 조강에는 왕을 비롯하여 의정부, 육조, 승정원, 홍문관, 사헌부, 사간원 등 주요 정책결정 기구가 한자리에 모여 정책을 협의하는 최고의사결정 기구로 발전했다. 특히 임금과 신하들의 연석회의가 따로 없었고, 주요 관청 사이의 정책 논의 창구도 없었기에 경연은 그러한 역할을 대신했다.

이명박 대통령도 2008년 광우병 촛불사태 이후 소통 강화를 위해 각 분야의 원로와 석학을 청와대로 불러 의견을 듣고 토론하는 비공식 공부모임을 만들었다. 이 모임은 대국민 소통 강화를 위해 신설된 홍보기획관에 취임한 박형준 전 의원이 주도했고, 모임 이름을 '경연'으로 불렀다.

주로 한 달에 평균 두 차례 정도 토요일 오전 조찬이나 오찬을 겸해 청와대 안에 있는 전통 한옥인 상춘재에서 열렸다. 철저한 비공개 일정이어서 청와대 참모들 중에도 아는 사람이 별로 없었다. 2008년 6월부터 시작된 이 경연은 이 대통령의 국정운영 기조와 MB노믹스의 방향 전환에 직간접적인 영향을 미쳤다.

16

너무 나간 동반성장위원회

북한의 연평도 포격 도발로 온 나라가 불안에 휩싸여 있던 2010년 11월 하순. 정운찬 전 국무총리에게 전화 한 통이 걸려왔다. 백용호 청와대 정책실장이었다. 백 실장은 대통령의 뜻이라며 이렇게 전했다. "동반성장위원장을 꼭 맡아주셔야겠습니다. 긍정적으로 생각해주세요. 이 분야에 관심이 많으시잖아요. 대통령께서 연평도 사태로 상심해 계신데 빨리 답을 주시면 좋겠습니다."

정 전 총리는 내심 귀가 솔깃했지만 바로 답하지는 않았다. "제가 대만에 잠시 다녀와야 하는데, 돌아와서 말씀을 드리겠습니다. 긍정적으로는 생각해보겠습니다." 순간 그의 머릿속엔 2009년 9월

2011년 6월 29일 국회 지식경제위원회 회의실에서 열린 대·중소기업 동반성장 공청회에 참석한 정운찬 동반성장위원회 위원장(가운데). 정 위원장은 이 대통령의 신임을 받아 첫 위원장에 임명됐지만 초과이익공유제 등 무리한 정책 추진으로 논란을 일으켰다(한국경제신문 사진).

총리에 취임하고 얼마 지나지 않아 만났던 한 중소기업인으로부터 "대기업의 납품가 후려치기 때문에 이민이라도 떠나고 싶다"는 하소연이 떠올랐다. 동반성장 정책이라면 잘할 수 있을 것 같았고, 해보고도 싶었다.

정 전 총리가 대만에서 돌아오자 지식경제부 간부들로부터 '찾아뵙겠다'는 연락이 왔다. 서울 역삼동 한국기술센터에서 만난 지경부의 한 간부는 "저희들이 적극 뒷받침하겠다"고 했다. 정 전 총리는 며칠 뒤 위원장을 맡겠다는 뜻을 청와대에 전했다.

이명박 대통령이 불과 두 달 전에 총리에서 물러나게 한 그를 동반성장위원장에 낙점한 이유는 무얼까. 익명을 요구한 청와대 관계자의 회고. "이 대통령은 정 전 총리가 대기업과 중소기업이 함

202

께 성장해야 한다는 자신의 철학을 잘 이해한다고 생각했다. 게다가 청와대 대신 세종시 수정론에 '총대'를 멨다가 물러나지 않았나. 대통령은 정 총리에 대해서는 안타깝고 미안한 마음도 갖고 있었다."

그러나 정 전 총리가 동반성장위원장에 취임해 '초과이익공유제' 등 과도한 정책을 밀어붙이면서 MB 정부의 동반성장 취지를 오히려 퇴색시킬 줄을 이때까지는 아무도 몰랐다.

초과이익공유제로 사면초가

이런 배경에서 '정운찬의 동반성장위원회'는 "대기업과 중소기업 간 동반성장의 구심체 역할을 담당하겠다"며 12월 13일 출범했다. 대통령의 든든한 후원을 등에 업은 민간기구인 동반위의 행보는 출범 초기부터 거침이 없었다.

열흘 뒤 서울 팔레스호텔에서 열린 제3차 위원회 회의. 이 자리에서 정 위원장은 이후 수개월간 반시장적이라는 논란을 불러온 '협력사 이익공유제profit sharing' 도입을 추진하겠다고 밝혔다. "대기업이 거둔 이익의 공유 대상을 주주와 임직원뿐만 아니라 이익 발생에 기여한 협력기업에까지 확대해야 한다"는 것이었다.

그의 발언 내용이 보도되자 사방에서 반대 여론이 들끓었다. 삼성·현대차·LG·SK 등 주요 그룹에 속한 대기업들은 큰 혼란에 휩싸였다. 이내 '자본주의의 근간을 흔드는 정책', '사회주의적인 발상'이라는 비판이 쏟아졌다.

S그룹 한 사장의 회고. "신문에서 '이익공유제'라는 단어를 보고 깜짝 놀랐다. 어떻게 자본주의 체제에서 그런 얘기가 나올 수 있는 지 의아했다. 바로 다음 날 그룹에서 대책회의가 열렸지만 어떻게 대처해야 할지 갈피를 잡지 못했다. 사태의 추이를 더 지켜보자는 게 결론이었다."

반발은 재계에서만 나온 게 아니었다. 여당은 물론 청와대와 정부 내에서도 '역풍'이 불기 시작했다. 홍준표 한나라당 최고위원은 "총리를 지내신 분이 동반성장위원회를 맡아 대기업의 이익을 중소기업에 할당하자는 급진 좌파적 주장을 하고 있다"고 정면 비판했다. 김황식 총리와 청와대 고위 관계자는 각각 "상당히 파격적인 내용", "검토되지 않은 개인적 의견"이라며 이익공유제 도입에 부정적 입장을 밝혔다.

주무 부처인 지경부의 최중경 장관 역시 "초과이익공유제 개념은 애초 기업 내에서 사용자와 노동자 간 성과를 배분하는 문제에서 출발한 것이고 현실적으로 정형화하기 어렵다. 더 이상 논의하지 않았으면 좋겠다"며 가세했다.

당·정·청의 반대 기류에도 정 위원장은 물러서지 않았다. 2011년 3월 2일엔 기자회견을 자청해 "대·중소기업 간 초과이익공유제는 대기업이 연초에 설정한 이윤 목표를 초과 달성한 경우 초과 이익의 일부를 협력업체에 제공토록 하자는 것"이라며 "대기업이 자율적으로 협력사가 기여한 부분을 평가해 초과 이익의 일부를 동반성장기금으로 조성하도록 할 계획"이라고 말했다. 불과 며칠 사이에 '협력사 이익공유제'는 '초과이익공유제'로 바뀌어 있었다.

정 총리의 설명에도 불구하고 대기업의 불안과 정부·여당의 반대 여론은 수그러들지 않았다. 여권에서는 "이익공유제는 헌법체계를 뒤흔드는 급진 좌파적인 주장"이라는 말까지 나왔다. 재계에선 이건희 삼성 회장이 '직설 화법'으로 이익공유제를 겨냥했다. 이 회장은 3월 10일 전경련 회장단회의 참석에 앞서 기자들의 질문을 받고 이렇게 말했다. "어릴 적부터 기업가 집안에서 자랐고, 학교에서 경제학 공부를 계속해왔는데 그런 이야기는 들어보지도 못했고, 이해도 안 가고 무슨 말인지도 모르겠다. 경제학 책에서도 그런 말구를 배우지 못했고, 누가 만들어낸 말인지도 모르겠다. 사회주의 국가에서 쓰는 말인지, 자본주의 국가에서 쓰는 말인지, 공산주의 국가에서 쓰는 말인지를 모르겠다는 말이다."

진보적 '제자그룹'이 역할

정 위원장을 조금씩 사면초가로 몰아갔던 초과이익공유제는 누구의 아이디어였을까. 그가 위원장에 취임한 초기 동반위의 핵심 추진 과제를 설정하는 과정에서 진보적 색채의 '제자그룹'이 적극 참여해 도왔다는 사실은 잘 알려져 있지 않다.

정운찬의 회고. "저와 제자들의 아이디어였다. 동반성장위원회는 민간위원회인 만큼 정부와 공감할 필요는 없었다. 위원장에 취임하면서 제자인 김상조 한성대 교수, 전성인 홍익대 교수 등과 상의해 위원회가 추진해야 할 3가지 핵심 과제를 설정했다. 그건 중소기업 적합업종과 초과이익공유제를 도입하고, 정부가 조달청을 통해 발주하면 대기업이 이를 다시 중소기업에 하청 주면서 중간에서 돈을 떼는 관행을 개선하자는 것이었다."

정 위원장이 동반위 사무처라는 공적 조직과 별도로 '제자 그룹', 그중에서도 진보 성향 교수들의 의견에 귀를 기울이면서 사무처에서 '우리는 들러리냐'라는 불만이 새어나온 것도 그래서다. 정 위원장은 초과이익공유제라는 단어가 가져올 역풍을 전혀 예상하지 못한 것은 아니었다. 다분히 사회주의적 색채가 풍기는 단어인 '공유'를 '공여'로만 고쳤더라도 상황은 달라졌을지도 모른다. 그에겐 기회가 있었지만 적극적으로 나서 초기에 바로 잡지 못했다.

'이익공유제'라는 단어가 처음 언론에 알려지기 전날(2010년 12월 22일)의 일이다. 다시 정운찬의 회고. "퇴근하는 길에 다음 날 발표 자료를 살펴보다가 '공유'라는 단어가 아무래도 마음에 걸렸다. 전화를 걸어 '공여'로 고치는 게 좋겠다고 했다. 그런데 '이미 인쇄가 끝나서 수정하기 어렵다'고 하더라. 어쩔 수 없었다. 한번은 신문사 편집국장들과 가진 오찬 모임을 위해 초과이익공유제에 대한 자세한 설명자료를 만들어놓고도 나눠주지 못했다. 자료만 나눠줬어도 오해는 덜 했을 텐데."

잘못된 용어 선택이 패착

대통령의 동반성장 의지를 가장 잘 정책화할 것으로 여겨졌던 '정운찬의 동반성장위원회'에 대해 이 대통령의 측근들은 뒤늦게 아쉬움을 드러냈다. 백용호의 회고. "정 위원장과 청와대의 사인이 잘 맞지 않았다. 그렇게까지 나갈 줄 몰랐다. 그래서 최중경 지경부 장관과 계속 싸운 것이다. 최 장관은 경제수석에 있을 때 동반성장위원회를 사실상 만들었기 때문에 취지를 잘 알고 있었다. 그러나 정 위원장이 정치적인 목적 때문에 오버한 것이다. 동반성장지수만 해도 원래 취지는 못한 기업을 공표하자는 게 아니라 잘한 기업을 공개해 격려하자는 의도였는데, 잘못 전달됐다."

　잘못된 용어 선택으로 동반성장이 이념 논쟁으로 번지면서 당초 기대했던 효과를 내지 못했다는 평가도 있다. 곽승준의 증언. "1950~60년대 사회주의가 자본주의와 경쟁할 때 핵심적으로 내세웠던 개념이 '이익공유'였다. 정 위원장이 이 말을 듣고 나왔던 게 잘못이었다. 지금은 '시장경제와 자본주의를 어떻게 진화시킬까'가 중요한 화두인데, 철 지난 용어를 쓰다 보니까 주류 경제학자들이 동의하지 못했던 것이다. 그 논쟁을 하느라 5~6개월을 보내고 말았다. 주변에서 정 총리를 정치적으로 띄우려고 했던 인사들도 없지 않았다."

물론 정 위원장은 이런 평가에 동의하지 않는다. 그는 정치적인 이유로 동반위라는 브랜드를 활용한 게 아니냐는 지적에 대해 "내가 그렇게 계산하고 사는 사람이 아니다. 1980년대부터 균형발전을 이야기해왔다"고 일축했다.

정 위원장, 사퇴 승부수 띄우기도

동반성장위원회의 핵심 추진 과제였던 초과이익공유제에 대한 반대 기류가 재계는 물론 청와대·여당·정부 등으로 확산되자 정운찬 위원장은 2011년 3월 20일 전후로 '사퇴' 카드를 꺼내 들며 승부수를 던졌다.

사의 표명에 앞서 정 위원장은 다섯 장짜리 장문의 사퇴서를 작성했다. 초과이익공유제에 대한 상세한 설명과 함께 "이런 것조차 통용되지 못한다면 더 이상 직을 수행하기 어렵다. 동반성장의 가치를 포기해서는 안 된다"는 내용이 포함돼 있었다.

그의 사퇴 표명 소식에 청와대는 당황했다. 정 총리가 여기서 물러난다면 정부가 추진해온 동반성장이 더 이상 추동력을 갖지 못하고 좌초될 수 있었기 때문이다. 정 위원장은 박형준 청와대 사회특보를 만나 사퇴서를 전달했고 바로 대통령에게 보고됐다.

정운찬의 회고. "이 대통령이 사퇴서를 받아보고는 '정 총리의 동반성장에 대한 순수함이 느껴진다. 나라의 양극화와 대기업·중소기업의 동반성장에 대한 마음도 담겨 있고'라고 말했다고 들었다." 청와대 핵심 참모들이 잇따라 정 위원장을 만나 "대통령께서 앞으로 더 신경을 쓰실 것입니다"라며 설득에 나섰다.

사퇴 의사를 밝힌 지 일주일 정도 지난 3월 28일 서울 팔레스호텔. 동반성장위원회 전체회의에 나타난 정 위원장은 사퇴 의사를 번복했다. "동반성장에 대한 대통령의 확고한 의지를 다시 확인했다"며 "초심을 잃지 않고 최선을 다하겠다"고 했다. 그러면서 초과이익공유제는 대기업의 이익을 강제로 나눠주는 것이 아닌데도 폄훼·왜곡됐다고 주장했다.

사흘 뒤 여의도 중소기업 중앙회에서 열린 중소기업동반성장추진위원회 출범식에서 정 총리는 "사퇴 표명은 정부의 동반성장 의지를 테스트해보려고 했던 것"이라고 말하기도 했다. 사퇴 이후 일주일간 대통령의 의지가 확고하다는 것을 확인하고 다시 사명감을 갖고 일하게 됐다는 설명이었다.

사회주의적 색채가 강했던 초과이익공유제라는 명칭은 정 위원장의 복귀 이후 재검토됐다. 이어 정부는 5월부터 초과이익공유제 대신 '성과공유제'를 정책적으로 채택해 추진하기 시작했다.

동반성장위원회

대기업과 중소기업 간 사회적 갈등 문제를 논의해 민간 부문의 합의를 도출하는 민간 위원회다. 동반성장 문화 확산의 구심체 역할을 수행하는 게 설립 목적이다.

근거법은 '대·중소기업 상생협력 촉진에 관한 법률'이다. MB

■ 동반성장위원회 구성도

■ 위원회 구성

민간 합의를 통한 동반성장의 자발적 이행·확산의 구심체로서 위원회의 성격상 정부위원 없이 민간인으로 구성

본위원회	동반성장위원회는 위원회(1), 대기업대표(9), 중소기업대표(9), 공익대표(6)로 구성(25명)
실무위원회	주요 기능별 실무위원회와 12개 업종별 위원회로 구성

동반성장위원회(25명)

기능별 실무위원회

- 중소기업 적합 업종·품목 실무위원회
- 동반성장지수 실무위원회
- 창조적동반성장(이익공유제) 실무위원회
- 소모성자재구매대행(MRO) 실무위원회
- 전문인력 실무위원회

업종별 실무위원회

기계·플랜트	건설
전기·전자	SW
자동차	정보통신
철강금속	유통
조선	석유화학
반도체 디스플레이	공기업

■ 역할

- 범 산업계의 동반성장 분위기 확산
- 대기업의 동반성장지수 산정 및 공표
- 적합 업종 및 품목의 기준 마련·지정·점검
- 업 간 거래상, 업종 간 갈등 요인을 발굴, 사회적 합의 도출
- 성공모델 발굴 및 우수사례 확산
- 대·중소기업 대표단체들 간 소통의 중추적 역할 및 규범준수 교육

정부는 2010년 9월 대·중소기업 동반성장 전략회의에서 '동반성장 추진대책'의 하나로 동반성장위원회를 구성해 운영하기로 결정하고, 그해 12월 정식으로 출범시켰다. 이 위원회는 위원장 1명과 대기업 대표 9명, 중소기업 대표 9명, 공익대표 6명 등 모두 25명의 위원으로 구성돼 있다.

주요 기능별 실무위원회와 12개 업종별 위원회도 운영했다. △범산업계의 동반성장 분위기 확산 △대기업의 동반성장지수 산정 및 공표 △중소기업 적합업종·품목 기준 마련·지정·점검 △대·중소기업 간 거래, 업종 간 갈등요인을 발굴해 사회적 합의 도출 △동반성장 성공모델 발굴 및 우수사례 확산 등이 주요 기능 및 역할이다.

정운찬 전 총리가 초대 위원장을 지냈고, 2012년 4월부터는 유장희 이화여대 명예교수가 위원장을 맡았다.

- 2011년 2월 23일: 동반성장위원회, '동반성장지수 추진계획' 및 '초과이익 공유제' 도입 계획 공개. 정운찬 위원장 "양극화 해소를 위해서는 동반 성장이 반드시 필요하다. 초과이익공유제profit sharing는 중소기업이 원가절감을 위해 노력해 성과가 있을 때 대기업이 그 결과를 중소기업과 나누는 것이다. 중소기업으로서는 이윤을 공유하게 되면 이익률이 높아지고 대 · 중소기업 간 시너지도 발생할 것이다."

- 3월 2일: 정운찬 위원장 "초과이익공유제는 대기업의 이윤을 빼앗아 중소기업에 나눠주는 사회주의적 분배정책이 아니다."

- 3월 3일: 최중경 지식경제부 장관 "이익공유제를 기업마다 도입하는 건 현실적으로 어렵다."

- 3월 12일: 이건희 삼성 회장 "(초과이익공유제 용어는) 사회주의 국가에서 쓰는 말인지, 공산주의 국가에서 쓰는 말인지, 자본주의 국가에서 쓰는 말인지 잘 모르겠다." 최중경 지식경제부 장관 "초과이익공유제 개념은 애초 기업 내에서 사용자와 노동자 간 성과를 배분하는 문제에서 출발한 것이고 현실적으로 정형화하기 어렵다. 더 이상 논의하지 않았으면 좋겠다."

- 3월 14일: 윤증현 기획재정부 장관 "초과이익공유제는 대기업이 중소기업의 수요를 독점해 중소기업들이 피해 입는 것을 시정하는 것으로 공정경쟁 여건을 조성하기 위한 차원에서 제기된 문제다. 조금 더 지켜봐야겠다."

- 3월 15일: 김동수 공정거래위원장 "아직 구체적인 내용이 나오지 않은 만큼 더 지켜보고 얘기하자. 동반성장위원회는 민간기구다. 정부가 직접 나서는 것보다 민간기구가 이를 하는 게 옳다고 본다." 전병헌 민주당 의원 "정운찬 초과이익공유제, 겉절이 정책쇼."

- 3월 16일: 정운찬 위원장 "대기업의 이익을 강제로 나누라는 게 아니다. 소통에 더 노력하겠다."

- 3월 18일: 최중경 장관 "동반성장, 무리하게 추진하면 안 된다." 정운찬 위원장, 정부에 불만 표시하며 돌연 사퇴 언급.

- 3월 19일: 정운찬 위원장 "최 장관이 그 자리에 있는 한 내가 그만둘 수밖에 없다."

- 3월 21일: 정운찬 위원장, 청와대에 사의 표명. 청와대 관계자 "정운찬 사퇴 여부 논의한 바 없다." 정운찬 위원장 "지금은 내가 사퇴하는 것보다 동반성장을 잘하는 것이 중요." 최중경 장관 "정운찬 전 총리가 동반성장위 맡아야." 홍준표 한나라당 최고위원 "정운찬 응석, 받아주지 않겠다."

- 3월 28일: 정운찬 위원장 "초심으로 돌아가 열심히 일하겠다"며 사퇴 의사 철회.

17

재벌 빵집과의 전쟁

"최 부자는 흉년에 땅을 사지 말라는 가훈을 지켜 존경을 받았다."
2012년 1월 25일 오전 8시 청와대에서 열린 수석비서관회의. 이명박 대통령이 회의가 끝날 무렵 경주 최 부자 애기를 꺼냈다.

경주 최 부자는 12대에 걸쳐 만석꾼을 배출한 경주 지역 최대 부호로 한국판 노블레스 오블리주를 실천한 것으로 유명하다. 흉년에 남의 논밭을 사들이지 말라는 것 외에, 만석 이상 재산을 모으지 말라, 사방 100리 안에 굶어 죽는 사람이 없게 하라, 찾아오는 과객은 후하게 대접하라, 진사 이상 벼슬을 하지 말라는 등의 가훈을 지킨 결과다.

이 대통령이 최 부자를 예로 든 것은 대기업의 무분별한 사업 확장으로 서민들이 고통받고 있다는 판단에서였다. 그는 "전반적으로 경제가 어려운 때 대기업들이 소상공인들의 생업과 관련한 업종까지 사업 영역을 넓히는 것은 자제하는 게 바람직하다"고 강조했다. 일부 대기업 자녀들이 빵집·커피숍 등 식음료 사업에 진출하거나 라면·물티슈까지 수입해 파는 행태를 염두에 둔 것이다.

이 대통령은 "재벌 2~3세 본인들은 취미로 할지 모르겠지만 빵집을 하는 입장에선 생존이 걸린 문제"라며 "(2~3세들이) 중소기업 업종을 한다고 해도 그런데, 소상공인 업종까지 하느냐. 수조 원씩 남기면서 그런 거 하면 되겠느냐"라고 강하게 비판했다. 김대기 경제수석에게는 대기업 2~3세들이 빵집 등 소상공인 업종에 진출한 실태를 조용히 조사하라는 지시도 내렸다.

이 대통령의 대기업에 대한 '경고'는 이날 처음이 아니었다. 엿새 전인 19일 롯데·GS·한진 등 자산 총액 5~15위 대기업 대표들과의 만찬에서도 "재벌 2~3세의 중소기업 업종 진출은 반기업 분위기를 확산시킬 수 있다는 점에서 대기업과 경제단체들이 슬기롭게 해야 한다"고 말했다. 에둘러 표현했지만 대기업이 소상공인의 사업 영역에까지 진출하는 것에 대해 분명한 반대 입장과 함께 현명한 처신을 당부한 것이다. 더구나 당시 참석한 기업 대표 가운데는 논란의 당사자도 포함돼 있었다.

대통령 한마디에 대기업 줄줄이 백기

대통령의 말은 곧바로 위력을 발휘했다. 수석비서관 회의가 끝난 뒤 청와대 관계자들이 '바람'을 잡기 시작했다. 한 수석비서관은 "대통령이 구체적인 기업을 입에 올리지 않았지만 이들 기업의 행태가 기업윤리에 어긋난다는 것이고, 자제해야 한다는 경고"라고 친절하게 설명하기도 했다. 또 다른 인사도 "이 대통령의 발언은 기업 때리기 차원은 아니다"라고 전제하고 "대통령이 직접 나선 것은 그만큼 문제가 심각하기 때문"이라고 강조했다.

대기업들이 자동차와 반도체, 조선, 철강 등 대규모 설비투자와 첨단기술이 필요한 글로벌 사업 경쟁력을 키우는 대신 자영업자들의 생계수단인 동네 빵집이나 커피전문점, 순대·떡볶이와 같은 분식사업에까지 손을 뻗치는 행태는 그대로 두지 않겠다는 뜻으로 해석됐다.

이 대통령은 특히 대기업의 창업 세대들이 물러난 뒤 3~4세로 경영권이 넘어가면서 기업가 정신이 약화되고 있다는 점을 문제로 지적했다. 전 세계적으로 양극화와 빈부격차로 인해 반기업 정서가 팽배하고 있는 와중에 대기업들이 소상공인들의 생업과 관련된 업종까지 사업 영역을 넓히는 일까지 벌어지면 기업에 대한 국민 감정이 나빠질 수밖에 없다는 것이다.

경제부처 고위 관계자의 증언. "2009년 중도실용 노선으로 국정 방향을 바꾼 뒤 공정사회와 공생발전을 국정 화두로 제시하면서

여의도 중소기업중앙회에 입점한 고급 카페형 베이커리 '아티제'. 삼성그룹 계열의 호텔신라가 자회사 '보나비'를 통해 운영해왔다. 아티제는 2012년 1월 MB정부가 골목상권 보호를 이유로 대기업 진출 자제를 요청하면서 삼성이 사업 철수와 함께 매각을 결정하면서 대한제분으로 넘어갔다(한국경제신문 사진).

다양한 친서민 정책을 펼쳤음에도 국민들은 MB정부에 대해 '친대기업 정부'라는 인식이 강했다. 이로 인해 정부에 대한 여론까지 악화되는 상황을 그대로 좌시할 수 없었다."

대통령의 발언이 불러온 파장은 컸다. 바로 다음 날 삼성·LG 등 대기업들의 사업 철수 발표가 잇따랐다. 삼성 계열사인 호텔신라는 자회사 '보나비'를 통해 운영하던 고급 카페형 베이커리인 '아티제'에서 손을 떼기로 결정했다. 호텔신라는 또 홈플러스 100여 개 점포에 들어선 숍인숍 빵집인 '아티제 블랑제리' 지분(19%)도 외부에 넘기고, 보나비가 운영하는 레스토랑인 '탑클라우드' 사업도 접기로 했다.

LG도 방계 회사인 아워홈이 운영하던 순대와 청국장의 일반 소비자 B2C 시장에서 철수하기로 했다. 아워홈은 2011년 이미 동반성장위원회로부터 순대와 청국장에 대해 확장 자제를 권고받은 터였다. 아워홈 측은 매출 규모가 미미한 두 사업 때문에 영세기업 업종을 침해하는 것처럼 비쳐 곤혹스럽다고 설명했다. 현대차 그룹의 '오젠'과 롯데의 '포숑' 등 오너 일가의 자녀들이 운영하던 베이커리 사업도 여론의 철퇴를 맞고 지분매각 등의 방식으로 철수가 이뤄졌다.

동반위 · 공정위까지 나서 재계 압박

여론의 압박에도 불구하고 베이커리 사업을 유지하는 대기업에 대해서는 공정거래위원회가 나섰다. 이 대통령은 골목상권 보호 문제와 관련, 대기업이 스스로 자제하는 것이 좋다는 입장이었다. 법으로 강제하는 것은 한계가 있을 뿐 아니라 민간기업의 경영 판단에 정부가 개입하는 모양새를 띠기 때문이다. 그렇다고 해서 정부가 마냥 기업들의 자율에만 맡겨놓지는 않았다. 법을 손대지 않더라도 업종제한이나 여신규제 등 정부가 마음만 먹으면 기업을 압박하기 위해 동원할 수 있는 수단은 말 그대로 널려 있었다.

실제 공정위는 2012년 하반기부터 베이커리 경영을 포기하지 않는 신세계그룹 등 일부 대기업에 대해 압박 수위를 높여나갔다.

대개 계열 빵집이 같은 그룹의 백화점이나 대형마트에 입점해 있어 수수료 할인 등의 혜택을 보고 있으리라 판단하고, 전방위 조사에 나선 것이다.

공정위는 같은 해 7월에는 신세계그룹을 직접 거론하면서 일감 몰아주기 혐의에 대해 어느 정도 조사가 끝났다면서 경고 메시지를 보냈다. 10월 초에는 총수 일가가 지분을 가진 계열사 빵집을 지원했다는 이유로 그룹 계열사들에 40억여 원의 과징금을 부과했다. 이른바 '재벌 빵집' 논란과 관련해 처음으로 '칼을 뽑은' 것이다.

공정위 당국자는 "신세계 내부 문건에 보면 정용진 그룹 부회장 등이 판매수수료 인하에 개입한 정황이 있다"며 그룹 총수 일가를 직접 겨냥한 뒤 임원회의 결과를 기록한 '물증'도 공개했다. 신세계 측은 공정위의 처분이 부당하다며 행정소송을 낼 것이라고 밝혔지만 대주주가 보유한 지분은 매각하기로 결정했다.

동반성장위원회는 서비스업 분야에서 중소기업 적합업종을 선정하는 방식으로 대기업의 골목상권 진출을 저지했다. 2012년 7월 팔레스호텔에서 열린 17차 본회의에서 소매업 70개, 음식점 17개 업종을 포함해 총 118개 서비스업종을 적합업종 우선 검토 대상으로 확정한 것이다. 여기에는 빵집(제과점업)도 물론 포함됐다.

유장희 위원장은 회의 직후 "생계형과 생활형 업종의 생존권을 확보해주자는 취지인 만큼 대기업이든 공공기관이든 골목상권 이익을 침해했다면 당연히 퇴출 논의 대상이 되어야 한다"며 결정 배경을 설명했다. 적합업종으로 선정되면 동반성장위는 품목별 논의

■ 대기업 계열 주요 빵집 현황(2011년 기준)

법인명	브랜드	점포수	비고
신세계SVN	달로와요	10	정유경 신세계 부사장 지분 40%
	데이앤데이	118	
보나비	아티제	27	이부진 사장이 대표인 호텔신라 지분 70%
블리스	포숑	7	장선윤 씨(신격호 롯데 총괄 회장 외손녀) 지분 70%
CJ푸드빌	뚜레쥬르	1399	CJ(주) 지분 96%
파리크라상	파리바게트	3010	허영인 SPC그룹 회장 지분 74.5%
	파리크라상	23	

※각 회사 자료

를 거쳐 사업 철수, 사업 축소, 진입 자제 등을 권고한다. 권고 형식이지만 사실상 강제 규정의 효력을 발휘하게 된다.

경제민주화 논쟁으로 이어져

MB정부 임기 마지막 해인 2012년 불거진 대기업의 골목상권 진출 논란은 하반기 대선 정국으로 접어들면서 경제민주화라는 정치 쟁점으로 확대됐다. 대기업의 사업 진출 제한으로 오히려 소비자들의 이익이 감소할 뿐 아니라 영세 자영업자 보호라는 당초 목표도 달성할 수 없다는 전문가들의 주장까지 가세하는 등 논란이 커졌다.

실제 대기업 오너 일가 2~3세들이 빵집 등 골목상권 업종에 뛰어들면서 서민 생계를 위협한다는 논리를 앞세워 사업 철수를 이끌어냈지만 정작 자영업자 보호 효과는 크지 않다는 것이다. 오히려 친서민 정부라는 정치적 효과가 목적이 아니었느냐는 지적도 나왔다.

이른바 '재벌 빵집'으로 부를 수 있는 제과점은 전체 빵집의 6% 인 710여 곳에 불과하고 재벌 빵집과 일반 제과점의 고객층이 다 르다는 점을 감안할 때 애초부터 경쟁상대가 아니었다는 것이다. 즉 삼성과 롯데 등 대기업이 철수하더라도 동네 빵집 매출은 늘어 나지 않는다는 결론이다. 오히려 일부 전문가들은 국내 제과업체 도 국제 경쟁력을 갖춘 회사가 될 수 있는데 '국민 정서법'에 밀려 기회를 박탈당하는 것이라는 문제를 지적하기도 했다.

대기업이 철수하면서 넘긴 사업을 중견기업이 넘겨받은 점도 논 란이다. 삼성의 아티제는 철수 발표 뒤 3개월 만인 2012년 4월 대 한제분이 인수했다. 이 회사는 2011년 매출이 7000억 원이 넘는 밀가루 업계 빅3 중 한 곳이다. 롯데의 포숑도 매일유업과 영유통 에 지분을 팔았다. 업계에서는 정부가 문제 삼았던 대기업들은 주 로 같은 계열사 백화점과 마트에 입점했지만 새로 사업을 인수한 기업들이 공격적으로 지점을 확장할 경우 오히려 골목상권이 위협 받을 수 있다는 점을 지적한다.

경제학자들도 동네 빵집의 경영난은 대기업 자본의 횡포라기보 다는 과도한 경쟁의 산물일 뿐이라는 의견을 내놓았다. 이승훈 서 울대 경제학과 교수는 2012년 10월 국회에서 '경제민주화 어떻게 할 것인가'를 주제로 한 토론회에서 "전통 시장과 동네 빵집의 곤 경은 소비자들이 대형 할인점과 재벌 제과점을 더 선호하기 때문" 이라며 "(동네 빵집들이) 새로운 사업 방식을 창안하는 데서 활로를 찾아야지 시장이 거부하는 기존의 방식을 그대로 유지하도록 방조하는 보호는 적절한 조치가 아니다”라고 주장했다.

그렇다면 MB정부는 친서민 정책과 시장경제의 충돌을 어떻게 설명할까. 2012년 9월 이 대통령은 서울 마포 중소기업 DMC타워에서 열린 ‘동반성장주간 기념식’에서 “대기업이 잘 만든다고 해서 모두 대기업이 하면 다르게 할 수 있는 것이 없다. 조금만 대기업이 참으면 좋은 제빵을 할 수 있는 중소기업이 나올 수 있다고 생각한다”고 말했다. 그러면서 “내가 사실은 도넛을 좋아한다. 그런데 군산의 조그만 제과점에서 갖다 먹는다. 그 집 도넛은 우리나라 제일인 것 같다. 지금 대기업이 한다고 해도 그것만큼 못 따라갈 것 같다. 조그마한 중소기업은 정말 전력을 쏟아서 하면 된다”고 강조했다. 자율과 경쟁이라는 시장경제를 기반으로 하되 기회의 균등이 이뤄지는 공정사회를 지향하고 있다는 것으로 해석된다.

대통령실장을 지낸 임태희의 증언. “공정사회를 화두로 내세웠더니 정부는 행정력을 동원해 숫자를 낮춰야 한다(대기업 의존도를 줄여야 한다는 의미)고 생각했다. 대기업과 중소기업을 ‘갑-을’ 관계로 놓고 ‘억울한 게 뭐냐?’고 묻고 민원처리 하듯이 달려든 측면이 있다. 자유시장을 위해서는 자율과 공정 두 축이 필요하다. 공정사회 역시 민주주의처럼 하나의 완성된 형태가 아니다. 이전보다 조금씩 공정하게 만들어나가는 것이다. 과정상의 공정이지 결과의 공정을 얘기하는 게 아니다. 인식의 전환이 필요하다.”

서비스 중소기업 적합업종

골목상권과 소상공인 보호를 위해 제조업과는 별개로 대기업이 진출할 수 없도록 지정된 서비스 업종. 2012년 7월 동반성장위원회가 지정 방침을 밝히면서 논란이 불거졌다. 중소기업 및 소상공인의 생업과 관련이 있고 사회적 갈등이 큰 업종부터 우선적으로 서비스 적합업종으로 선정한다는 동반위 방침에 따라 소매업 70개 업종, 음식점업 17개 업종, 수리 및 개인서비스업 31개 업종 등 총 118개 서비스 업종이 우선 검토 대상으로 분류됐다.

중소기업과 소상공인들은 이에 대해 동반위가 슈퍼마켓과 문구도·소매업 등 34개 생계형 서비스업을 적합 업종으로 지정해야 한다고 주장한 반면 대기업 소매 프랜차이즈에 납품하는 소상공인들이 피해를 볼 수 있는 만큼 신중해야 한다는 반론이 맞섰다. 서비스업의 경우 시장에 대한 정확한 정보가 부족하고 범위도 넓어 중소기업 적합업종으로 지정하는 것이 타당한가에 대한 논란도 일었다.

4부

빛과 그림자

MB
노믹스

숨겨진
진실

실패한 세종시 수정

2009년 9월 3일 오전 청와대 본관 집무실 앞. 박형준 정무수석과 이동관 홍보수석이 이명박 대통령을 단독 면담 중인 정운찬 전 서울대 총장을 기다리고 있었다. 30분 정도의 독대가 끝난 뒤 대통령으로부터 국무총리 내정을 받은 정 총장이 문 밖으로 나왔다. 박 수석은 정 총장에게 "오후에는 무엇을 하실 생각이십니까?"라고 물었다. "마지막 강의를 해야겠습니다"라고 답변했다. 이에 박 수석은 "오늘 오후 총리 내정이 발표되면 기자들이 학교로 몰려갈 겁니다. 질문을 하면 한두 가지만 가볍게 받아주시죠"라고 말했다. 국회에서 총리 인준이 이뤄지기 전까지 가급적 발언에 신중을 기

2009년 10월 30일 정운찬 국무총리가 충남 세종시 건립 지역을 방문하자 주민 100여 명이 '행정도시 사수'를 주장하는 시위를 벌였다(한국경제신문 사진).

해달라는 당부였다.

서울대로 돌아온 정 총장은 마지막 수업을 마친 뒤 사회과학대 강의실 밖에서 기다리던 기자들과 즉석 회견을 가졌다. 질의응답이 몇 번 오간 뒤 KBS 기자가 "행정복합도시(세종시)를 원안대로 추진할 의지가 있느냐"는 질문을 던졌다. 정 총장은 평소 소신을 주저 없이 말했다. "행정복합도시는 경제학자인 제 눈으로 보기에 아주 효율적인 플랜은 아니다. 이미 계획을 발표했고 사업도 많이 시작했기 때문에 원점으로 돌리기는 어렵지만 원안대로 다 한다는 것도 쉽지 않다고 본다. 원안보다 수정안으로 가지 않을까 본다."

의외로 솔직한 답변에 회견장은 크게 술렁였다. 곧바로 언론은 '충청도 출신인 정 총리가 세종시 수정의 총대를 멨다', '세종시 수정으로 정 총리를 대권 후보로 키우겠다는 게 이 대통령의 생각'이

라는 등의 보도를 쏟아냈다

이후 1년 가까이 계속된 '세종시 수정 논란'의 서막은 이렇게 시작됐다. 그러나 정 총리의 '올인'으로 국민투표까지 거론된 세종시 수정은 결국 실패로 끝났다. 정 총리의 섣부른 발표와 MB정부의 소극적 대응, 여기에 박근혜 의원 측의 적극적 반대가 낳은 결과였다.

노무현, 충청표 노려 행정수도 제안

수도권의 지나친 과밀화를 막고, 국토의 균형 있는 발전을 이루자는 수도 이전은 오래된 논쟁거리였다. 1977년 박정희 대통령도 충청권으로의 수도 이전 구상을 밝혔을 정도다.

지금의 세종시 건립은 노무현 대통령이 대선 후보 시절 공약으로 내걸었던 것이다. 당시 노무현 민주당 후보는 16대 대통령 선거를 80일 가량 앞둔 2002년 9월 30일 '신행정수도 충청권 건설'을 핵심 공약으로 제시했다. 덕분에 캐스팅보트를 쥐고 있던 충청권 표심을 모아 대통령에 당선됐다. 노무현 정부는 곧 충남 연기·공주에 16부4처3청의 정부 부처를 이전하는 '신행정수도건설특별법'을 마련했다. 관련 법안은 2003년 12월 국회를 통과했다.

그러나 2004년 4월 17대 총선 직후 한나라당을 중심으로 행정수도 이전 반대 여론이 일었고, 헌법소원까지 제기됐다. 헌재는 그해 10월 "수도 서울은 관습헌법"이라며 신행정수도건설특별법에 위헌 판결을 내렸다. 하지만 한나라당도 충청권의 눈치를 볼 수밖에 없었다. 이후 여야는 진통 끝에 이전 대상을 총리실을 비롯한 9부2처2청으로 축소하는 '행정중심복합도시특별법' 제정에 합의하고, 2005년 3월 3일 관련 법안을 통과시켰다. 일부에서 '위헌 판결을 받은 신행정수도의 편법 추진'이라는 비판을 받은 세종시 건설의 법적 토대가 마련된 것이다.

노무현 정부는 2006년 1월 행정중심복합도시건설청을 출범시키는 등 잇따라 건설 계획을 확정 발표했다. 2006년 12월에는 행정도시의 명칭을 지금의 '세종시'로 결정했다. 2007년 7월 20일 착공식과 함께 본격적인 공사를 시작했다.

MB, 정운찬에 서울시장 제안도

이미 건설이 시작된 세종시의 수정 논란은 정운찬 총장의 총리 발탁에서 비롯됐다. 때문에 일각에선 그의 총리 기용이 세종시 수정 추진을 위한 목적이었다는 분석도 있다. 그러나 '사실이 아니다'라는 게 관계자들의 증언이다. 박형준의 회고. "이 대통령은 2009년 '친서민 중도실용'으로 국정기조를 틀고 나서 이를 실현할 총리를 찾았다. 처음엔 호남 출신을 고려하다가 마땅한 인물을 못 찾고, 그동안 염두에 뒀던 정 총장에게 오퍼를 낸 것이다."

정 총장에 대해선 이 대통령도 좋은 인상을 갖고 있었다. 정운찬의 증언이다. "이 대통령이 서울시장일 때부터 여러 번 접촉이 있었다. 이 대통령은 2006년 서울시장을 그만둘 때 나에게 시장 선거에 나와달라는 요청을 했었다. 내가 '(서울대 총장) 임기를 마쳐야 합니다'라고 하자 이 대통령이 '빨리 총장을 뽑아놓고 나오면 되지 않느냐. 서울을 국제금융도시로 만들어달라'고 했다."

정 총장에게 이 대통령의 뜻(총리 발탁)을 전달하는 역할은 고려대 교수 출신인 곽승준 미래기획위원장이 맡았다. 곽승준의 증언. "'대통령께서 교수님과 같이 일하고 싶어 하신다'고 전하자 정 총장은 '내가 신문에 비판적인 칼럼을 써서 대통령이 불쾌해했다고 하던데 무슨 소리냐'며 시큰둥해했다. 그래서 두 번, 세 번 찾아가서 설득해 어렵게 수락을 받아냈다."

수락을 뜻을 밝힌 정 전 총장은 이 대통령을 독대했다. 다시 정운찬의 회고. "이 대통령이 '총장, 서민 출신이라면서요? 나도 서민 출신입니다. 서민 위해 한번 일합시다'라고 했다. 내가 '대통령께 드리고 싶은 말은 다 하겠습니다. 받아주시겠습니까?'라고 묻자 '이야기하세요'라고 흔쾌히 받아줬다."

준비 안 된 '세종시 수정' 발언

정운찬 총장이 총리로 지명되자마자 세종시 수정론을 밝힌 것은 청와대 등과 사전 협의가 없었다는 게 공통된 증언이다. 먼저 정운찬의 증언. "세종시 수정에 대해 청와대 등과 어떤 사전 교감도 없었다. 기자가 묻기에 평소 생각을 이야기했을 뿐이다. 당시 내 발언에 청와대 수석들이 '우리 생각과 같구나' 하고 박수를 쳤다고 들었다."

그러나 사실은 삼고초려 끝에 총리로 내정한 정 총장이 서울대 회견에서 '세종시 수정론'을 언급하자 청와대는 발칵 뒤집혔다. 청와대도 세종시 계획을 수정하려는 생각을 갖고 있긴 했다. 하지만 워낙 민감한 문제이기 때문에 아주 치밀하고 조심스럽게 전략을 짜서 세종시 수정에 나설 계획이었다. 그런데 정 총장이 불쑥 충청도로 주려던 떡을 뺏는 듯한 발언을 내뱉어 청와대는 당혹스러웠다. 전혀 준비가 안 된 상태에서 '세종시 수정'이란 뜨거운 감자가 수면 위로 올라와버린 것이었다.

박형준의 증언. "뉴스로 정 총리의 세종시 수정 발언을 듣고 깜짝 놀랐다. 세종시 수정은 총리가 된 다음 과학비즈니스벨트 등 대안을 마련해놓고 조심스럽게 추진해야 했다. 여당 내 역학구도도 생각해야 하는 복잡한 문제였다. 그런데 정 총리가 그런 계산 없이 기자 질문에 불쑥 말해버린 것이다. 그때부터 일이 꼬였다. 답하기 어려운 질문을 받으면 그냥 적당히 넘기면 되는데 학자 출신인 정 총리가 순진해서 그런 것인지 너무 솔직하게 대답해버렸다."

국회 청문회 과정에서 정 총리의 병역 문제가 걸림돌이 되자 총리실이 세종시 논란을 부각시켰다는 증언도 있다. 총리실 사무차관이었던 조원동의 회고. "정 총리 내정자가 국회 청문회도 통과하

정운찬 국무총리가 2010년 1월 11일 세종로 정부중앙청사 브리핑실에서 교육과 과학을 중심으로 하는 경제도시를 건설한다는 내용이 담긴 수정안을 발표하고 있다(한국경제신문 사진).

기 전에 '세종시 총리'로 나설 이유는 전혀 없었다. 하지만 병역 문제와 모 회사로부터 개인적 후원을 받았다는 악재가 잇따라 터지면서 청문회 통과가 쉽지 않은 지경에 이르렀다. 그래서 어쩔 수 없이 세종시 논란을 더 키운 측면도 있다." 어렵사리 청문회를 통과한 정 총리는 "세종시 문제 해결에 명예를 걸겠다"며 각오를 다졌다. 하지만 이미 첫 단추부터 잘못 끼워진 상태였다.

친박계 반대가 결정적

특히 정 총리가 대권주자로 부각된 것은 여당 내 친박계의 반발을 불렀다. 이동관 청와대 홍보수석은 정 총장을 총리 내정자로 발표하면서 기자들에게 "정 총리가 대선 후보 중 한 사람이 될 수도 있다"고 말했다. 파문이 커지자 발언을 취소했지만 '엎질러진 물'이었다. 한나라당 친박계는 '세종시 수정=정 총리 대권 후보 부상'으로 이해했다. 박근혜 의원이 10월 23일 세종시 수정론에 반대 입장을 공식 표명한 이유도 이와 무관치 않다.

정 총리는 야당보다 박 의원부터 설득해야 했지만 쉽지 않았다. 정운찬의 회고. "친박계인 모 국회의원에게 박 의원을 만나는 모임을 주선해달라고 했다가 거절당했다. 세종시 때문에 안 만나줄 거라고 했다. 설득하고 싶다고 했지만 '이해와 협조지, 무슨 설득이냐'며 면박만 받았다. 박 의원을 만나려고 국회에서 기다린 적도 있었는데 악수만 하고 제대로 이야기는 못했다."

박형준의 증언. "이미 그때는 한나라당이 두 개로 갈라진 상황이었다. 이 대통령과 박 의원의 관계만 좋았어도 무슨 방법이 있었을 텐데, 그렇지 못했다. 박근혜 의원은 정치 생명을 걸고 세종시 수정에 반대했다. 청와대는 세종시 수정을 위해 여러 시나리오를 생각하고 있었지만 아무런 카드도 쓸 수 없었다."

이에 대해 청와대 정무라인이 소극적이었다는 지적도 있다. 곽승준의 증언. "청와대 정무라인이 적극 뛰었다면 친박계를 설득할 수도 있었다. 그러나 정무라인은 정 총리에게 총대를 메게 하고 팔짱을 끼고 있었다. 그게 아쉬웠다."

어쨌든 이 대통령은 2009년 11월 27일 '국민과의 대화'에서 세종시 약속 파기를 사과하고, 수정안 추진을 천명했지만 반향은 크지 않았다. 정 총리가 2010년 1월 11일 발표한 세종시 발전 방안 역시 역부족이었다. 그러던 중 2010년 3월 26일 천안함 침몰 사건 이 터지고, 6월 2일 한나라당이 지방선거에서 패배하면서 세종시 수정은 추진 동력을 잃었다.

가능성이 꾸준히 제기됐던 국민투표도 실시되지 못했다. 정운찬 의 증언. "난 2010년 2월, 4월, 6월 등 세 번이나 '국민투표에 부치 자' 고 대통령에게 건의했다. 그러나 청와대 참모들은 '국민투표에 서 졌을 경우 밀려올 레임덕을 어떻게 감당할 거냐'며 반대했다." 결국 2010년 6월 29일 '세종시 수정안' 은 국회 본회의에서 부결돼 '없었던 일' 이 되고 만다.

부결 직후인 2010년 7월부터 청와대 대통령실장을 맡았던 임태 희의 회고. "세종시 수정안의 국회 부결은 너무 아쉬웠다. 그렇게 중요한 사항이라면 의원들을 설득하기 전까지는 표결에 붙여서는 안 되는 것이었다. 내가 청와대에 들어갔을 때 '세종시'는 다시 이 야기를 꺼내기도 힘든 분위기였다."

■ **중앙행정기관 및 소속기관 이전 계획**

구분	시기	대상기관(36개 기관)
1단계 1구역	2012년 9월 (2개 기관)	국무총리실 · 조세심판원
1단계 2구역	2012년 12월 (10개 기관)	기획재정부 · 국토해양부 · 농림수산식품부 환경부 · 공정거래위원회 · 복권위원회 등
2단계	2013년 (18개 기관)	교육과학기술부 · 지식경제부 · 문화체육관광부 보건복지부 · 고용노동부 등
3단계	2014년 (6개 기관)	법제처 · 국민권익위원회 · 국세청 · 소방방재청 한국정책방송원 · 우정사업본부

우여곡절 끝에 2012년 7월 세종시가 공식 출범했다. 그러나 세종시를 둘러싼 우려는 여전히 가시지 않고 있다. 세종시로 옮긴 정부 부처 공무원들은 서울과 세종시를 오가며 많은 시간과 비용을 낭비하고 있다. 현실적으로 청와대와 국회가 서울에 있는 상황에서 정부 부처만 세종시로 옮기면 이런 비효율이 불가피하다는 것은 이미 예고된 것이었다.

KEYWORD

세종시

2012년 7월 1일 출범한 세종시는 정부 직할의 17번째 광역자치단체다. 관할 구역은 연기군 전역(361.4㎢)과 공주시(77.6㎢), 청원군(27.2㎢) 일부를 흡수한 465.2㎢로 서울의 3/4 크기다. 2010년 12월 27일 공포된 '세종시 설치 등에 관한 특별법'에 따라 설치됐다. 세종시는 관할구역에 시·군·구 등 기초지방자치단체를 두지 않는 단층제 자치단체이기도 하다. 광역·기초 사무를 동시에 수행한다.

행정도시인 세종시로 2012년부터 2014년까지 3년에 걸쳐 16개 중앙행정기관과 20개 소속기관이 대거 이전한다. 2012년 9월 14일 국무총리실을 시작으로 기획재정부·농림수산식품부·공정거래위원회 등 6개 부처와 조세심판원 등 6개 소속기관이 순차적으로 세종시로 이사를 간다. 2013년 말까지는 지식경제부·보건복지부·교육과학기술부·문화체육관광부 등이 옮긴다. 2014년에는 법제처·국민권익위원회·국세청 등이 이전한다. 정부는 세종시 완공 시점인 2030년까지 세종시를 인구 50만 명이 자급자족하는 도시로 육성한다는 계획이다.

- 2003년 12월 29일: 신행정수도 특별조치법(안) 국회 본회의 의결
- 2004년 4월 17일: 신행정수도 특별조치법 시행
- 2004년 7월 21일: 신행정수도 이전 대상 73개 확정
- 2004년 10월 21일: 헌법재판소, 특별조치법 헌법소원 위헌 결정 선고
- 2005년 3월 2일: 행정중심 복합도시 건설특별법 국회 통과
- 2005년 11월 24일: 헌법재판소, 행정도시 특별법 위헌 소송 각하
- 2006년 1월 1일: 행정중심복합도시건설청 개청
- 2007년 7월 20일: 행정도시 기공식
- 2009년 9월 3일: 정운찬 국무총리 후보자, 세종시 수정론 언급
- 2009년 9월 29일: 정 총리 취임, "세종시 문제 해결에 명예 걸겠다" 밝혀
- 2009년 10월 23일: 박근혜 의원, 세종시 수정론 반대 표명
- 2009년 10월 30일: 정 총리, 세종시 건설현장 첫 방문
- 2009년 11월 4일: 정부, 세종시 수정안 추진 공식화 "내년 1월까지 대안 내겠다"
- 2009년 11월 16일: 세종시 민관합동위원회 출범
- 2009년 11월 27일: 이명박 대통령 '국민과의 대화' 통해 수정안 추진 천명. 세종시 약속 파기 사과
- 2010년 1월 5일: 제7차 민관합동위 개최. 기업·대학 인센티브안 확정
- 2010년 1월 11일: 정 총리, 세종시 발전방안 공식 발표
- 2010년 3월 23일: 정부, 세종시 수정 관련 5개 법안 국회 제출
- 2010년 3월 26일: 천안함 침몰 사건 발생
- 2010년 6월 2일: 한나라당 6.2 지방선거 패배
- 2010년 6월 14일: 이 대통령 "정부는 국회가 표결로 내린 결정을 존중할 것"
- 2010년 6월 22일: 국회 국토해양위, '세종시 수정안' 부결
- 2010년 6월 29일: 국회 본회의, '세종시 수정안' 부결

리무진에서 결정된
아랍에미리트 원전 수주

이명박 대통령이 아랍에미리트(이하 UAE) 원자력발전소 건설 수주 협상을 최종 타결하기 위해 아부다비공항에 도착한 2009년 12월 26일. 이례적으로 공항에 영접을 나온 모하메드 빈 자예드 알 나흐얀 아부다비 왕세자는 이 대통령에게 자신의 리무진에 동승해달라고 요청했다.

왕세자는 운전석의 셔터를 올리더니 대뜸 "사실 내가 기독교병원(영국 식민지 시절에 설립된 병원)에서 태어났다. 커서는 그 병원에 기부금도 냈다. 나는 기독교에 대한 거부감이 없다"고 말했다. 기독교 신자인 이 대통령에게 '경계심을 갖지 말라' 는 메시지였다.

모하메드 왕세자는 이어 "내일 저녁엔 그랜드모스크에 함께 방문하면 좋겠다"고 했다. 그랜드모스크는 UAE 근대화의 기틀을 다진 자이드 전 대통령(왕세자의 부친)을 기려 건설된 최신 이슬람 사원. 이 대통령의 회고다. "중동엔 무덤이 없다. 왕이 사망해도 사막에 묻는다. 왕세자가 '모스크를 최신형으로 건설했는데, 그 옆에 아버지가 묻혀 계신다. 나는 정말 아버지를 존경한다'고 하더라. 부친이 묻힌 곳에 함께 가자고 할 때 우리의 노력이 그의 마음을 움직였구나 하는 확신이 들었다."

이 대통령은 차 안에서 왕세자에게 "한국 특전사를 보내 아부다비 왕실 경호원들을 훈련시켜주겠다"는 파격적인 제안을 했다. 걸프만을 사이에 두고 이란과 대치해 있는 UAE가 군사협력을 중시한다는 점을 간파한 전략이었다.

다음 날인 27일 오후 UAE원자력공사ENEC는 한국전력컨소시엄을 원자력 사업 프로젝트(400억 달러 규모)의 최종 사업자로 선정했다고 발표했다. 이 대통령이 "탈락한 것 같다"는 보고를 받은 지 50여 일 만에 이뤄진 대반전이었다. 외신들은 UAE가 프랑스 대신 한국을 사업자로 선정한 것을 두고 '놀라운 선택'이라는 뉴스를 전 세계에 타전했다.

"외교 의전이 중요한 게 아니다"

2009년 11월 초만 해도 한국은 UAE 원전 수주에 실패한 것이나 다름없었다. 모하메드 왕세자는 유명환 외교통상부 장관을 아부다비로 불러 11월 4일 면담한 자리에서 "프랑스에 줄 수밖에 없다. 한국은 사업자로 선정하기 어렵다"고 통보했다. 11월 25일께 프랑스와 계약을 체결할 것이라는 얘기도 현지에서 흘러 나왔다.

이 보고를 받은 이 대통령은 "우리가 들러리가 될 수는 없다. 내가 직접 통화해볼 테니 왕세자에게 전화를 연결하라"고 비서진에 지시했다. 왕세자는 칼리파 빈 자이드 알 나하얀 UAE 대통령의 동생으로 원전 사업의 총책임자였다. 오후 3시, 5시, 6시 세 차례나 연결을 시도했지만 왕세자의 의전과 경호를 담당하는 부서에선 전화를 받지 않았다.

외교 참모들은 국가 위신과 외교 프로토콜(의전)상 더 이상 전화를 하지 않는 게 좋겠다고 건의했다. 이에 이 대통령은 "지금 그게 중요한 게 아니다. 한국의 수십 년 먹을거리가 달린 일인데, 밤이고 낮이고 계속 전화하라"고 말했다.

통화를 시도한 지 이틀 만인 6일 왕세자와의 전화가 연결됐다. 당시 통화에서 이 대통령의 발언. "외교부 장관의 보고를 받았다. 이미 결정됐다고 하니 부담 갖지 말고 우리 실무진을 좀 만나달라. 한국은 가장 활발하게 원전을 건설하고 있어 차별성과 경쟁력이 충분하다. 무엇보다 우리는 UAE와 형제국과 같은 관계를 맺고 진심으로 협력할 준비가 돼 있다."

그러나 모하메드 왕세자는 "원전 사업은 이미 결론이 났기 때문에 한국과 만날 필요가 없다"며 "다른 하실 말씀이 있는지요?"라고

이명박 대통령은 2009년 12월 26일 아랍에미리트 원전 수주 담판을 위해 아부다비를 방문했다. 이 때 원전 사업을 책임지고 있는 모하메드 왕세자가 직접 영접을 나왔고, 두 사람은 같은 차에 동승해 숙소까지 이동하면서 깊은 대화를 나눴다(한국경제신문 사진).

되물으며 사실상 거절의 뜻을 밝혔다. 반응은 냉랭했다.

일주일 뒤 이뤄진 두 번째 통화. 이 대통령은 "우리는 다른 나라와 비교할 수 없을 정도의 열성과 열의를 갖고 있다. 세계에서 모범적인 원전 단지를 만들어 형제국과 같은 관계를 유지해나가자"고 다시 제안했다. 이 대통령의 집요한 설득에 모하메드 왕세자는 "그럼 일단 사람들을 보내봐라. 원전 사업 수주 결과 발표를 5주일 정도 미루겠다"며 조금 달라진 태도를 보였다.

'마음을 움직여라' 특사단 파견

이 대통령은 곧바로 정부 특사단을 구성해 파견하라고 지시했다.

한승수 전 국무총리를 단장으로 최경환 지식경제부 장관, 김태영 국방부 장관 등 40여 명으로 이뤄진 특사단은 18일 비밀리에 UAE를 방문했다. 특사단엔 정부 관계자들 외에 현오석 KDI원장, 서남표 카이스트 총장, 정동수 코트라 인베스트코리아 단장 등도 포함됐다. 이 대통령은 왕세자 앞에서 진행할 영어 프레젠테이션을 특별히 잘 챙기라고 당부했다.

지경부 자원개발원자력정책관이었던 강남훈의 증언. "특사단 구성 지시가 내려오자 며칠간 밤을 새워 양국 간의 포괄적 경제협력 패키지를 만든 뒤 떠났다. 정동수 단장이 왕세자 앞에서 다양한 협력 방안을 제시하며 프레젠테이션을 했다. 원전 사업이 100년을 가는 것인 만큼 한국이 사업자로 선정되면 IT 분야 협력, 인력 양성 등 수십 개 분야에서 훌륭한 파트너가 될 것이라는 점을 강조했다."

이 대통령은 특사단이 귀국한 뒤에도 모하메드 왕세자와 네 차례 더 통화했다. 조금씩 달라지는 왕세자의 말에서 '희망'을 발견한 것도 이 무렵이다. 이어 첫 특사단 파견에서 미진했던 부분을 보충해 2차 특사단을 24일 아부다비로 파견했다. 다시 강남훈의 회고. "대통령의 집요한 설득과 총력을 다하는 우리 정부의 노력에 한국이 원전만 수주하려는 게 아니라 다른 분야에서도 협력하려는 확고한 의지가 있다는 점을 인정하기 시작했던 것 같다."

실제로 12월 10일 이뤄진 이 대통령과의 통화에서 모하메드 왕세자는 "이렇게 빠른 시일 내에 대규모 대표단을 보내고 실질적으로 협력할 수 있는 방안을 제시해주어 고맙다. 다음 주쯤이면 뭔가

가시적인 얘기를 할 수 있을 것 같다"고 말했다.

대역전의 낭보는 이 대통령이 제15차 유엔기후변화협약 당사국 총회 참석을 위해 덴마크 코펜하겐을 방문하던 기간(12월 17~19일)에 들려왔다. UAE로부터 "최종 서명을 위해 방문해주면 좋겠다. 보안을 유지해달라"는 전화가 걸려온 것이다. 프랑스와의 관계를 의식했기 때문이다. 이 대통령을 초청한 것은 최종 사업자로 한국을 낙점하겠다는 의미였다.

MB, 잘할 수 있는 분야에서 승부

모하메드 왕세자는 귀국길에 오른 이 대통령을 공항까지 직접 배웅하며 "그동안 솔직히 한국에 대해 잘 몰랐었다. 이번에 함께 얘기하면서 알게 됐다. 한국이 원전을 수주하게 된 것은 신의 뜻인 것 같다"고 말했다. 첫 통화에서 냉랭했던 두 사람의 관계는 그만큼 변해 있었다.

이 대통령은 원전 수주 성공에 대해 '한국의 국운이 좋았다'고 말했다. 하지만 주변에서는 기업인으로 수십 년간 을의 입장에서 비즈니스를 해온 경험이 진가를 발휘했다고 평가한다.

곽승준의 설명. "어느 정부든 공과 과가 남는 법이다. 한 정부가 후세에 제대로 평가를 받으려면 가장 잘할 수 있는 분야에서 큰 실적을 내야 한다는 게 대통령의 생각이었다. 이 대통령은 역대 대통령 가운데 가장 글로벌화됐고, 비즈니스 마인드도 뛰어나다. 비즈니스에 타고난 자질을 갖추고 있다. 대한민국 국민들에게 30년 먹을거리를 마련하는 게 중요하다고 늘 생각했고, 원전 수주에 그렇게 매달렸던 것도 그 때문이었다.”

실제로 이 대통령이 격식을 따지지 않고 모하메드 왕세자를 끊임없이 설득했던 것도 과거의 경험에서 나온 것이었다. 현대건설에서 이 대통령과 함께 근무했던 한 인사의 회고다. “현대건설 사장 시절엔 사업을 발주하는 중동 국가들의 왕족을 만나기 위해 그들이 휴가를 가 있는 유럽과 미국의 휴양지에까지 찾아갔던 사람이다. 무엇보다 중동 비즈니스의 노하우를 잘 알고 있다. 그런 경험이 국가의 미래 산업인 원전 수주에서도 힘을 발휘한 것이다. 그에겐 격식을 따지는 게 큰 의미가 없다. 격식을 따졌더라면 전화도 걸지 않았을 것이고, 대역전의 드라마도 없었을 것이다.”

수십 년간 프랑스와 우방관계인 UAE에 군사 교류를 제안한 것도 수주에 긍정적으로 작용했다. 정부 고위 관계자의 증언. “이 대통령은 모하메드 왕세자에게 한국을 방문하면 최고 수준으로 훈련된 특전사를 보여주겠다며 파병 의사를 밝혔다. 모하메드 왕세자는 실제 한국에 와서 특전사 훈련 시범을 보고 감탄하며 돌아갔다.”

그 결실로 양국은 원전 사업자 발표 이전에 포괄적인 군사 교류 협력에 관한 양해각서를 체결할 수 있었다. 한국은 이후 150명의 특전사 정예 병력을 UAE에 파병했다.

양국 정상 간 신뢰, 유전개발로 확대

원전계약 체결 이후 한층 두터워진 한국과 UAE 정상 간 신뢰관계는 유전개발 분야의 협력으로 이어졌다. 한국이 세계 6위 매장량(약 1000억 배럴)을 보유한 UAE의 유전개발 사업에 진출할 수 있는 기회가 온 것이다.

2009년 말 UAE 원전계약을 맺고 귀국한 이 대통령은 며칠 뒤 곽승준 미래기획위원장을 불러 "UAE 유전 사업에 한국이 참여할 수 있는 방안을 검토해보라. 단순히 석유 비즈니스로 접근하지 말고 UAE에서 중요하게 생각하는 미래전략 차원에서 접근하라"고 지시했다. 하지만 쉬운 일이 아니었다. UAE 유전개발 사업에는 1930~40년대 미국·영국·프랑스, 1970년대 일본 등 극소수의 메이저 회사들만 참여할 정도로 폐쇄적이었다. 한국이 유전개발에 참여한다면 세계에서 다섯 번째로 석유 '프리미어리그'에 합류하는 것이었다.

곧바로 미래기획위원회를 중심으로 태스크포스가 꾸려졌다. 처음 UAE 측 실무진의 반응은 부정적이었다. 유전개발 경험이 없는 한국에 입찰도 없이 개발권을 줄 수 없다는 것이었다. 협상의 실타래는 2010년 5월 모하메드 왕세자가 방한하면서 조금씩 풀리기 시작했다. 이 대통령은 "한국이 화학·조선·반도체 공장을 지을 때 아무것도 없었다. 황무지에서 산업화에 성공했다"며 "유전개발도 잘할 수 있다"고 왕세자를 설득했다.

UAE 측 핵심 인사들에 대한 물밑 작업도 활발히 벌였다. 곽승준의 회고. "대통령 친서를 들고 열 번 가까이 UAE를 방문했다. 한국에서는 UAE 고위 인사들과 함께 스키장을 가기도 했다."

이 대통령의 두 번째 UAE 방문을 두 달여 앞둔 2011년 1월. 곽 위원장이 모하메드 왕세자를 면담했다. 곽 위원장이 "우리 대통령이 방문하는데 성과가 있었으면 좋겠다"고 말하자 왕세자는 "나는 한국을 친구로 생각한다. 발전적 방향으로 고려해보겠다"고 화답했다. 이 말 한마디로 UAE 유전개발 계약은 성사된 것이나 마찬가지였다.

2011년 3월 13일 한국석유공사와 아부다비석유공사는 이 대통령과 칼리파 대통령이 지켜보는 가운데 '석유가스분야 협력개발 양해각서'를 체결했다. 이어 2012년 3월엔 한국컨소시엄(한국석유공사·GS에너지)과 아부다비석유공사가 육상 2곳과 해상 1곳 등 3개의 미개발 유전광구 개발 본계약을 맺었다. 3곳은 이미 탐사 시추에서 5억 7000만 배럴의 원유 매장이 확인된 곳이다. 한국컨소시엄 지분은 40%로 합의됐다.

▌ 아랍에미리트 원전수주 기대효과

직접 수출 효과	200억 달러
• 승용차(대당 2만 달러) 100만 대 해당	
• 30만급 초대형 유조선(척당 1억 1000만 달러) 180척 해당	
• 에어버스 A380(대당 3억 2000만 달러) 62대 해당	
후속 수출 효과	200억 달러
• 60년간 원전 운영·정비·연료 공급·폐기물 처리 등	
고용 창출 효과	
• 사업 기간 10년·연 인원 11만 명	

※ 지식경제부 자료

KEYWORD

한국형 원전

한국 실정에 맞게 국내 기술로 개발한 원자력발전소. 1984년 정부의 원전기술 자립계획에 따라 미국의 ABB-CE사의 시스템80을 기준 모델로 삼아 축적된 국내 원전기술과 국내외 최신 설계기준을 적용해 개발했다. 한국형 원전 1호는 1998년 완공한 울진 3호기(OPR-1000).

UAE에 건설하는 한국형 원전은 OPR-1000이 업그레이드된 APR-1400 모델이다. 한국수력원자력이 1992~2002년 2300억 원을 투입해 개발했다. OPR-1000과 비교해 발전용량이 1000㎿에서 1400㎿로 커졌으며 가동 수명은 40년에서 60년으로 늘었다. 한국이 UAE 원전을 수주할 수 있었던 요인 중 하나는 APR-1400의 경쟁력 때문이다. 프랑스 아레바의 최신 원전 모델 EPR-1600과 비교하면 건설비는 20% 이상 저렴하다. 국내에서는 2013~2016년 가동에 들어가는 신고리 3~4호기와 신울진 1~2호기가 APR-1400 모델이다.

한국전력컨소시엄은 UAE 수도 아부다비에서 동쪽으로 330㎞ 떨어진 실라 인근 지역에 2017년부터 2020년까지 매년 한국형 원전을 1기씩 완공할 계획이다. 2012년 7월 부지 조성 공사를 끝냈다. 한국은 이에 더해 1800억 원을 들여 발전용량과 연료효율이 더 개선된 APR+를 2012년까지 개발 완료할 예정이다. 국산화율이 100% 근접하는 한국형 원전으로 세계시장을 공략하겠다는 전략이다.

2009년

- 1월: UAE원자력공사ENEC, 한전에 원전사업 입찰 참여 요청

- 3월: 한전, ENEC에 사전 자격 심사서류 제출

- 5월: UAE 원전입찰 사전 자격 심사. 한국전력, 프랑스 아레바, 미국 GE 등 3개 컨소시엄 통과. 니콜라 사르코지 프랑스 대통령 UAE 방문

- 6월: 미국, UAE와 원자력협력협정 체결. 한승수 전 총리 UAE 방문, 아부다비 왕세자 면담. 한-UAE 원자력협력협정 체결

- 7~8월: 한전, ENEC에 입찰서 제출. UAE, 입찰 참여국 현지 실사

- 9월: ENEC, 한전 포함 3개 컨소시엄을 모두 우선협상대상자로 선정

- 11월 4일: 유명환 외교부 장관 UAE 방문, 왕세자 면담

- 11월 10일경: 이 대통령, 왕세자와 전화 통화

- 11월 18일: 정부특사단(단장 한승수 전 총리) UAE 방문

- 11월 24일: 정부 2차 특사단 UAE 방문

- 12월 26일: 이 대통령, 원전사업 지원차 UAE 방문

- 12월 27일: 한-UAE 정상회담, UAE 원전건설사업 계약 서명

물가와의 전쟁

"(5% 경제성장보다) 물가관리가 더 중요하다. 3% 물가를 잡지 못하면 서민들에게 직접적인 영향이 돌아간다는 생각을 가져야 한다. 물가 인상이 불가피한 분야도 있겠지만 정부가 노력하면 상당 부분 억제할 수 있다."

이명박 대통령은 2011년 1월 4일 열린 새해 첫 국무회의에서 "'물가와의 전쟁'이란 생각으로 물가를 억제해야 한다"며 이같이 말했다. 정책의 최우선을 물가 안정에 두겠다고 밝힌 것이다. 이 대통령은 취임 직후부터 물가 안정을 역설했다. 고환율정책 등의 영향으로 정부 출범 초기부터 물가가 심상치 않았기 때문이다.

2008년 3월 지식경제부 업무보고에서 지시한 'MB물가지수'는 이 대통령의 의지를 잘 보여준다.

그러나 2011년 상황은 훨씬 더 심각했다. 구제역과 이상기후, 국제유가 상승 등 불가항력적 요인들이 겹치면서 전방위적인 물가상승이 이어졌다. 대통령이 '전쟁'이라는 과격한 표현까지 쓰면서 물가 잡기를 지시한 배경이다. 이후 각 부처들은 물가 안정에 올인했지만 성과는 그리 좋지 않았다. 고환율과 저금리 등 구조적으로 물가상승 압력이 큰 상황에서 가격인상 억제 등 미시적 대응에만 주력했던 탓이다. 게다가 이상기후 등의 외부 요인들을 극복하기에는 역부족이었다. 어쨌든 MB정부의 '물가와의 전쟁'은 업계에 대한 가격인하 압박 등 부작용도 적지 않았다.

'고환율과 저금리'의 업보

MB정부가 출범할 당시 가장 큰 과제는 미국의 서브프라임 모기지 부실로 초래된 글로벌 금융위기를 극복하는 것이었다. 강만수 장관을 비롯한 1기 경제팀은 '제2의 외환위기'를 막으려면 경상수지 관리가 가장 중요하다고 판단했다. 경상흑자를 늘리기 위해 펼친 정책이 고환율정책이었다. 경기 활성화를 위한 저금리도 중요한 정책 수단이었다. 즉 강 장관 입장에선 고환율과 저금리는 위기 극복을 위해 어쩔 수 없는 정책 조합이었다.

하지만 이 두 가지 정책은 물가에는 치명적이었다. 고환율, 즉 원화가치 약세가 진행되면 수입물가가 올라갈 수밖에 없다. 원가가치가 떨어지면 종전보다 더 많은 원화를 지불하고 원자재를 사와야 하기 때문이다. 저금리 역시 시중 유동성을 늘려 인플레이션 심리를 부추겼다. 이 때문에 정부 출범 첫 해인 2008년부터 고물가는 골칫거리였다. 물가상승에 대한 비판이 고조되면서 고환율정책의 책임을 지고 최중경 재정부 1차관이 물러나는 일까지 벌어졌다. 하지만 물가 불안은 글로벌 금융위기를 이겨내는 과정에서 어쩔 수 없이 감내해야 하는 업보로 강 장관은 인식했다.

강만수의 회고다. "정부도 고환율과 저금리가 물가에 악영향을 미친다는 것을 잘 알고 있었다. 그러나 당시는 국가부도를 걱정해야 하는 급박한 상황이었다. 고물가가 물론 힘들겠지만, 그것은 어디까지나 나라 안의 일이었다. 외화가 없어 지급불능이 되는 것을 막는 게 우선 급했다."

하지만 위기가 어느 정도 해소된 뒤에는 금리 정상화를 서둘렀어야 했다는 지적이 많다. 한 국책연구기관 관계자의 설명. "금융위기를 극복하기 위해 기준금리를 대폭 낮췄지만 예상보다 빠르게 회복된 만큼 진즉에 금리를 정상화시켰어야 했다. 속도 조절은 필요하겠지만 최소한 기준금리가 위기 전 수준인 연 4~5%선까지 올라가야 물가를 안정시킬 수 있었다."

물론 정책 담당자들은 그게 쉬운 선택은 아니었다고 해명한다. 정부 고위 관계자의 증언. "수출 호황과 내수 불황의 양극화 확대가 심상치 않았다. 위기가 어느 정도 진정되면 금리 정상화(인상) 등으로 물가 안정에 나설 계획이었다. 그러나 안심할 수 없는 상황이 계속되면서 결국 인상 타이밍을 놓쳤다. 지금은 '그때 금리를 올렸어야 한다'는 지적이 많지만 불확실성이 컸기 때문에 결정이 쉽지 않았다."

이상기후까지 겹쳐 설상가상

2011년 들어서는 더 이상 물가 불안을 방치할 수 없는 상황이 되었다. 구제역과 한파 등으로 농축수산물 가격은 연일 급등세를 보였다. 2008년 글로벌 금융위기 이후 미국을 비롯한 선진국들이 엄청난 돈을 풀면서 원자재 가격이 상승한 것도 물가에 악재였다. 공산품 가격과 유가, 전셋값까지 도미노식 가격 상승이 이어졌다.

농축수산물 위주로만 가격이 뛰었던 2010년보다 훨씬 더 심각했다. 주요 식료품 가격이 1년 전보다 두 배 이상 올라 예전 생각을 하고 시장이나 마트에 갔다가는 살 수 있는 물건이 별로 없었다. '장보기가 겁난다'는 국민들의 원성이 곳곳에서 터져 나왔다. 기름값도 급등해 전국 주유소의 휘발유 평균가격은 2008년 8월 이후 처음으로 1리터당 1800원을 넘어섰다.

청와대 고위 관계자의 회고. "물가는 서민생활과 직결된 문제였다. 특히 당시 물가는 식료품이나 기름값처럼 서민생활에 밀접한 품목 중심으로 올라 서민들이 체감하는 고통은 더욱 컸다. 양극화에 대한 불만이 커지고 있는 상황이어서 물가를 잡는 것이 무엇보다 시급한 과제로 등장했었다."

지나친 물가 상승은 성장에 악영향을 미친다는 점도 부담이었다. 물가 상승은 소비자들의 실질 구매력을 약화시켜 소비를 위축시키고, 소비 위축은 생산과 고용 감소의 악순환으로 이어진다. 또 원자재 수입가격이 상승하면 수입 의존도가 높은 한국 기업들의 경쟁력이 크게 약화된다. 물가관리는 성장을 중요시하는 이명박 정부에게 '발등에 떨어진 불'이었다.

재정부 고위 관계자의 회고. "물가 상승세를 그대로 두면 정부가 목표했던 2011년 5% 경제성장률 달성은 물 건너간 것이나 마찬가지였다. 스태그플레이션이 본격화되는 것 아니냐는 우려가 커졌다. 하지만 위기에서 완전히 벗어났다고 안심할 수 없어 고환율과 저금리를 포기할 수 없었다. 결국 기업들의 가격 인상을 억제하는 등 미시적 대응에 나서야 했다."

시장원리 어긋난 기업 압박

환율과 금리를 건드리지 않고 물가 안정을 이루려는 정부는 결국 '기업 압박'에 나설 수밖에 없었다. 대표적인 타깃이 독과점으로 지목된 정유와 통신업계였다. 특히 다른 물가에 파급력이 큰 정유업계에 대해서는 이 대통령이 직접 문제를 지적하고 나섰다.

이 대통령은 2011년 1월 13일 서민물가안정 종합대책을 주제로 열린 국민경제대책회의에서 기름값이 물가에 미치는 영향을 언급하며 "(국제 유가가 배럴당) 140달러 갈 때 (휘발유 소매가가 리터당) 2000원이었는데, 현재 국제 유가가 80달러인데도 기름값이 1800~1900원 한다. 어떻게 된 것이냐"고 최경환 지식경제부 장관에게 물었다. 이 대통령은 "주유소의 행태가 묘하다"며 "여러 물가에 영향을 주는 기름값의 경우 유가와 환율 간 변동 관계를 면밀히 살펴서 적정한 수준인지 검토할 필요가 있다"고 강조했다. 유가를 내릴 수 있는 방법을 찾아보라는 얘기였다.

이 대통령의 발언 이후 정유업계에 대한 부처들의 압박이 거세졌다. 임종룡 재정부 1차관은 1월 14일 물가안정대책회의에서 "석유제품 가격 태스크포스를 구성해 석유제품 가격결정 구조를 재검토하겠다"고 밝혔다. 윤증현 재정부 장관은 "정유사와 통신사는 대표적인 독과점 기업으로 이들 때문에 일부 제품의 물가가 급등해서 단속이 필요하다"고 말했다. 윤 장관은 2011년 2월 9일 경제정책조정회의에서 "정유사가 결정하는 세전 휘발유 가격을 보면 OECD 평균이 100일 때 우리나라는 113.2로 높다"며 구체적인 수치를 제시하기도 했다. 최중경 지경부 장관은 2월 10일 기자간담회에서 "정유사 영업이익률 3%는 절대 낮은 것이 아니다"며 "내가 회계사 자격증이 있는데, 직접 기름원가 계산을 해보려 한다"고 엄포를 놓았다.

정유사들은 "정부가 물가 상승의 책임을 기업에만 물으려 한다"며 불만을 터트렸다. 정유사들은 폭리를 취하지 않고 있다는 자료를 배포하면서 정부 지적을 반박했다. 기름값은 제조 과정과 유통 체계가 단순하고 원가와 환율 등 가격에 영향을 주는 변수가 투명하게 공개돼 있어 가격을 내릴 여지가 거의 없다는 것이었다. 정유사의 가격 인하보다 기름값의 절반을 차지하는 유류세를 내려야 한다고 주장했다.

그러나 결국 정부 압박에 백기를 들고 2011년 4월 3일 국내 정유업계 1위인 SK에너지는 전국 모든 SK주유소에서 판매되는 휘발유와 경유의 가격을 1리터당 100원씩 인하한다고 발표했다. GS칼텍스 · 에쓰오일 등도 잇따라 인하 방안을 내놓았다.

정유사 고위 관계자의 회고. "공정거래위원회가 정유사들을 조사하면서 사상 최대 규모의 과징금을 매길 것이라는 소문이 퍼졌다. 말을 듣지 않으면 가만두지 않겠다는 협박이나 마찬가지였다. 기업이 어떻게 정부를 이길 수 있겠는가. 유류세는 안 낮추면서 기업들에게만 일방적으로 희생을 강요한 것이었다."

부처 이견에 불발된 유류세 인하

유류세 인하는 고유가 파장을 줄일 수 있는 가장 확실한 카드였다. 기름값의 절반을 유류세가 차지하고 있었기 때문이다. 그러나 세제를 총괄하는 재정부는 유류세 인하에 처음부터 부정적이었다. 윤증현 장관은 2011년 3월 7일 "고유가 등 물가 불안에 대처하기 위해 올해 상반기에는 경제정책의 우선순위를 물가 안정에 두고 전방위적으로 대응하겠다”면서도 “현 단계에서는 유류세 인하를 검토하지 않고 있다”고 밝혔다.

‘유류세 인하 불가’ 라는 재정부 입장은 국무총리의 발언을 곧바로 부인할 정도로 확고한 것이었다. 2011년 4월 6일 김황식 국무총리는 국회 대정부 질문에서 신성범 한나라당 의원으로부터 유류세 인하 가능성에 대한 질문을 받자 “세수와 에너지 전략에 미치는 영향을 종합적으로 고려해 유류세 인하 부분도 검토할 생각”이라고 말했다. 그러나 같은 날 윤증현 장관은 “유류세 인하를 위해서는 여러 변수를 검토해야 하며 우리나라의 유류세가 선진국들에 비해 높은 편도 아니다”라며 “석유가격이 계속 올라가는 추세여서 유류세를 낮춘다고 가격이 떨어질 것으로 보지 않는다”고 말해 사실상 거부 의사를 밝혔다. 윤 장관은 “차라리 국민들의 에너지 절약을 유도할 필요가 있다”며 “실질적으로 기름값 인하 효과가 없는 상황에서 유류세를 낮춘다면 오히려 에너지 과소비로 이어질 공산이 크다”고 말했다.

그러나 정유사까지 기름값을 인하하면서 시민단체 등을 중심으로 유류세 인하 목소리가 더 높아졌다. ‘업계 팔 비틀기’ 에 성공했으니 정부도 유류세 인하로 최소한의 성의를 보여야 하지 않겠느냐는 것이었다. 지경부까지 유류세를 내려줄 것을 재정부에 공식 요청했다. 최중경 장관은 2011년 6월 27일 한 방송에 출연해 “기본적으로 유가가 오르면 세수가 늘어나니 이를 국민에게 되돌려줄 필요가 있다”며 “유가 상승으로 인한 자연 증세 범위 안에서 (대책을) 강구해야 하지 않나 생각한다"고 밝혔다. 또 "정부도 유류세나 할당관세 인하 등 성의 표시를 해야 하는 것 아니냐?"는 기자들의 질문에 "내 생각도 그렇다"며 "할당관세 인하에 따른 기름값 인하 효과가 크지는 않지만 국민 정서를 감안해 성의 표시라도 해야 한다"고 대답했다.

하지만 재정부는 유류세 인하를 끝까지 거부했다. 한마디로 시기상조라는 것이었다. 2011년 6월 취임한 박재완 재정부 장관도 인사청문회에서 "국회의원 시절인 2007년 유류세 인하법안을 국회에 제출하지 않았느냐"는 의원들의 질문에 "당시 세금 부담이 휘발유는 60%, 경유는 50%였지만 지금은 각각 48%, 39%에 불과하다"며 "그때보다 세금 부담이 낮아진 상황이라는 것을 참고해야 한다"며 부정적 입장을 밝혔다.

재정부 세제실 고위 관계자의 증언. "세금은 정부가 마음대로 쓰는 돈이 아니어서 세수가 펑크 나면 결국 국민 부담으로 돌아간다. 유가가 올라간다고 유류세를 낮출 수 없는 것은, 유가가 하락했을 때 세수를 이유로 유류세를 올릴 수 없는 것과 마찬가지였다. 국제 유가가 2008년 수준인 배럴당 130달러 이상으로 급격하게 치솟지 않는 한 유류세 인하 카드는 쓰기 어려웠다."

그 즈음 유류세로 걷히는 세금은 20조 원가량으로 연간 총세수의 10%가량 됐다. 유류세를 10%만 깎아도 2조 원의 세수가 날아가기 때문에 글로벌 금융위기를 극복하기 위해 재정 지출이 많았던 당시에는 큰 부담이 됐다.

또 다른 재정부 관계자의 증언. "유류세 인하에 앞서 3% 관세를 먼저 낮추는 방안을 검토한 건 사실이다. 유류세의 경우 교통이나 교육 등의 예산으로 쓰이는, 사용처가 정해진 세금이었지만 관세는 그렇지 않아 부담이 덜했다. 하지만 재정 건전성이 중요시되던 때여서 결국 모두 불발됐다."

주먹구구식 정책 잇따라

물가 안정 정책은 기업 압박 외에도 여러 잡음을 낳았다. 대표적인 것이 공정위가 물가관리 '전위부대'로 나선 것이었다. 공정위가 본연의 업무에서 벗어났다는 비판이 일었지만 정부는 아랑곳하지 않았다. 윤증현 장관은 "공정위의 물가감시 역할과 관련해 최근 일부 이견이 제기된 바 있으나 공정경쟁을 촉진하기 위해 기업의 담합 소지 등을 감시하는 것은 법 테두리 내에서 본연의 역할을 수행하는 것으로 봐야 한다"고 공정위를 옹호했다. 그는 "오히려 불공정 거래 행위 시정과 소비자 이익 보호를 위한 공정위의 역할은 더욱 강화될 필요가 있다"고 강조했다.

2010년 11월부터 매주 개최된 물가안정대책회의 역시 전시 행정의 성격이 강했다. 2011년 7월에는 물가회의를 차관급에서 장관급으로 격상했지만 매주 새로운 대책이 나오는 것은 애당초 불가능했다. 대책으로 내놓은 유통구조 효율화나 가격공개 대상 확대,

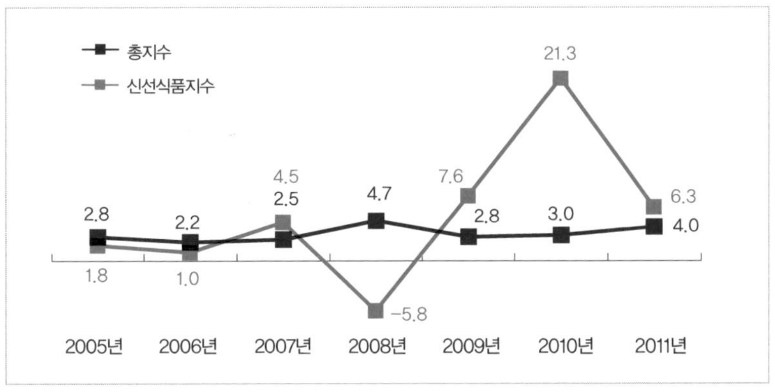

의약품 리베이트 관행 폐지 등은 이미 각 부처들이 하고 있는 것들
이었다. 기존 정책들을 모아서 발표하는 자리에 불과했다. 물가안
정대책회의에 참석한 고위 관료들이 "별다르게 새로운 것은 없는
것 같다. 자리 채우라고 해서 왔다"고 말할 정도였다.

부처 간의 충분한 협의 없이 대책에 포함된 것도 있었다. 회의를
주관하는 재정부가 유통구조 개선 등의 구조적인 개선 방안을 넣
겠다고 발표했지만 지경부와 농림수산식품부 관계자들은 "신문을
보고 그런 사실을 알았다"고 말하는 해프닝이 생길 정도였다.

재정부 관계자의 회고. "정밀한 대책을 만들려면 시일이 많이 걸
린다. 하지만 회의가 매주 열리다 보니 주먹구구식이 될 수밖에 없
었다. 그렇게 회의를 자주 할 시간에 실질적인 일을 했으면 훨씬
더 성과가 좋았을 것이다."

정부가 2012년 1월 5일 발표한 '물가책임관제' 도입은 큰 웃음거

리가 되었다. 정부가 농산물을 비롯한 주요 생필품에 책임자를 지정해 관리하도록 하는 게 골자였다. '배추 과장'이나 '석유 국장' 등 품목마다 책임자를 정해놓고 급격한 가격인상을 막겠다는 것이었다.

농식품부 관계자의 회고. "한마디로 황당했다. 물가가 왜 오르는지 눈에 훤히 보이는데 무조건 막으라는 것이었다. 매일 출근해서 맡은 품목을 생산하는 기업에 전화를 걸어 가격을 올리지 말라고 압박하는 게 일이었다. 물가 쪽에 너무 신경을 쓰다 보니 다른 업무를 제대로 할 시간이 없었다. 마음이 급했던 것은 알겠지만 물가가 그런 식으로 잡힐 리 만무했다."

결국 2011년 소비자물가지수는 전년에 비해 4% 상승해 정부의 목표치인 3%를 훌쩍 뛰어넘었다. 신선식품지수는 무려 6.3% 급등했다.

KEYWORD

유류세

기름에 붙는 세금들을 총칭해서 유류세라 한다. 교통에너지환경세(교통세)가 기본이 된다. 교통세는 휘발유의 경우 리터당 475원인데, 현재는 11.4%가 할증돼 529원이 붙는다. 교통세는 '±30%'를 조정할 수 있는 탄력세율을 적용받는다. 교통세에는 주행세(26%)와 교육세(15%)가 추가되고, 또 세후 공급가에 10%의 부가가치세가 매겨진다. 이 모든 세금을 합하면 유류세가 된다. 통상 시중 기름값의 절반 가량을 유류세가 차지한다.

정권을 흔든 저축은행 폭탄

저축은행의 부실과 비리가 속속 드러나면서 국민적 비판 여론이 비등했던 2011년 5월 4일 오전 7시 청와대. 이 대통령은 "금융감독원을 방문할 테니 준비하라"고 경제수석실에 지시했다. 갑작스런 일이었다. 출발 전 본관 집무실에서 참모들을 맞은 이 대통령은 단단히 화가 난 표정이었다. 현장 방문 때 종종 입는 태극기가 새겨진 점퍼를 입고 있었다.

"오늘은 다른 점퍼를 입으시는 게 좋겠습니다"라는 한 참모의 말에 이 대통령은 말없이 고개를 끄떡였다. 그러고는 수행원들과 함께 17인승 버스에 올라탔다. 버스가 청와대 관저 앞에 잠시 멈춰

서자 이 대통령은 관저로 들어가 태극기 없는 점퍼를 갈아입고 나와 금감원으로 향했다.

수행했던 정부 고위 관계자의 증언. "부실감독과 비리로 얼룩진 금감원을 호되게 질책하러 방문하는데 '태극기 점퍼'는 어울리지 않는다는 건의를 대통령이 받아들였다. 그날처럼 대통령의 표정이 무섭게 느껴졌던 적은 없었다."

오전 9시. 여의도 금감원 건물 정문 앞엔 김석동 금융위원장, 권혁세 금감원장 등이 마중을 나와 있었다. 이 대통령은 눈도 마주치지 않고 9층에 마련된 회의장으로 올라갔다. 굳은 표정의 금감원 간부들은 두 손을 모으고 마치 '죄인'처럼 서 있었다.

이 대통령은 "뼈를 깎는 자세로 철저히 쇄신하겠다"는 권혁세 원장의 자체 쇄신방안을 믿지 못하겠다며 물리쳤다. 그러면서 "용서받기 힘든 비리를 저지른 것을 보면서 저 자신도 국민도 분노에 앞서 슬픔을 느낀다"고 말했다. 질책이 25분 동안 이어졌고, 이 대통령은 누구와도 악수하지 않은 채 회의실을 빠져 나갔다.

이날 대통령의 진노는 대대적으로 언론에 보도됐다. 국민들의 머릿속엔 '저축은행 부실=금감원의 책임'으로 각인됐다. 그러나 저축은행 부실 사태는 국민의 정부, 참여정부, MB정부를 관통해 이어져 내려온 정책 실패와 부실감독, 늑장처리 등이 복합된 결과였다는 지적이 많다.

위기 극복에 뒷전으로 밀려

MB정부 출범을 앞둔 2007년 말의 저축은행 업계 상황은 어땠을까. 2002년 말 25조 5000억 원이던 저축은행의 총자산은 불과 5년 만에 2배가 넘는 58조 원으로 불어나 있었다.

잇따른 규제완화 때문이었다. 정부가 2005년 12월 저축은행 간 M&A를 허용하고, 이듬해엔 '88클럽'(고정이하 여신비율이 8% 미만이고 BIS 자기자본비율이 8%를 넘는 저축은행)에 여신한도 규제를 완화해준 '덕'에 저축은행들이 몸집을 불린 것이었다. 저축은행들은 지역밀착형 서민금융회사의 본분을 망각한 채 대형화·계열화를 경쟁적으로 추진해나갔다.

부산저축은행이 중앙부산·대전·전주저축은행을, 솔로몬저축은행은 나라·한진저축은행을, 한국저축은행은 영남저축은행을 인수해 덩치를 키운 것도 2006년 4월~2007년 10월 사이였다. 저축은행들은 여신한도가 완화되자 쏟아져 들어오는 예금을 주체하지 못하고 부동산 프로젝트파이낸싱PF 대출에 앞다퉈 쏟아 부었다. 2005년 말 5조 4000억 원이던 PF대출 잔액은 2010년 말엔 12조 2000억 원까지 급증했다. 노무현 정부에서 이뤄진 저축은행 규제완화는 MB정부엔 커다란 짐으로 돌아왔다. '지난 정부에서 물려받은 폭탄' 과도 같은 것이었다.

하지만 2008~2009년만 해도 저축은행 구조조정에 나서야 한다는 주장은 정부 내에서 거의 나오지 않았다. 청와대 경제비서관과 경제금융비서관(2009년 2월~2010년 4월)을 지낸 임종룡의 회고. "이명박 정부 초기엔 부실이 불거지지 않았다. 또 2009년 말까지는 리먼쇼크에 따른 위기를 극복하는 데 올인해야 했다. 저축은행 문제는 우선순위가 아니었다. 그래도 한다면 서민금융에 충격을 주지 않으면서 문제 있는 저축은행만 솎아내는 방법과 서슬 퍼런 잣대를 들이대 검사한 뒤 일괄적으로 구조조정해 업계를 쇄신하는 방법이 있었는데, 당시 상황에서는 첫 번째 접근법이 맞다고 본 것이다."

정부 '공적자금 투입'에 거부 반응

안으로 곪아가던 저축은행 부실의 일각이 드러난 때는 2009년 12월 전주의 전일저축은행이 영업정지되면서부터다. 금융위원장(2009년 1월~2011년 1월)을 지낸 진동수의 회고. "2009년에는 사실 그렇게 썩어가는 줄 잘 몰랐다. 금감원에서 자세한 보고도 올라오지 않았다. 그러다 전일저축은행이 문을 닫으면서 사태의 심각성을 깨닫게 됐다. 2010년부터는 뭔가 조치를 취해야 한다고 판단했다."

저축은행 구조조정을 시작하기 위해서는 금감원과의 긴밀한 협조가 필요했지만 진 위원장과 김종창 금감원장의 협력은 그리 원만하지 않았다. 진 위원장은 급기야 김용환 금감원 수석부원장을 불러 "도대체 뭐하는 것이냐"고 따졌고, 그 이후부터 금감원으로부터 보고가 제대로 올라왔다.

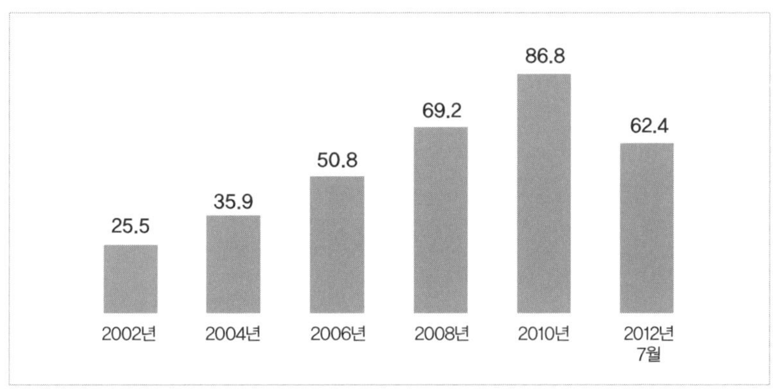

※금융감독원 자료

　진 위원장은 공적자금을 투입해 저축은행 구조조정을 시작해야 한다는 생각을 갖고 있었다. 그는 2011년 4월 열린 국회 정무위원회의 '저축은행 청문회'에서 "공적자금 투입이 불가피하다고 판단해 2010년 하반기부터 구체적인 논의가 시작됐다. 그러나 공적자금 조성은 상당한 공감이 필요하고 어려운 일이었다"고 증언했다.

　실제 진 위원장의 '공적자금 투입론'은 경제팀 내에서 호응을 얻지 못했다. 2010년의 경제팀은 4월까지는 '윤진식(청와대 정책실장 겸 경제수석)-윤증현(기획재정부 장관)-진동수(금융위원장)'였고, 그 이후엔 '백용호(정책실장)-최중경(경제수석)-윤증현(기획재정부 장관)-진동수(금융위원장)'로 진용이 갖춰져 있었다.

　청와대 정책실장(2010년 7월~2011년 12월)이었던 백용호의 증언. "진 위원장은 공적자금을 넣자고 했다. 최중경 수석과 나는 반대했다. 공적자금은 국민의 세금이다. 공적자금 투입은 마지막 수단으

로 남겨야 했다. 우선 대주주들이 증자와 자산매각 등 자구 노력을
한 다음에 예금보험기금으로도 안 된다면 그때 공적자금을 넣는
방향으로 가야 한다는 결론이 내려졌다."

경제팀 불협화음도 사태 키워

MB정부가 저축은행 구조조정의 타이밍을 놓친 데는 진 위원장과
최 수석의 불편한 관계가 영향을 미쳤다고 말하는 사람들이 적지
않다. 두 사람 간의 악연이 저축은행 구조조정을 서둘러야 했을 시
기에 경제팀 내 소통을 가로막은 요인이었다는 것이다.

최중경은 2004년 재정경제부 국제금융국장으로 재직할 때 무리
하게 역외선물환NDF 시장 개입에 나섰다가 1조 8000억 원에 이르
는 환차손을 입고 정책 라인에서 물러난 적이 있다. 당시 재경부
국제업무정책관(차관보)이었던 진동수는 최중경을 불러 심하게 나
무랐고, 이 과정에서 둘 사이의 감정이 골이 깊어지며 회복하기 어
려울 정도로 관계가 틀어졌다고 주변에서는 말한다.

두 사람을 잘 아는 정부 고위 관계자들의 공통된 증언. "두 사람
의 관계는 알려진 것보다는 훨씬 좋지 않았다. 선후배로 생각도 안
할 정도였다. 금융위원장으로 저축은행 구조조정을 주도했어야 할
처지인 진 위원장 입장에서는 최 수석의 존재가 불편했을 것이다.
당시 최 수석이 많이 도와주지 않았다고 진 위원장이 섭섭하게 느

긴 이유도 그 때문이다. 물론 최 수석도 할 말이 없진 않겠지만."

진 위원장은 처음엔 최 수석과의 관계 회복을 시도하기도 했다. 진동수의 증언. "최 수석이 취임했을 때 만나서 '어차피 우리가 한 배를 탔다. 나도 열심히 도울 테니 잘해보자'고 했다. 최 수석이 외환건전성 부담금 등 '자본 유출입 규제 3종 세트'를 주장할 때도 내가 많이 밀어줬다. 그가 맞다고 생각했기 때문이다. 그런데도 공적자금의 필요성을 대통령께 보고해야 할 최 수석은 나를 도와주지 않았다."

진 위원장의 주변 사람들은 "그나마 소통이 됐던 윤진식 정책실장이 2010년 5월 국회의원 보궐선거 출마를 위해 청와대를 떠나고, 그 자리에 백용호 정책실장이 온 것도 진 위원장에겐 부담이었다"고 말한다. "윤 실장이 떠나면서 정부 경제팀과 청와대에 진 위원장의 우군은 없어졌다. 그렇다고 윤증현 장관이 적극적으로 도와준 것도 아니었다"는 것이다.

꼬여버린 경제팀 내 관계는 쉽사리 풀리지 않았다. 공교롭게도 경제부처와 청와대 간 의견 조율이 이뤄지는 서별관회의(비공식 경제장관회의)도 2010년 하반기엔 거의 열리지 않았다. 저축은행 문제는 개별 금융회사 사안이라는 이유로 논의 안건에서 번번이 제외됐다. 여기엔 두 달여에 걸친 서별관 리모델링 공사 탓도 있지만 만남 자체를 껄끄러워 했던 백용호-진동수-최중경 등 경제팀 구성원 간의 불편한 관계도 영향을 미쳤다는 분석이다.

진 위원장은 자신의 정책 구상이 먹혀들지 않자 10월 말께 임태희 대통령실장을 직접 찾아가 "도저히 최 수석과 호흡을 맞춰 일을 못하겠다"고 하소연하기도 했다. 진 위원장과 최 수석은 결국 2011년 1월 초 모두 교체됐다. 저축은행 문제에 제대로 대처하지 못했던 것도 교체 이유 중 하나였다.

MB측근 비리 부메랑으로

야권 등에서는 2010년 11월 서울에서 열린 G20 정상회의를 '저축은행 늑장처리'의 배경 중 하나로 꼽는다. 박병석 민주통합당 의원이 2011년 저축은행 청문회에서 "정부가 공적자금을 투입하지 않은 것은 공적자금 투입에 따른 부담과 G20 정상회의 때문"이라고 말했던 게 대표적 사례다.

새로운 국제경제 질서를 모색하기 위해 주요국 정상들이 모이는 행사를 앞두고 공적자금 투입으로 저축은행 구조조정을 시작해 한국 금융시장의 후진성을 만천하에 드러낼 수 없다는 정치적 고려가 작용했을 것이라는 주장이다.

이에 대해 정부 관계자들은 "그렇지 않다"고 손사래를 친다. 청와대 정책실장을 지낸 백용호의 회고. "저축은행 구조조정을 위한 준비가 시작된 게 2010년 7월이었다. 검사하는 데 3개월이 걸리고, 실제로 퇴출이 이뤄지는 프로세스가 진행되는 데까지는 물리적으로도 상당한 시간이 필요했다. 저축은행 문제를 다루면서 11

월에 열린 G20 정상회의를 염두에 둔 적은 없었다."

저축은행 구조조정은 실기失機를 거듭한 끝에 김석동 금융위원장이 2011년 초 새로 취임하면서 본격적으로 시작됐다. 이 무렵 '곪아터지기 직전인 저축은행 업계에 과감하게 구조조정 메스를 들이댈 수 있는 관료는 김석동밖에 없다'는 정부 내 컨센서스가 어느 정도 형성돼 있었다. 그가 취임한 2011년 1월 이후 20개 저축은행이 3차에 걸쳐 단계적으로 퇴출됐다. 정리된 20개 저축은행의 자산 규모는 2010년 말 저축은행 총자산의 38%에 해당한다.

김석동의 증언. "금융위원장에 취임하자마자 보고를 받았더니, 밖에서 생각했던 것보다 훨씬 심각한 상황이었다. 부산저축은행 등이 문을 닫은 뒤엔 제대로 된 검사와 조치가 필요하다고 판단했다. 2011년 하반기 들어 85개 저축은행에 대한 동시 경영진단을 벌인 이유도 같은 기준과 잣대로 검사한 뒤 정리하는 게 최선이라고 봤기 때문이다."

'대책반장'이란 별명의 김 위원장이 시작한 구조조정은 상당한 성과를 거뒀다는 평가를 받는다. 하지만 MB정부가 구조조정 시기를 미루며 늑장을 부리는 사이에 저축은행은 썩을 대로 썩어갔고, 결국엔 수많은 예금자와 후순위채 투자자들은 눈물을 흘려야 했다. 대규모 영업정지에 이은 검찰의 저축은행 비리 수사는 MB정부의 레임덕도 가속화했다. 이 대통령의 친형인 이상득 의원을 포함한 대통령 친인척과 측근들이 잇따라 저축은행 비리에 연루돼 구속됐다.

경제부처 장관을 지낸 한 인사의 고백. "나를 포함해 저축은행

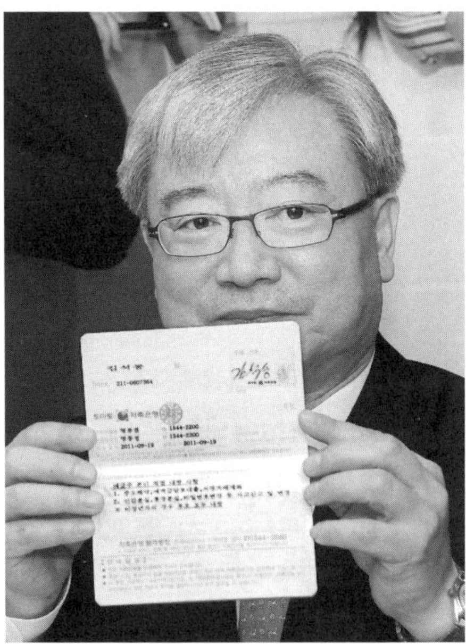

저축은행 2차 구조조정이 본격화한 2011년 9월 김석동 금융위원장이 토마토2저축은행 명동점을 방문해 2000만 원을 예금하고 고객들에게 대량 예금인출 자제를 호소했다(위). 통장을 들어 보이는 김 위원장(아래). (한국경제신문 사진)

정책을 다뤄온 공무원과 감독을 제대로 하지 못한 금감원, 한때 저축은행 규제 완화에 앞장섰던 정치권 모두 처절한 반성문을 써야 한다. 이제 와서 '당시엔 그럴 수밖에 없었다'고 상황논리를 들어 변명할 수는 있을 거다. 하지만 법적인 책임이 없다고 해서 도덕적 책임에서도 자유로운 건 아니기 때문이다."

저축은행

서민과 소규모 기업의 금융 편의와 저축 증대를 위해 설립된 금융회사. 1972년 '8.3 긴급경제조치'에 따른 사금융 양성화 방안에 따라 '상호신용금고'로 출발했다. 2001년 3월 상호신용금고법이 개정돼 2002년부터 '상호저축은행'으로 명칭이 바뀌었다.

예금을 받아 대출해주는 여수신 업무를 한다는 점에서 은행과 비슷하다. 예금자보호도 받는다. 예금자보호 한도는 1997년 외환위기 이전까지 1인당 2000만 원이었다. 외환위기 이후엔 한시적으로 전액 보호했고, 2001년부터는 5000만 원으로 확대됐다.

국제결제은행BIS 자기자본비율 기준에 미달하면 금융 당국은 수준에 따라 경영개선 권고(5% 미만), 경영개선 요구(3% 미만), 경영개선 명령(1% 미만) 등 '적기시정조치'를 내린다. 경영개선 명령을 받으면 6개월 이내에 영업정지를 비롯해 제3자에 의한 인수 등 강도 높은 구조조정 절차에 들어간다.

규제 완화로 몸집을 불려온 저축은행들은 부동산 PF 부실 등으로 2011년 이후 대규모 퇴출을 면치 못했다.

- 2001년 1월: 예금보호한도 상향(1인당 2000만 원→5000만 원)

- 2002년 3월: 저축은행 명칭 변경(상호신용금고→저축은행)

- 2005년 12월: 저축은행 간 인수 허용 · 대형화 · 계열화 심화

- 2006년 6월: '88클럽' 여신한도 완화→PF대출 및 부실 확대

- 2008년 12월~2011년: 캠코, 부실 PF 7조 4000억 원 매입

- 2011년 1월 4일: 삼화저축은행 영업정지

- 2월 17일: 부산 · 대전저축은행 영업정지

- 2월 19일: 부산2 · 중앙부산 · 전주 · 보해저축은행 영업정지

- 2월 22일: 도민저축은행 영업정지

- 7월 4일: 금융 당국, 저축은행 85개사 경영진단 착수

- 8월 5일: 경은저축은행 영업정지

- 9월 14일: 저축은행 경영개선계획 접수 · 완료

- 9월 18일: 토마토 · 제일 · 제일2 · 프라임 · 대영 · 에이스 · 파랑새 등 7개 저축은행 영업정지, 6개 저축은행 적기시정조치 유예

- 2012년 1~3월: 적기시정조치 유예 저축은행 4곳 대상 추가 검사

- 5월 6일: 솔로몬 · 한국 · 미래 · 한주저축은행 영업정지

취재기자 방담

〈한국경제신문〉은 2012년 9~10월 두 달간 "비사 MB노믹스—이명박 정부 경제실록"을 매주 화·목요일에 두 번씩 연재했다. 연재를 마치며 취재에 참여했던 특별취재팀(차병석 정치부 차장·팀장, 이심기 경제부 차장, 서욱진 산업부 차장, 류시훈 금융부 기자)은 방담회를 가졌다. 취재 뒷얘기와 미처 지면에 담지 못했던 비화, MB노믹스에 대한 평가 등 다양한 이야기가 나왔다. 방담 내용을 정리한다.

차병석(이하 차) | 2012년 5월부터 4개월의 준비와 취재를 거쳐 '비사 MB노믹스'를 9~10월 두 달 동안 총 17회 연재했습니다. 많은 독자들이 아직 끝나지도 않은 이명박 정부의 경제정책 비사를 왜 지금 취재하느냐고 지적했지요. 하지만 MB정부가 끝나고 새 정부가 들어서면 MB노믹스 취재는 더 어려울 것이라 생각

했습니다. 그땐 새 정부의 정책에 모든 이목이 집중돼 MB노믹스에 관심 갖는 사람이 누가 있겠습니까. 다소 이른 감이 있지만 이것이 임기 중 정부의 정책 비사를 취재해 쓸 수밖에 없었던 이유였죠.

이심기(이하 이) | 심지어 편집국 내부에서도 다 끝나가는 MB정부의 정책을 되돌아보는 게 무슨 의미가 있느냐는 지적도 있었습니다. 실패했다는 평가가 많은 MB노믹스를 다룰 가치가 있느냐는 얘기였죠. 하지만 실패했다는 평가가 나올수록 더 집요하게 MB노믹스를 파헤쳐야 한다고 생각합니다. 진짜 실패한 것인지, 실패했다면 왜 실패했는지 규명해야 다음 정부는 같은 잘못을 반복하지 않을 테니까요.

서욱진(이하 서) | 임기 중인 정부의 정책 비사를 취재하는 일은 쉽지 않았습니다. 정책에 관여했던 사람들이 대부분 현직에 있기 때문에 핵심 관계자들이 증언을 꺼렸지요. 하지만 공정한 평가와 정확한 기록을 위해 증언이 필요하다고 수차례 설명해 인터뷰를 했습니다. 류우익 통일부 장관은 설득하는 데만 한 달 가까이 걸리기도 했지요.

류시훈(이하 류) | 같은 사안에 대해 엇갈리는 증언도 많았습니다. 특히 2008년 글로벌 금융위기 극복의 발판이 됐던 한미 통화스와

프에 대해 기획재정부와 한국은행 관계자들의 증언은 완전히 상반됐습니다. 그럴 땐 양측의 증언을 가감 없이 기록했습니다. 독자들이 균형 있게 판단할 수 있도록 하기 위해서였죠.

차 | 취재 과정에서 뒷얘기도 많았지요. 가장 인상에 남는 취재원은 초대 재정부 장관을 지낸 강만수 산은금융지주 회장이었습니다. 강 회장은 수시간씩 총 세 번의 인터뷰를 했는데, 그때마다 엄청난 분량의 자료를 갖고 인터뷰에 응했지요. 날짜별로 주요 회의 일정 등을 꼼꼼히 메모한 과거 5년의 다이어리·수첩을 들고 나와 직접 보여주며 사실을 확인해주기도 했습니다. 메모 광인 강 회장은 그날그날 자신이 느낀 소회를 한 단어나 문장으로 수첩에 기록한 것도 기억에 남습니다.

서 | 신문엔 못 실었지만 MB정부의 첫 청와대 서별관회의 장면도 재밌었어요. 이 회의는 2008년 3월 어느 날 아침 6시 30분에 열렸는데, 주변에 문을 연 식당이 없어서 장관들의 아침식사로 편의점 김밥이 제공됐다고 합니다. 그 차가운 김밥을 강만수 장관은 맛있게 먹은 반면 김중수 청와대 경제수석과 전광우 금융위원장은 입에도 안 댔다고 하더군요. 이들은 식성만큼이나 경제철학과 노선도 달라 불협화음을 빚곤 했습니다.

류 | 아랍에미리트 원전 수주 과정의 비화는 간접 루트로 이 대통령

의 육성 증언을 들을 수 있었습니다. 이 대통령은 증언에서 자신이 현대건설 사장 시절 중동 비즈니스를 했던 경험과 사실상 프랑스로 넘어간 원전 수주 건을 뒤집은 전말, 2009년 12월 말 UAE를 직접 방문해 아부다비 왕세자에게 특전사 파병을 제안한 비화 등을 소개했습니다. 특전사 파병은 정부가 그동안 UAE의 요청을 받아 검토한 것이라고 설명했었는데, 그게 아니었다는 걸 확인한 것은 취재팀의 성과 중 하나였지요.

차 | 기사가 나간 뒤 추가 제보도 많았습니다. 특히 한미 통화스와프가 그랬지요. 지금까지는 재정부가 미 재무부를 상대로 '공중전'을, 한은이 미 Fed를 대상으로 '지상전'을 펼친 결과로 알려져 있습니다. 그러나 당시 한은 뉴욕사무소 부국장(외환운용 데스크)이었던 윤용진 씨가 이른 시기에 개인적으로 한미 통화스와프를 위한 물밑 작업을 벌였다는 제보가 있었고, 일부 사실로 확인됐습니다. 그런 점에서 한미 통화스와프는 특정 부처나 한 사람의 공이 아니라 재정부와 한은 관계자들의 종합적 노력의 '합작품'이란 게 취재팀의 잠정 결론이었죠.

이 | 이성태 전 한국은행 총재를 직접 인터뷰한 것도 의미 있었습니다. 전직이지만 한은 총재가 언론 인터뷰에 응한 건 이례적인 것이었지요. 노무현 정부 때 임명된 이 총재는 자신에 대한 퇴진 압력과 글로벌 금융위기 당시 청와대와 재정부의 금리인하

요구 등을 생생하게 증언했습니다.

차 | MB노믹스 비사 취재는 MB정부의 성격을 이해하는 데도 도움이 됐습니다. 많은 사람들은 '실용정부'를 표방한 MB정부가 확고한 철학이 없었다고 비판합니다. 정권 구성원들 자체가 같은 철학이나 신념에 동조한 '확신범'들이 아니었기 때문이죠. 그렇다고 오랜 세월 정치적 운명을 함께한 동지 관계도 아니었지요. 그러다 보니 MB정부는 정권 쟁취를 위한 일종의 '특수목적회사SPC'였다고 비유하는 사람도 있습니다. 정권 쟁취를 위해 뭉쳤다가 정권을 잡고 난 뒤 주주들이 배당을 받아가듯 논공행상을 했다는 것이죠. 인사 난맥상이나 일관성 없는 정책 기조도 거기에 뿌리가 있다는 생각입니다.

서 | 실제 초기 MB정부의 정책 핵심 라인은 강만수를 중심으로 한 관료파, 류우익·곽승준 등의 학자파, 박형준·정두언 등의 국회파로 나뉘어져 있었죠. 이는 한 사람에게 힘을 몰아주지 않고, 여러 사람에게 나눠줘 경쟁시키는 이 대통령의 인사스타일에서 비롯됐습니다. 이런 라인업은 견제와 균형을 이뤘을 순 있지만 불협화음과 정책 일관성의 상실이란 부작용을 낳았지요.

류 | 관료그룹과 학자 출신들 간의 갈등은 물론이고 같은 관료그룹 내에서도 반목이 있었습니다. 과거 재무부 출신과 경제기획원

출신은 물과 기름처럼 따로 놀았지요. MB정부에선 물론 강만수 · 윤증현 전 재정부 장관, 최중경 지식경제부 장관, 윤진식 전 청와대 정책실장 등 재무부 출신들이 득세했습니다. 기획원 출신은 박병원 전 경제수석과 김대기 정책실장 정도가 등용됐을 뿐이죠. 서비스산업 선진화 등 장기적 안목의 정책보다는 당장 성과가 나오는 고환율 수출 확대 정책이 강조됐던 배경이기도 합니다.

이 ┃ MB노믹스가 후한 평가를 받지 못하는 건 미증유의 글로벌 경제위기를 임기 중 두 번이나 겪었던 탓도 있습니다. 2008년 글로벌 금융위기와 2010년 글로벌 재정위기가 그것이죠. 때문에 친기업적인 성장 위주 정책이 제대로 성과를 내기도 전에 위기 대응에 급급하다가 결국 친서민 중도실용 노선으로 전환할 수밖에 없었던 면도 있습니다. MB정부를 평가할 때 이런 불가항력적인 외부 요인도 감안해야 할 겁니다.

차 ┃ 어쨌든 우리가 쓴 비사가 MB노믹스를 평가할 때 사초史草가 됐으면 합니다. 물론 우리 기사가 진실의 100%라고 생각하진 않습니다. 하지만 핵심 관계자들을 장시간 직접 인터뷰해 정책결정 과정을 사실에 최대한 가깝게 기록하려 노력했습니다.(끝)

2008년	
2월 25일	이명박 대통령 취임. 취임사에서 "기업은 국부의 원천, 작은 정부 큰 시장으로 효율 높이겠다" 천명
2월 27일	부동산 투기 의혹 남주홍 통일, 박은경 환경 장관 내정자 자진 사퇴
2월 29일	국정원장에 김성호 내정. 차관급 25명 임명(총리실장 조중표, 기획재정부 1차관 최중경)
3월 2일	통일부 장관 김하중, 환경부 장관 이만의, 방송통신위원장 최시중 내정
3월 5일	금융위원장 전광우, 공정거래위원장 백용호 임명
3월 6일	유가 104달러로 급등
3월 7일	강만수 기획재정부 장관과 이성태 한국은행 총재 긴급 회동
3월 14일	달러 송금환율 달러당 1000원 돌파
3월 18일	생필품 50개 물가지수 추진. 정부 외환시장 긴급 개입, 원·달러 환율 달러당 1010원대로 급등
4월 9일	국회의원 선거에서 한나라당 수도권 압승, 과반의석 확보
4월 11일	이건희 삼성회장 특검 출두 "저를 포함한 삼성 경영진 쇄신 검토" 언급
4월 13일	이명박 대통령 "산업은행 3년 내 민영화" 밝혀
4월 18일	한미 쇠고기 협상 타결
4월 19일	한미 정상회담 "FTA 연내 비준 노력"
4월 22일	이건희 삼성회장 퇴진 "모든 허물 안고 떠납니다"
4월 27일	정부 "추경편성 안 한다. 예산 절감액 2조 원 활용" 발표
4월 28일	이명박 대통령, 투자활성화와 고용창출 위한 민관합동회의 주재
5월 2일	'미 쇠고기 수입 반대' 1차 촛불집회(경찰 추산 1만 명)
5월 8일	환율 급등. 1주일 새 53원 올라 달러당 1049원
5월 22일	이명박 대통령, 촛불시위 관련 대국민 담화 "부족한 점은 모두 저의 탓"
5월 29일	미국산 쇠고기 수입위생조건 고시 방침
6월 1일	쇠고기 수입반대 시위대 광화문 점령
6월 2일	정부, 미국과 사실상 쇠고기 수입 재협상. 30개월령 이상 소 수입 연기
6월 4일	재보궐 지방선거에서 한나라당 참패
6월 8일	정부 고유가 대책 "1인당 최고 24만원 유가환급금 현금지급" 발표
6월 10일	6.10 촛불집회 10만 인파 모여
6월 19일	이명박 대통령 대국민 사과 특별회견 "청와대 뒷산서 촛불행렬 보며 자책", "대선공약 대운하사업 국민이 반대하면 추진 안 하겠다"
6월 20일	청와대 참모진 전면 교체. 대통령실장 정정길, 경제수석 박병원 내정

6월 22일	한미 쇠고기 추가협상 타결, 30개월 이상 소 무기한 수입금지
6월 24일	고법 "론스타 주가조작 무죄" 금융위, 매각 승인 유보
7월 3일	KB금융지주 초대 회장에 황영기 선출
8월 7일	한은, 기준금리 연 5.00%에서 5.25%로 전격 인상
8월 11일	공기업 선진화 1차계획 발표. 주공 · 토공 통폐합, 5곳 민영화
8월 15일	이명박 대통령, 8.15 경축사에서 "새 60년은 저탄소 녹색성장 시대" 선언
9월 1일	9월 위기설 금융시장 강타, 트리플약세 속 환율 달러당 1120원 육박
9월 11일	한나라당, 추경예산안 강행 처리
9월 14일	리먼브라더스 파산 신청, 메릴린치 BOA에 매각, AIG 400억 달러 긴급요청
9월 18일	리보금리 9년 만에 최대폭 상승
9월 19일	HSBC, 외환은행 인수 포기
9월 22일	당정, 종부세 완화: 9억 원 이하 주택엔 과세 안 하기로
9월 29일	환율 한때 달러당 1200원 돌파
10월 2일	정부, 은행에 50억 달러 긴급 수혈: 외환위기 이후 처음. 다우지수 1만선 붕괴, 세계 금융시장 패닉
10월 6일	미국 · 중국 · EU, 동반 금리인하
10월 9일	한은, 기준금리 0.25%p 인하
10월 19일	정부, 은행 외화차입 1000억 달러 지급보증
10월 27일	한은 기준금리 0.75%p 인하, 은행채 최대 10조 원 매입
10월 30일	한미, 300억 달러 통화스와프 발표
11월 5일	버락 오바마, 미국 대통령 당선
11월 7일	한은, 기준금리 0.25%p 인하(연4.00%)
11월 15일	G20 첫 정상회의 "광범위한 경기부양 금융개혁 공조" 합의
12월 5일	정부, 자동차 개별소비세 한시 감면키로. 여야, 2009년 소득세율 1~2%p 인하키로
12월 11일	한은, 기준금리 1%p 인하(연 3.00%)
12월 12일	종부세 등 13개 감세법안 국회 통과
12월 15일	이명박 대통령 "외환위기 급한 불은 껐다" 언급
12월 19일	정부, 승용차 개별소비세 30% 인하

2009년

1월 2일	이명박 대통령 신년 국정연설 "비상경제정부 가동" 선언
1월 6일	정부, 녹색뉴딜 96만 개 일자리 창출, 4년간 50조 원 투입
1월 7일	112층 제2롯데월드 상반기 착공
1월 8일	대통령 주재 비상경제대책회의: 중기 보증 50조 원 지원
1월 9일	한은 금융통화위원회, 금리 0.5%p 인하. 쌍용차 법정관리 신청
1월 13일	정부, 신성장동력펀드 5년간 3조 원 조성

1월 15일	이구택 포스코 회장 이사회에 사의 표명
1월 18일	국세청장 이현동, 경찰청장 김석기, 주미대사 한덕수 내정
1월 19일	MB 2기 내각 발표(재정부 장관 윤증현, 금융위원장 진동수, 경제수석 윤진식)
1월 29일	포스코 차기 회장에 정준양 최종 후보로 확정
2월 1일	윤증현 장관 "올 성장률 2%, 추경 조기 편성"
2월 11일	금융공기업 대졸 초임 30% 삭감. 정부 중기 대출 100% 보증
2월 12일	수출입은행장에 김동수 내정
2월 15일	진동수 금융위원장, 은행장 간담회
2월 16일	공기업 100여 곳 대졸 초임 삭감. 김수환 추기경 선종
2월 20일	3월 위기설 강타, 원·달러 환율 달러당 1500원 돌파
2월 25일	한미 FTA 비준안 국회 소위 통과
3월 13일	정부, 신빈곤층에 현금+쿠폰 월 83만원 지급
3월 18일	미 FRB, 1조 1500억 달러 풀기로 결정
3월 20일	포스코 7억 달러, SK텔레콤 3억 3000만 달러 채권 발행
3월 22일	추부길 청와대 홍보기획비서관 구속영장 청구
3월 24일	정부, 28조 9000억 원 추경예산 발표
3월 25일	윤증현 장관, 한경밀레니엄포럼 참석 "경제에 좋은 신호도 있다" 언급
3월 31일	정부, 제2 롯데월드 건축안 최종 승인
4월 1일	3월 무역흑자 46억 달러: 사상 최대
4월 2일	G20, 경기부양에 내년까지 5조 달러 투입
4월 5일	슈퍼추경 29조 원 위한 국고채 발행 시작
4월 7일	외평채 20억 달러 9일 발행
4월 21일	북한, 개성공단 남북합의서 사실상 파기 통보
5월 1일	4월 무역흑자 60억 달러 또 사상 최대
5월 6일	금융시장 리먼 이전 회복, 외화유동성 비율 104.4%
5월 15일	북, "개성공단 계약 무효, 철수해도 무방"
5월 23일	노무현 전 대통령 서거
5월 29일	노무현 전 대통령 국민장
6월 1일	GM, 파산보호 신청: 사실상 공중분해
6월 8일	유럽의회 선거 우파가 승리
6월 10일	화물연대 파업 돌입
6월 16일	한미, 전략동맹 FTA 북핵동맹 미래 비전 제시
6월 21일	검찰총장 천성관, 국세청장 백용호 내정
6월 28일	금호아시아나, "대우건설 다시 팔겠다"
7월 6일	이명박 대통령, 재산 사회 기부 발표
7월 13일	한-EU FTA 사실상 타결
7월 14일	천성관 검찰총장 후보 사상 첫 낙마

7월 24일	자동차세 효과 2분기 GDP 2.3% 성장
7월 28일	금호 박삼구·박찬구 회장 동반 퇴진
8월 13일	북한, 현대아산 근로자 유성진씨 석방
8월 16일	현정은 회장, 김정일 국방위원장 면담
8월 18일	김대중 전 대통령 서거
8월 19일	나로호 발사체 밸브 이상, 발사 중지
8월 24일	코스피 1600 돌파
8월 31일	윤진식 경제수석, 정책실장 겸임. 정무수석 박형준 임명
9월 3일	정운찬 총리 내정 등 개각. 정 총리 내정자 "행복도시 수정돼야". 금감원, 황영기 KB금융지주 회장 '직무정지'
9월 4일	DTI 규제 수도권 전역 확대
9월 10일	원로지식인 "세종시 수정 촉구" 성명
9월 11일	박해춘 국민연금 이사장 전격 사퇴
9월 21일	정운찬 총리후보자 인사청문회
9월 25일	G20 정상회의 한국 유치 확정
10월 6일	호주, 전격 금리인상 G20 출구전략 신호탄
10월 22일	중국 3분기 8.9% 성장 V자 회복
11월 3일	원로 2000명, 수도분할 반대 국민회의 발족
11월 4일	이명박 대통령 "세종시 대안, 국가경쟁력 통일 감안해야"
11월 24일	우리금융 4% 이상 매각, 민영화 시동
11월 27일	이명박 대통령 "세종시 교육과학 중심될 수도, 갈등 혼란 죄송"
12월 1일	유럽합중국 출범. KB금융지주 회장 후보 강정원 외 모두 사퇴
12월 2일	LPG 가격담합에 6689억 과징금: 사상 최대
12월 14일	두바이 아부다비에 100억 달러 지원
12월 15일	미소금융 지원 시작
12월 21일	현대차, 15년 만에 무파업 임단협 타결
12월 27일	한국, UAE 원전 수주

2010년

1월 7일	재정부, 상반기 공공요금 동결 물가안정대책 발표
1월 8일	한은, 기준금리 동결. 11개월째 2% 유지
1월 11일	정운찬 총리, 세종시 수정안 발표
1월 28일	북한, NLL 북쪽 서해상에 잇단 포 사격
2월 6일	PIGS 국가들 재정위험 고조, 세계 증시 연쇄 폭락
3월 1일	금융위, '부동산 PF대출 건전성 제고 대책' 발표
3월 26일	천안함 폭침 사건 발생
4월 3일	중국 상하이 엑스포 개막

4월 9일	북한, 금강산 면회소 등 남측 자산 동결 통보
4월 13일	제1차 핵안보정상회의 개최(미국 워싱턴)
4월 14일	무디스, 한국 신용등급 A1으로 상향
4월 23일	약값 리베이트에 의사도 처벌하는 쌍벌제 법안 국회 통과
4월 23일	북한, 금강산 면회소 등 남측 자산 몰수
4월 27일	북한, 금강산지구 민간소유 부동산 동결 집행
4월 27일	S&P, 스페인 · 포르투갈 신용등급 하향 조정
5월 2일	민군 합동조사단, 천안함이 북한 어뢰에 의한 수중 폭발로 결론
5월 3일	근로시간면제심의위원회, '타임오프 한도' 결정
5월 9일	유로존 16개국 정상회의 후 재무장관회의에서 그리스 구제안 합의
5월 11일	EU 긴급 재무장관 회의, 7500억 유로 규모의 시장안정기금 조성키로 합의
5월 28일	이명박 대통령, 중국 원자바오 총리와 회담
6월 1일	경남은행 수천억 원대 PF 금융사고, 나로호 발사 2분 17초만에 공중 폭발
6월 2일	전국 동시 지방선거에서 민주당 압승, 한나라당 참패
6월 21일	재정부, 물가연동채권 2008년 8월 이후 첫 발행
6월 21일	위안화 제한폭 가까이 절상으로 아시아 증시 반등
6월 25일	금융위, 대기업 65개사 워크아웃과 회생절차 대상으로 확정
6월 25일	공적자금관리위원회, 저축은행 부실PF 처리에 2조 7500억 원 투입키로
6월 29일	세종시 수정안(행정중심복합도시건설특별법 개정안) 국회에서 부결
7월 13일	성남시, 지자체 첫 모라토리엄 선언
8월 3일	한-페루 FTA 협상 타결
8월 8일	이명박 대통령, 김태호 총리후보 내정 등 대규모 개각
8월 15일	이명박 대통령, 8.15 경축사에서 국정과제로 '공정사회' 제시
8월 23일	재정부, 고용창출 투자세액공제 등 2010년 세제개편안 발표
8월 29일	김태호 총리후보자, 박연차 게이트 연루설에 자진 사퇴
8월 29일	재정부, '실수요 주택거래 정상화 및 서민 중산층 주거안정 지원 방안' 발표
9월 8일	재정부, '이란 독자 제재조치' 발표
9월 16일	이명박 대통령, 김황식 감사원장 총리 후보로 지명
9월 16일	EU 특별이사회, 한-EU FTA 승인
9월 29일	동반성장위, 중기 고유업종 부활 등 '대 · 중소기업 동반성장 추진대책' 발표
10월 1일	김황식 국무총리 임명동의안 국회 통과
10월 1일	재정부, 2011년 예산안 209조 6000억 원 국회 제출
10월 6일	정부, 한-EU FTA에 정식 서명
10월 13일	녹생성장위, 신재생에너지산업 성장전략 발표
10월 18일	중국, 시진핑 부주석으로 선출. 후진타오 후계자로 사실상 확정
10월 22일	G20 재무장관회의 개막
10월 29일	한중일 정상회담, 중국 원자바오 총리 일본에 희토류 공급 재개 선언

11월 11일	G20 서울 정상회의 개막
11월 12일	G20 서울 정상회의 컨센서스 발표
11월 23일	북한, 연평도 포격
11월 23일	EU IMF 영국, 아일랜드에 900억 유로 구제금융 지원
11월 29일	이명박 대통령, '햇볕정책 실패' 담화 발표
12월 3일	한미 FTA 재협상 타결
12월 8일	2011년 예산안 309조 원 여당 단독으로 국회 통과

2011년

1월 13일	한은, 기준금리 0.25%p 올려 연 2.75%
1월 13일	재정부, '서민물가 안정 위한 종합대책' 발표
1월 14일	금융위, 삼화저축은행 영업정지 명령
1월 21일	청해부대, 삼호주얼리호 피랍 선원 전원 구출
2월 1일	이명박 대통령, 충청권 과학벨트 전면 재검토 방침 발표
2월 7일	경제단체, 정부의 배출권거래제 조기 도입 방침에 반발
2월 11일	재정부, '전월세 시장 안정대책' 발표
2월 17일	금융위, 부산저축은행 · 대전저축은행 등 영업정지
2월 19일	금융위, 부산2 · 중앙부산 · 전주저축은행 등 영업정지
2월 23일	동반성장위, 대기업의 이익 협력사에 지원하는 이익공유제 도입 추진키로
3월 1일	한은, 기준금리 0.25%p 인상. 기준금리 2년 2개월 만에 연 3%로 올라서
3월 2일	정운찬 동반성장위원장, 대기업 초과 이익금으로 동반성장기금 조성 제안
3월 3일	LH공사, 부채 과다로 보금자리주택 추가 지정 중단
3월 3일	동남권신공항 입지평가위원회, 부산 가덕도와 경남 밀양 모두 부적합 판정
3월 11일	일본 도호쿠 대지진 발생, 쓰나미 일본 동부 해안 강타
3월 12일	일본 후쿠시마 원전 1호기 폭발
3월 13일	석유공사, UAE서 130조 원 규모 유전 확보
3월 16일	정부, 22조 원 규모의 새만금 개발계획 확정
3월 22일	당정, DTI 규제 완화와 취득세 인하 골자의 부동산대책 발표
3월 28일	법원, 기업 법정관리 졸업기간 줄이는 패스트트랙제 도입
3월 31일	금융위, 사모펀드 규제 선진화를 통한 한국형 헤지펀드 도입 방안 마련
4월 7일	이명박 대통령, 국민경제대책 회의서 물가안정 우선시 방침 밝혀
4월 8일	북한, 현대그룹 금강산관광 독점권 효력 취소 결정
4월 18일	금감원, 부실 PF 처리 위해 10조 원 규모 배드뱅크 설립키로
5월 1일	기업 공시에 IFRS 국제회계기준 첫 적용
5월 2일	김황식 총리, 무상교육 지원 등 만 5세 공통과정 도입 시행안 발표
5월 3일	4월 말 기준 사상 첫 외환보유액 3000억 달러 돌파
5월 4일	한-EU FTA 국회 본회의 통과

6월 15일	한은, 개인 빚 사상 첫 1000조 원 돌파 발표
6월 28일	정부, 업종별 온실가스 목표 감축안 발표
7월 1일	지경부, 오픈프라이스제도 도입 1년 만에 백지화
7월 1일	한-EU FTA 발효
7월 1일	노동부, 복수노조 제도 시행
7월 7일	2018 동계올림픽 평창으로 확정
7월 13일	FRB 의장 버냉키, 하원 청문회서 3차 양적완화 시사
7월 20일	독일 · 프랑스, 그리스 추가 구제금융 지원 합의
7월 21일	그리스, EU와 IMF로부터 1586억 유로 추가 구제금융 받기로
7월 26일	서울 지방 폭우로 강남 우면산 산사태
8월 1일	재정부, 은행의 비예금성 외화부채에 외환건전성 부담금 부과 시작
8월 5일	S&P, 사상 첫 미국 국채 등급 하향 조정(AAA → AA+)
8월 15일	이명박 대통령, 8.15 경축사에서 국정 목표로 '공생발전' 제시
8월 24일	서울시 무상급식 찬반 주민투표
9월 5일	교과부, 교육 여건 부실한 43개 대학 구조조정 대상으로 지정
9월 9일	당정, 비정규직 종합대책 발표
9월 18일	금융위, 제일 · 토마토 등 7개 저축은행 영업정지 결정
9월 27일	동반성장위, 세탁비누 · 플라스틱 등 16개 중소기업 적합업종 1차 지정
10월 5일	무디스, 이탈리아 국가 신용등급 3단계 하향
10월 13일	미 의회, 한미 FTA 법안 비준
10월 14일	카드업계, 중소 가맹점 수수료 1%대로 인하
10월 18일	금융위, 은행 ATM 수수료 50% 인하 추진
10월 19일	한일 정상, 통화스와프 700억 달러로 확대 합의
10월 26일	무소속 박원순 후보 서울시장 재보궐 선거에서 승리
11월 4일	동반성장위, 시멘트 공장 증설 불허 등 중소기업 적합업종 2차 지정
11월 7일	피치, 한국 신용등급 'A+ 안정적'에서 'A+ 긍정적'으로 상향
11월 18일	금융위, 론스타에 외환은행 지분 6개월 내 매각 명령
11월 22일	한미 FTA 비준안, 여당 단독 표결로 국회 통과
12월 7일	국토부, '다주택자 양도세 중과 폐지, 강남 3구 투기과열지구 해제' 등 발표
12월 8일	ECB(유럽중앙은행), 기준금리 1%로 낮춰
12월 13일	동반성장위, 중소기업 적합업종 3차 지정
12월 16일	재정부, 이란 관련 단체 99개 · 개인 6명 등 금융제재 대상으로 추가 지정
12월 19일	북한, 김정일 국방위원장 17일 심근경색으로 사망했다고 발표
12월 19일	이명박 대통령, 긴급 국가안전보장회의 및 비상국무회의 소집
12월 28일	법무부, '준법지원인 제도' 관련 법안 입법 예고

2012년

1월 9일	한중 정상회담(베이징) "한중 FTA 협상개시 선언 서둘자" 합의
1월 13일	한은 금융통화위원회, 기준금리 동결(7개월째 연 3.25%)
1월 17일	동반성장위원회 전체 회의 파행(이익공유제 반대 대기업 대표 전원 불참)
1월 26일	삼성·LG, '빵집 등 서민업종 철수' 발표
1월 27일	최시중 방송통신위원장, 측근 수뢰 혐의로 사퇴. 금융위원회, 하나금융의 외환은행 인수 승인
2월 6일	안철수 서울대 교수, '안철수기부재단' 설립 발표
2월 8일	민주통합당·통합진보당, '한미 FTA 발효정지' 서한 미국 대사관 전달
2월 9일	한은 금융통화위원회, 기준금리 동결(8개월째 연 3.25%)
2월 10일	김효재 청와대 정무수석, 한나라당 전당대회 돈봉투 의혹 관련 사퇴
2월 17일	무역협회, 차기 회장에 한덕수 주미대사 추대
2월 22일	이명박 대통령, 취임 4주년 기자회견 "한미 FTA 초당적 협력 당부"
2월 27일	국회, 저축은행특별법은 보류, 카드수수료법은 통과
3월 5일	석유공사 등 UAE 유전 3곳 개발 본계약
3월 8일	은 금융통화위원회, 기준금리 동결(9개월째 연 3.25%)
3월 15일	한미 FTA 정식 발효
3월 23일	오바마 대통령, 세계은행 신임 총재에 김용 다트머스대 총장 지명
3월 26일	서울 핵안보정상회의(26~27일) 개막. 한-터키 FTA 타결
4월 11일	새누리당, 4.11 총선에서 과반의석 확보
4월 13일	북한, 장거리로켓 발사 실패. 한은 금융통화위원회, 기준금리 동결(10개월째 연 3.25%)
4월 24일	동반성장위원회 신임 위원장에 유장희 이대 명예교수 선임
5월 2일	한국과 중국, FTA 협상개시 선언
5월 6일	금융위, 솔로몬저축은행 등 4곳 6개월간 영업정지 조치
5월 10일	정부, 강남 3구 투기지역 해제 등 주택거래정상화 대책 발표. 한은 금융통화위원회, 기준금리 동결(11개월째 연 3.25%)
5월 11일	여수엑스포 개막
5월 11일	한중일 정상회담에서 '한중일 투자보장협정' 서명
5월 22일	피치, 일본 신용등급 2단계 강등(한국 중국과 같아져)
6월 8일	중국 중앙은행, 기준금리 4년 만에 0.25%p 인하. 한은 금융통화위원회, 기준금리 동결(1년째 연 3.25%)
6월 9일	스페인, EU로부터 구제금융 1000억 유로 지원받기로 결정
6월 11일	이명박 대통령, 한경과 인터뷰에서 "추경 고려 안 해" 밝혀
6월 18일	G20 정상회의 개막(멕시코 로스카보스)
6월 19일	농협금융지주 새 회장에 신동규 전 은행연합회장 내정
6월 20일	한국 주도 GGGI(글로벌녹색성장연구소) 국제기구 전환 서명식

6월 25일	한-콜롬비아 FTA 타결 선언
6월 29일	정부, 하반기 경제운영 방향 발표
7월 1일	세종특별자치시(세종시) 정식 출범
7월 10일	박근혜 새누리당 의원, 대선 출마 선언. 이상득 전 의원, 수뢰 혐의로 구속 수감
7월 12일	한은 금융통화위원회, 기준금리 0.25%p 인하(연 3.25% → 3.00%)
7월 17일	공정거래위원회, CD금리 조작 조사
7월 21일	이명박 대통령, 경제단체장 및 장관들과 내수활성화 위한 '끝장 토론회'
7월 24일	이명박 대통령, 이상득 전 의원 등 측근비리 관련 대국민 사과 회견
8월 8일	재정부, 2013년 세제개편안 발표
8월 9일	한은 금융통화위원회, 기준금리 동결(연 3.0%)
8월 10일	이명박 대통령, 독도 전격 방문
8월 16일	김승연 한화그룹 회장, 배임 혐의로 법정 구속
8월 20일	새누리당, 대선후보 경선에서 박근혜 후보 확정
8월 24일	삼성, 애플과의 특허 관련 미국 소송에서 1심 패소
8월 27일	무디스, 한국 신용등급 1단계 상향(A1 → Aa3)
9월 2일	이명박 대통령, 박근혜 대선 후보와 오찬 회동
9월 3일	내곡동 사저 특검법 국회 본회의 통과
9월 6일	피치, 한국 신용등급 1단계 상향(일본 중국 첫 추월)
9월 10일	정부, 주택취득세 인하 등 내수진작책 발표
9월 13일	한은 금융통화위원회, 기준금리 동결(연 3.0%). 미 중앙은행, 3차 양적완화 실시 발표
9월 16일	민주통합당, 문재인 의원 대선 후보로 확정
9월 19일	안철수 서울대 교수, 대선 출마 선언
9월 25일	정부, 2013년 예산안 확정 발표
9월 26일	웅진그룹, 법정관리 신청
10월 9일	재정부 한은, '일본과 통화스와프 연장 않기로' 발표
10월 11일	한은 금융통화위원회, 기준금리 0.25%p 인하(연 3.00% → 2.75%)
10월 20일	한국, GCF(녹색기후기금) 송도 유치 성공
11월 5일	영광 원전 5,6호기 가동 중단(위조 부품 적발)
11월 6일	문재인-안철수 대선후보, 후보 등록 전 단일화 합의
11월 7일	버락 오마바 미국 대통령 재선 성공
11월 9일	한은 금융통화위원회, 기준금리 동결(연 2.75%)
11월 15일	시진핑, 중국 공산당 총서기 취임
11월 23일	안철수 후보, 대선 후보 사퇴
12월 19일	제18대 대통령 선거

MB노믹스 숨겨진 진실

지은이 | 차병석 · 이심기 · 서욱진 · 류시훈
펴낸이 | 김경태
펴낸곳 | 한국경제신문 한경BP

제1판 1쇄 인쇄 | 2012년 12월 1일
제1판 1쇄 발행 | 2012년 12월 10일

주소 | 서울특별시 중구 중림동 441
기획출판팀 | 02-3604-553~6
영업마케팅팀 | 02-3604-595, 583 FAX | 02-3604-599
홈페이지 | http://www.hankyungbp.com
전자우편 | bp@hankyungbp.com
T | @hankbp   F | www.facebook.com/hankyungbp
등록 | 제 2-315(1967. 5. 15)

ISBN 978-89-475-2886-3   03320

값 15,000원

파본이나 잘못된 책은 구입처에서 바꿔드립니다.